Der Romanautor und Erfinder des Detektivs Pepe Carvalho erhält eines Tages einen überraschenden Brief: Subcomandante Marcos lädt ihn in den lakandonischen Urwald ein.

Vázquez Montalbán beschreibt seine Reise zu den Nachfahren der Mayas nach Chiapas, das Warten auf den legendären Subcomandante, schließlich das mehrere Tage und Nächte andauernde Gespräch. Dabei geht es um die Entwicklung der zapatistischen Bewegung von 1994 bis nach den Wahlen 2000, um Perspektiven nach dem Regierungswechsel, um die Rolle von Marcos als Vermittler einer neuen Sprache, die Bedeutung der Maske als Symbol und Metapher, um Globalisierung und Neoliberalismus.

Mit diesem Buch wird Vázquez Montalbán erstmals in Deutschland als brillanter Essayist vorgestellt.

»Vázquez Montalbán erweist sich hier als präziser und scharfer Gesellschaftskritiker. Ein leidenschaftliches Plädoyer für die Wahrung und Verteidigung von Menschenrechten.« *El País*

Manuel Vázquez Montalbán

Marcos Herr der Spiegel

Aus dem Spanischen
von Gerda Schattenberg-Rincón

Verlag Klaus Wagenbach Berlin

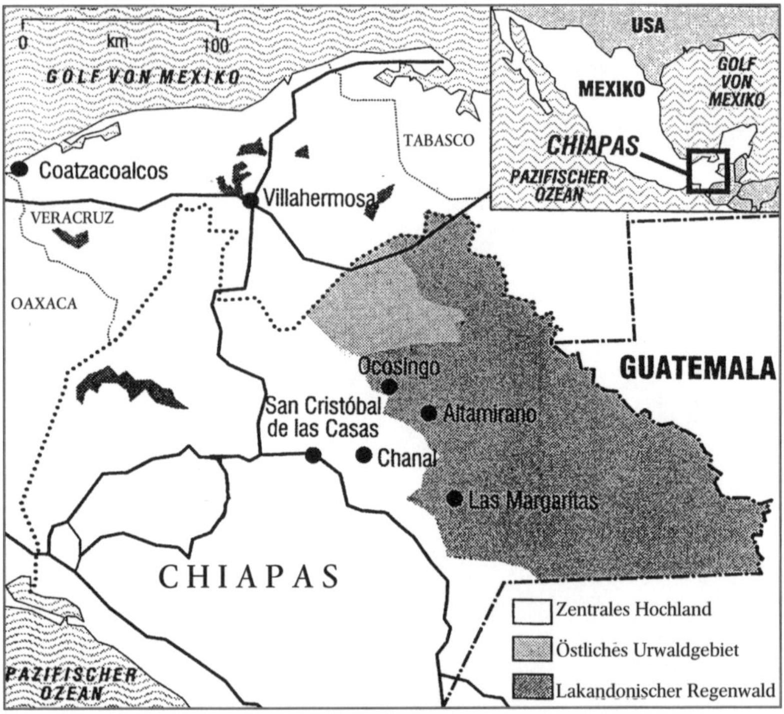

0 km 100
GOLF VON MEXIKO
TABASCO
Coatzacoalcos
Villahermosa
VERACRUZ
OAXACA
Ocosingo
San Cristóbal de las Casas
Altamirano
Chanal
Las Margaritas
GUATEMALA
CHIAPAS
PAZIFISCHER OZEAN
USA
MEXIKO
GOLF VON MEXIKO
CHIAPAS
PAZIFISCHER OZEAN
Zentrales Hochland
Östliches Urwaldgebiet
Lakandonischer Regenwald

Inhalt

Photo: Herbert Sachs

»Guten Abend, alle miteinander. Wir sind ein wenig spät gekommen und bitten euch um Entschuldigung. Aber auf dem Wege begegneten wir einigen multinationalen Riesen, die uns daran hindern wollten, hierherzukommen. Major Moisés sagte, es seien Windmühlen, Kommandant Tacho behauptete, es seien Helikopter. Ich sage euch, glaubt ihnen nicht: Es waren Riesen!«

Subcomandante Marcos, *Intergalaktische Chroniken.* Erstes Internationales Treffen für eine menschliche Gesellschaft und gegen den Neoliberalismus. Chiapas, Mexiko, 1996

Woher komme ich? Wer bin ich? Wohin gehe ich?

1994 beendete ich das *Panfleto desde el planeta de los simios* (Pamphlet vom Planeten der Affen) mit einer Grundsatzerklärung über die Nichtexistenz des Guten und die sehr wahrscheinliche Existenz des Bösen: »Sei es im Bereich der Wirtschaftspolitik, der Staatsräson oder der politischen Philosophie in ihrer Gesamtheit, immer verließen sich die pragmatischen Berufspolitiker und ihre Hofsoziologen auf das Nichtvorhandensein einer Alternative zu ihren mittelmäßigen Erfolgen und Grundvoraussetzungen. Für sie gab es keine Alternative zur Politik des etablierten Systems, weil dieses nach ihrer Auffassung im ausschließlichen Besitz einer pragmatischen, durch sein unanfechtbares Wissen bedingten Vernunft war. Paolo Flores D'Arcais sprach sich für eine Ethik ohne Glauben aus, nur so könne man der verderblichen Suche nach der einzig gültigen Wahrheit entgehen. Diese Formel finde ich ausgezeichnet, selbst aus einer militanten Perspektive, die sich auf die notwendige – nicht die theologische – Hoffnung richtet. Bedingung dafür ist allerdings, daß wir uns die Kritik an der militanten Entfremdung, die Adam Schaff aus eigener Kenntnis der Sache so überzeugend vorgenommen hat, zu eigen machen. Wir müssen eidesstattlich erklären, uns nie wieder zu Komplizen von Caligula zu machen, wenn er sein Pferd zum Prokonsul ernennen will.«

Nein. Es gibt keine einzig gültigen Wahrheiten, und es gibt keine Endkämpfe, aber noch ist es möglich, uns an den möglichen Wahrheiten zu orientieren, um gegen die offensichtlichen Unwahrheiten anzukämpfen. Man kann nur einen Teil der Wahrheit sehen und sie nicht vollständig erkennen. Es ist dagegen unmöglich, das Böse zu betrachten und es nicht zu erkennen. Das Gute existiert nicht, aber das Böse, so scheint mir, oder so befürchte ich, existiert sehr wohl.

Mit dieser Skepsis, die der intellektuellen Kaste so lieb und teuer – und manchmal auch so einträglich – ist, schickte ich mich an, das Ende des Milleniums in weltlicher Hoffnungslosigkeit zu begehen und allenfalls zu hoffen, daß sich die Prophezeiungen des Dichters Blas de Otero erfüllen:

Andere werden kommen
und sehen, was wir nicht sahen
Ich weiß nicht mehr
Schatten bedecken mich
Warum wir geboren werden
Wofür wir leben

Die Ereignisse von Chiapas jedoch – Chiapas bedeutet auf tapetchia »Berg der Schlacht« –, der Ausbruch des zapatistischen Aufstandes im Januar 1994, setzten ein großes Fragezeichen hinter das vorgedachte Jahrtausendende unter dem Zeichen des Einheitsdenkens, das nicht korrigiert, sondern nur erweitert worden war. Und zwar durch uns selbst, die wir, als wir es kritisieren wollten, in den einzigen Gedanken verfielen, daß wir uns von diesem Einheitsdenken geplagt fühlten, niedergedrückt vom Gewicht der neoliberalen Theologie, die wie jede Theologie als Offenbarung gehandelt wird und Heilsversprechen abgibt, die nicht von dieser Welt sind. Am 5. April 1994 veröffentlichte ich in *El País* einen Artikel unter dem Titel »Die neoliberale Theologie«, aus dem ich den folgenden Absatz wiedergeben möchte, denn er entspricht der Strategie des Pamphlets: »In den Zeiten einer nahezu absolut und universal ausgeübten Hegemonie vertritt die ultraliberale Rechte ein Sektierertum, gegen das schwer anzukommen ist. Das Potential der realexistierenden Rechten speist sich zu einem großen Teil aus der Tatsache, daß sie die Gurus ganz für sich in Anspruch nimmt, die im Register der *Heiligen Schriften GmbH* aufgeführt sind, die Überlebenden nach dem Tod der Propheten, die ihren Rückhalt manchmal auch in peinlichster Weise in den Medien finden. Zum Beispiel, wenn sie sich bemüßigt fühlen, ganze Seiten Octavio Paz zu widmen, nur weil einmal an seinem Bild gekratzt wurde. Zwei unterschiedliche und entfernte Ereignisse, das Attentat von Tijuana gegen den Präsidentschaftskandidaten der Partei der Institutionalisierten Revolution PRI und der

Wahlsieg von Berlusconi, dem Kandidaten von Craxi, haben den neoliberalen dogmatischen Zirkus in Bewegung gesetzt. Es wird gesagt, das Attentat von Tijuana sei eine Folge der mysthifizierten Idee einer Selbstjustiz, wie man sie mit dem Ausbruch des zapatistischen Aufstandes erfahren habe. Am Beginn stand die Begeisterung für eine berechtigte bewaffnete Rebellion und am Ende die Ermordung von Politikerpersönlichkeiten, als ob die im politischen und sozialen Leben in Mexiko immer gegenwärtige Kultur der Gewalt nur den zapatistischen Aufstand gebraucht hätte, um aus dem Nichts herauszutreten. Die bewaffnete Gewalt der lokalen Machthaber, das schmutzige repressive Spiel der öffentlichen Polizei, der trickreiche Umgang mit der schwarzen Kasse auf mexikanisch sind weit verbreitete Übel in Mexiko. Sie sind die *conditio sine qua non* für das postrevolutionäre politische Gleichgewicht, das die PRI mit ihrer Einparteienherrschaft aufrechtzuerhalten sucht.

Die Theologen des Neoliberalismus besitzen für gewöhnlich ein kurzes Gedächtnis. Heute beginnt es in Chiapas und endet in Tijuana. Das ist die logische Konsequenz einer langen Übung in Selbstverstümmelung: Jegliche Erinnerung wird ausgelöscht, die nicht dazu dient, die notwendige Gegenwart zu erklären… Die unnötige Gegenwart hingegen, wem dient sie, wenn nicht den Destabilisierern, die sich nicht das Gedächtnis nehmen lassen und unter Verweis auf die Erinnerung oder auf eine andere mögliche Zukunft die Fatalität der Gegenwart in Frage stellen? Die verbale Präpotenz der Gurus erreicht den Grad reiner Haarspalterei, sie sind in dem Gedankenkreislauf befangen, daß die formale Demokratie nicht alles regelt, aber auch nichts verhindert, während totalitäre Zustände nichts in Ordnung bringen. Sie zögern den Ausbruch der Probleme nur hinaus, die sich unterdessen in viele Einzelprobleme aufgesplittert haben und dann noch viel schwieriger als die ursprünglichen zu lösen sind. Ich spreche also nicht aus Nostalgie nach einer verdauten universalen Unordnung, sondern aus der Notwendigkeit heraus, die Schlüsselworte der neuen Unordnung zu entziffern. Diese lassen sich nicht in den Restbeständen der historischen revolutionären Perversität finden, sondern in der unberührten konterrevolutionären Machtlosigkeit, die Tollwut auszurotten, selbst wenn die Hunde tot sind. Nachdem ich mein Glaubensbekenntnis für die formale Demokratie abgelegt habe, möchte ich auf die neue Irrationalität hinweisen, die im Namen der pragmatischen Vernunft versucht, eine einzige, universal gültige Wahrheit nach Maßgabe des Bewußtseinsstandes und der Interessen der etablierten sozialen Minderheiten und ihrer intellektuellen Sprecher festzulegen. Diese zeigen sich empfindlich gegen die Unordnung, die eine Schar Revolutionäre verursacht, wenn sie die Mißbräuche der lokalen Machthaber ans Tageslicht bringt, aber sie sind nicht empfindlich gegen die Mißbräuche der lokalen Machthaber, die die revolutionäre Unordnung verursacht haben. Die neue Rechte ähnelt der früheren wie ein Ei dem anderen, wenn ihr der Stoßseufzer aus tiefster Seele kommt, die Unordnung sei schlimmer als die Ungerechtigkeit.«

Vermutlich ist mein Artikel als der Beitrag eines weiteren Weggefährten in die neozapatistische Guerilla per »Papier und Internet« gelangt. Ich kann diesen Zeilen, die ich vor fünf Jahren schrieb, gar nichts hinzufügen. Manchmal pflege ich mich selbst als einen Wertkonservativen zu bezeichnen, weil ich meine Weltsicht nicht verbessert habe, seit ich fünfzig geworden bin und beschloß, von jetzt an selbst die Verantwortung für mein Gesicht zu übernehmen. Ich wähle weiter die Postkommunisten in meiner Reichweite, allerdings nur, wenn sie erkannt haben, daß das Einparteiensystem konterrevolutionär ist. Ich bin weiter Mitglied im FC Barcelona. Meinen Gaumen verdanke ich meiner Großmutter mütterlicherseits, denn sie war es, die ihn erzogen hat. Ich bin ein Desaster. Aber ich finde, man wirft uns aufgeklärten linken Bürgerlichen zu Recht vor, uns an fernen Revolutionen zu ergötzen, an jenen unbequemen Revolutionen, deren Darsteller wir nicht selbst sein wollen. Außerdem haben wir die unverkennbare Neigung, Revolutionen zu adoptieren, weil die Geschichte uns keine zugestanden hat und sie uns wohl auch in Zukunft nicht zugestehen wird. Und täte sie es, würden wir mit Marx, mit Groucho Marx, sagen, daß wir in keinen Club eintreten, der uns als Clubmitglied aufnimmt. Ist jedoch erst einmal diese perverse Kombination von schlechtem Gewissen und falschem Bewußtsein unter Kontrolle, fühlen wir uns sehr wohl in der Lage, uns mit einer Revolution zu solidarisieren, die wir nicht hervorgerufen haben. Roger Bartra, einer der mexikanischen Intellektuellen, die ich am meisten schätze, ist eher auf Distanz zu dem prozapatistischen Enthusiasmus gegangen, im Unterschied zu seinem Cousin Armando, der sich kritisch, aber voll und ganz, engagiert hat. Roger

Bartra schrieb eine kurze Einleitung zu dem Buch *La guerra contra el tiempo. Viaje a la selva alzado* (Der Krieg gegen die Zeit. Reise in den aufständischen Dschungel) von zwei Spaniern, Luis Méndez Asensio, Romancier und Journalist, den ich durch Paco Ignacio Taibo kennengelernt habe, und Antonio Cano Gimeno, den ich seit den siebziger Jahren aus der Zusammenarbeit bei der Zeitung *Tele/Exprés* von Barcelona und dem illegalen *Sindicato Democrático* der antifranquistischen Journalisten kenne. Das Buch erschien 1994 und ist eine der ersten gebundenen Stellungnahmen zur zapatistischen Rebellion. Roger Bartra teilt das mehrheitliche Kriterium der mexikanischen Intellektuellen, daß der bewaffnete Kampf gegen die Ungerechtigkeit keine Option darstelle: »Unserer Auffassung nach ist die Gewalt antidemokratisch, aber wir sehen uns gleichzeitig vor das Paradoxon gestellt, daß die gewaltsamen Aktionen der EZLN einen Weg des Übergangs zur Demokratie in Mexiko geebnet haben ... Dieses Paradoxon stellt uns alle, die wir den Aufstand der Zapatisten vom Januar 1994 mit Sympathie verfolgen, vor ein moralisches Dilemma. Auf jeden Fall sei klargestellt, daß die kritischen Intellektuellen und die Oppositionsführer vor einer Verantwortung *ex post facto* stehen, denn sie haben die Gewalt nicht verursacht.«

Wer hat die Gewalt verursacht? Die traditionelle Rückständigkeit der südmexikanischen Region Chiapas, die erst 1824 zu einem Bundesstaat Mexikos wurde? Bartra vertritt die Auffassung, daß der eigentliche Zündstoff »die sogenannte moderne Politik Salinas de Gortaris war und nicht der gewaltsame Widerstand einer rückständigen Bevölkerung, die sich weigerte, ins Paradies der Moderne einzutreten. Der tatsächliche historische Rückstand liegt in der Art und Weise, wie die ›Modernisierung‹ des politischen Systems in Mexiko vollzogen wurde. Diese Modernisierung hat in nichts anderem bestanden, als der Fassade des autoritären Gebäudes einen neuen Anstrich zu geben, um das Freihandelsabkommen mit den USA (NAFTA) mit einem Make-up zu versehen, das ganz darauf angelegt war, die Barbaren des Nordens zu täuschen. In dieser Hinsicht riefen die Widersprüche und Paradoxa der Moderne einen typischen postmodernen Effekt hervor.«

Roger Bartra ist Autor zweier unentbehrlicher Bücher über die Rolle des »Wilden« als Referenz in der westlichen Kultur: *El salvaje ante el espejo* (Der Wilde vor dem Spiegel) und *El salvaje artificial* (Der künstliche Wilde). Vor den Ereignissen von Chiapas und bevor sich der indianische Aufstand im Grunde als ganz pragmatisch und modern erwies, hatte der westliche Gebrauch des Imaginariums vom Wilden, wie Roger Bartra ihn in *El salvaje ante el espejo* beschrieb, noch seinen vollen Sinn: »Der Wilde bewahrt sorgsam ein Geheimnis und war über viele Jahrhunderte der Hüter verborgener Schätze. Er besitzt den Schlüssel zur Tragödie, verbirgt die Rätsel des Weltalls, versteht es, der Stille zu lauschen und das Getöse der Natur zu deuten. Der Wilde wurde geschaffen, um auf die Fragen des zivilisierten Menschen eine Antwort zu geben. Er weist ihn im Namen der Einheit von Kosmos und Natur auf die Sinnlosigkeit seines Lebens hin und läßt ihn tragisch das schreckliche Gewicht seiner Individualität und seiner Einsamkeit fühlen. Der Wilde bleibt in der kollektiven europäischen Imagination erhalten, damit der westliche Mensch leben kann, auch wenn er weiß, es wäre besser gewesen, nicht geboren zu sein, oder vielmehr, damit er bei jedem Schritt den Sinn seines Lebens in Zweifel zieht. In dieser Form ist der Wilde paradoxerweise einer der Schlüssel zur westlichen Kultur.«

Bartras Kritik an der falschen Moderne, die als totalitäre und totalisierende Norm durchgesetzt werden sollte, läuft nicht nur auf eine Verteidigung der Indios im kulturellen Ökosystem hinaus, sondern auf eine Verteidigung des kulturellen Ökosystems selbst. Damit prallt seine Position auf den Moderne-Begriff von Octavio Paz, wie er ihn in seinen letzten oder vorletzten Texten fast testamentarisch verfügt hat. Das gilt insbesondere für den Essay *México: modernidad y tradición* (Mexiko: Moderne und Tradition), in dem Paz ohne merklichen Abstand zwischen dem »Alles oder nichts« versichert: »Ich weiß nicht, ob die Moderne eine Wohltat oder ein Fluch oder beides zugleich ist. Ich weiß, sie ist unser Schicksal: Wenn Mexiko Bestand haben will, muß es modern sein. Ich habe niemals geglaubt, daß die Moderne darin besteht, der Tradition abzuschwören, sondern sie auf eine schöpferische Art und Weise zu nutzen.« Paz spricht von der traditionellen Begegnung und Synthese zwischen dem Neuen und dem Alten, aber die Moderne, auf die er diese dialektische Beziehung anwendet, läßt keine barocken Ausschmückungen noch Dichterwettbewerbe zu, denn es handelt sich um die Wahl eines Gesellschaftsmodells, das zur Zerstörung des Schwächsten führt. Es führt zur Übernahme eines Darwinismus der Rechten, der in Darwin selbst vorhanden war und sogar den

»guten oder schlechten Wilden«, aber auf jeden Fall »den besiegten Wilden« als schlechtes Gewissen oder falsches Bewußtsein des westlichen Menschen auslöschen wird.

Wenn der Octavio Paz des *Labyrinths der Einsamkeit* das demokratische Paradigma sehr wohl auch kritisch sah, so ist der Denker am Ende seines Lebens dem konservativen Prinzip sehr nahe, nach dem die Ungerechtigkeit der Unordnung vorzuziehen sei, vor allem, wenn die Ungerechtigkeit in die Moderne führt und die Unordnung zur Gewalt und zu asthmatischen Revolutionen mit Asthmatikern an der Spitze. Aber zurück zum *Labyrinth der Einsamkeit*, in dem der glücklicherweise widersprüchlicher denkende Paz der fünfziger Jahre fast im voraus die Unmöglichkeit diagnostizierte, Formen und Formalitäten aufzuzwingen, die dem herrschenden Bewußtsein entgegengesetzt sind: »Der Mexikaner öffnet sich nicht und verschwendet sich nicht. Daher erstickt er zuweilen an der Form. Im vergangenen Jahrhundert versuchten die Liberalen vergeblich, die politische Wirklichkeit Mexikos in die Zwangsjacke der Verfassung von 1857 zu stecken. Ergebnis: die Diktatur des Porfirio Díaz und die Revolution von 1910. In gewissem Sinne ist die Geschichte Mexikos – wie die jedes einzelnen Mexikaners – ein Kampf gegen Formen und Formalitäten, in die man unser Wesen zu pressen trachtete, wenn es in spontane Rache ausbrach.« War der zapatistische Aufstand nicht eine solche Explosion der Spontaneität, um die erdrückenden Formen und Formalitäten aufzubrechen?

Ich analysiere hier also eine Gewalt, die ich nicht verursacht habe, und es interessiert mich besonders, herauszufinden und aufzuzeigen, an welchen Stellen die herausgeforderte gewaltsame Antwort des zapatistischen Aufstands gerade nicht die provozierende strukturelle Gewalt zu überschreiten suchte, sondern sie vollständig aus den Angeln heben wollte, d. h. zu sehen, wo sie den Anspruch erhob, die gewaltsamen Strukturen dieser Mischung aus Autoritarismus und Populismus, die das PRI-System darstellt, zu reformieren. Es ist ein labiles Ökosystem, dem Präsident Salinas de Gortari bereits mit dem scharfen Messer des Neoliberalismus tiefe Einschnitte zugefügt hat.

Wer besser als Marcos könnte meine Fragen beantworten? Ein Revolutionär à la Che Guevara würde gar keine Zeit finden, einen systemkritischen Schriftsteller auf der Suche nach dem Heiligen Gral der historischen Veränderungen zu empfangen, aber ein Revolutionär wie

Marcos, der, wenn auch bewaffnet, die Medien nutzt, mußte seiner Natur nach für ein Gespräch bereit sein. Natürlich unter der Voraussetzung, daß er mich unter den mehr oder minder fünf Millionen Schriftstellern, die es auf der Welt gibt, überhaupt als solchen ausmachen konnte.

Bereits vor zwei Jahren erklärte Subcomandante Marcos vor den Kameras des spanischen Fernsehens TVE im Beisein von Georgina Cisquella und Pere Joan, daß er keine Romane mit Pepe Carvalho mehr lesen würde, weil die Gerichte, die dieser sich zubereitete, ihm mitten im Dschungel einen wahren Heißhunger verursachten. Dann las ich das Buch *Zapata vive! La rebelión indígena de Chiapas contada por sus protagonistas* (Zapata lebt! Die indianische Rebellion von Chiapas, erzählt von ihren Protagonisten) von Guiomar Rovira aus Barcelona, der Frau des Reuter-Korrespondenten in San Cristóbal, Jesús Ramírez. Sie sind die Eltern von Manolito, dem intergalaktischen Jungen, der auf die Tische aller Restaurants klettert, um die Statur zu erlangen, die ihm gebührt. Das Buch von Guiomar beinhaltet Gespräche mit Zapatisten, die ihren Lebensweg erzählen, wie sie zur Zapatistischen Nationalen Befreiungsarmee EZLN gelangten, und die die Treue zur historischen Erinnerung an den aufrichtigsten Revolutionär des 20. Jahrhunderts, Emiliano Zapata, bewahren: »Am Fuße eines Grabes / mein General Zapata / im Namen des Vaterlandes / überreiche ich dir eine Blume / tapferer Guerillero / einfacher Sohn des Volkes / in Mexiko bewundern sie dich / und preisen deinen Mut / wiedergeboren wirst du / unter dem Himmel, den du liebtest und an dem deine Losung / ›Land und Freiheit‹ leuchtet.«

Später, nach der nahrhaften Lektüre von *Yo Marcos* (Viva Zapata!), einer von Marta Durán de Huerta herausgegebenen Sammlung von Schriften und Gesprächen mit Marcos, erfuhr ich, worin die tägliche Diät der Guerilleros bestand, und begriff, daß Carvalho und seine Feinschmekkermanien eine fünfte Kolonne bilden konnten, die eine größere Gefahr als alle Herausforderer des Subcomandante zusammen darstellte. Marcos erzählt: »Als wir in die Berge kamen, unterstützte uns niemand in den Dörfern. Wenn die Lebensmittel zu Ende gingen, waren wir arm dran. Dann aßen wir alles, was uns in die Hände fiel: *tlacuache*, Ratten, und *nauyaca*, Schlangen. Als die ersten Indios in die Guerillagruppen eintraten, weigerten sie sich, *nauyaca* zu essen, denn sie waren überzeugt, daß sie sich vergiften würden. Eine *nauyaca* schmeckt ein bißchen nach gebratenem Fisch. Das Stück ganz dicht am Kopf, sagen die Indios, enthalte das Gift. Weil aber der Kopf schon ab war, wußte keiner, welches das Stück ganz dicht am Kopf war. Wir konnten nicht ausmachen, was Schwanz und was Kopf war. Ein wirklicher Gewissenskonflikt... Wir aßen auch Ratten und tranken Urin, wenn der Marsch sehr lang war. Dann wechselten wir uns ab, jeder durfte nur dann pinkeln, wenn er an der Reihe war, damit wir nicht vor Durst krepierten. Nach dieser ganz frühen Zeit fragt uns kein Journalist. Sie fragen uns nach der Etappe in der Guerilla selbst, sie fragen uns nach der Zeit von Januar bis jetzt, nach unserem *Sex-Appeal* oder anderen Nebensächlichkeiten. Diese Seite der Geschichte, die steht in keiner Zeitung.«

Angesichts einer derartigen Nahrungsmittelknappheit versprach ich dem Subcomandante in einer meiner Kolumnen in *El País*, daß ich zukünftig eine Küche fürs Überleben oder präkolumbianisches Essen in meine Romane aufnehmen würde, grundlegende Gerichte im Lakandonischen Urwald. Eines Tages erhielt ich zwei an mich und an Carvalho gerichtete Briefe, die eine gute Kenntnis der sprachlichen Nuancen in der Zeit des Übergangs zur Demokratie in Spanien verrieten:

ZAPATISTISCHE NATIONALE BEFREIUNGSARMEE MEXIKO
Dezember 1997
An Manuel Vázquez Montalbán und/oder Pepe Carvalho
La Rambla, Barcelona
Katalonien, Spanien
Von: Subcomandante Insurgente Marcos
Chiapas, Mexiko

»Nie werde ich mich fürderhin von dieser Stelle erheben, kühner Ritter, ehe Eure freundliche edle Gesinnung mir nicht eine Gunst gewährt, die ich von Euch zu erbitten gedenke, und die Euch zum Ruhm und dem Menschengeschlecht zum Nutzen gereichen wird.«

Don Quijote de la Mancha, Drittes Kapitel

Darin erzählt wird, unter welchen lustigen Umständen Don Quijote sich zum Ritter schlagen ließ. MIGUEL DE CERVANTES SAAVEDRA

Don Vázquez Montalbán,

vor ein paar Wochen las ich in *La Jornada* Ihren Artikel (über den »Nationalstaat« oder vielmehr seine Definition), darum hole ich meine kleine Maschine hervor, um Ihnen einige Gedanken, die mir beim Lesen kamen, mitzuteilen, aber vor allem, um Ihnen Grüße zu schicken.

So sitze ich hier, schreibe Ihnen und bitte Sie gleichzeitig um einige Dinge (außer, daß Sie diesen Brief lesen).

Zum Beispiel, daß Sie Don Pepe Carvalho von mir grüßen. Sagen Sie ihm, daß ich ihm die Qualen nicht nachtrage, die mir die Lektüre seiner feinschmeckerischen, kriminalistischen und Liebes-Abenteuer während meiner ersten Jahre in den Bergen (1984–1990) verursacht hat. Ich bin so wenig nachtragend, daß ich an einem längeren Text arbeite, den hoffentlich die kleinen wie die großen Leute mit demselben Vergnügen lesen werden, wenn sie mit Spannung verfolgen, wie Pepe Carvalho und Sup in weltumspannender Korrespondenz einen komplizierten Mordfall (natürlich mit der unvermuteten Hilfe von Leutnant Capirucho und dem Gefreiten Capirote) lösen.

Ich verstehe, Sie sind überrascht, Sie und Pepe, aber Sie werden bald erfahren, wer besagte Capirucho und Capirote sind, wie sie in die Geschichte hineinkommen und wie wir sechs (Sie, Pepe, Capirucho, Capirote, das Meer und ich) das Rätsel des Siebenten lösen. Nur Geduld. Ich hoffe, daß ich Anfang 98 die ersten Kapitel beendet habe (und sie Ihnen dann schicken oder persönlich geben kann).

Bei Pepe Carvalho muß ich an einen Gefährten aus jener Zeit denken, der am 1. Januar 1994 in einem Gefecht fiel. Er las mit der gleichen Spannung wie ich die Ermittlungen im Zentralkomitee und andere Mordfälle (und litt mit, genau wie ich). In den ersten Jahren unserer Bewegung, die erst nach und nach an Form und Bedeutung gewann, borgten wir uns die wenigen Krimis, die wir aus der Stadt erhielten, gegenseitig aus. Am begehrtesten waren die von Manuel Vázquez Montalbán. Die ausführlichen Beschreibungen der wechselvollen Routen und des detektivischen Spürsinns von Pepe Carvalho halfen uns beiden, die langen feuchten Nächte im Lakandonischen Urwald durchzuhalten. Mein Gefährte starb kämpfend in den ersten Januarstunden unserer Anfänge, und als man mir Wochen nach seinem Tod seine Sachen aushändigte, war auch das Buch *Mord im Zentralkomitee* darunter. Es weckte eine Fülle von Erinnerungen in mir. Ich weiß nicht, Don Manuel, warum ich Ihnen das erzähle. Vielleicht, weil ich mich durch diesen Brief an meinen Gefährten oder auch nur an einige der Dinge erinnern will, die uns in jenen Nächten, in denen wir fern von allem waren, trösteten und zum Lachen brachten.

Natürlich konnte Pepe Carvalho sich nicht vorstellen, warum seine Gewohnheit, das Feuer im Kamin mit Büchern aus seiner Bibliothek anzuzünden, an einem Ort wie dem Lakandonischen Urwald, in dem es natürlich weder Kamine noch Bücher gibt, so enthusiastisch von uns aufgenommen wurde. Doch gute Literatur baut ungeahnte Brücken, jenseits der erdrückenden Kreise der intellektuellen Eliten, die dieses dunkle Jahrhundertende nur noch mehr überschatten (wie in einem Ihrer Romane, in dem der prämierte Text der Spiegel der Realität ist und die Realität in den Spiegel des Textes verwandelt). Nicht von ungefähr trifft Don Carvalho in dem Roman auf eine ehemalige militante Linke (sie tauchte bereits in *Mord im Zentralkomitee* auf), die jetzt einem Solidaritätskomitee für Chiapas angehört. Und genauso treffen sich dreizehn Jahre später die Berge im Südosten Mexikos und Don Pepe wieder.

Wir hatten aber nicht nur unsere Begegnungen mit Herrn Carvalho, sondern wir empfanden, daß wir genauso dachten wie Don Manuel, wenn er beispielsweise schrieb: »Die Bürger selbst haben der beschwörenden Formel ›Alles ist bestens‹ eine gehörige Abfuhr erteilt.« (*La Jornada*, 30. 11. 97) Sie sehen, wir beobachten Sie zwei, Sie und Don Pepe, bei dem Versuch, die Rätsel zu lösen, die unsere beiden Welten Ihnen und uns aufgeben, und wir begleiten Sie dabei von hier aus und auf unsere Weise.

Auf unterschiedlichen Wegen – und bislang noch nicht in ihrer ganzen Schärfe – erreichen uns die gleichen Themen, die Sie in Ihren Artikeln behandeln: die Globalisierung, die Agonie des Nationalstaates, das soziale und monetäre Europa, die Linke in der heutigen Zeit. Der Albtraum, der uns gegenwärtig als die beste aller Welten verkauft wird, und der in Europa wie in Amerika, im Himmel wie auf Erden, identisch und unterschiedlich zugleich ist, verheißt uns die schlimmste aller Zerstörungen: die Zerstörung des historischen Gedächtnisses.

Vielleicht vernichtet die Regierung darum diejenigen, die das historische Gedächtnis auf ihre Fahnen geschrieben haben: die zapatistischen indianischen Gemeinden. In der Gemeinde Chenalhó in Chiapas verbringen paramilitärische Banden ihre Zeit damit, wie zu Zeiten der Konquista aufständische Indios zu jagen. Dabei ist nicht zu vergessen, daß sie von der mexikanischen Regierung und dem faulenden Leichnam der Partei der Institutionalisierten Revolution ausgebildet, bezahlt und unterwiesen werden. Die Menschen haben sich tief in die Berge geflüchtet, weil sie den Frieden wollen und weil sie einen zähen Überlebenswillen haben. In dem Augenblick, in dem Sie meinen Brief lesen, sind die über viertausend Flüchtlinge, die unter freiem Himmel fern ihrer Familien leben und sterben, der sichtbare Beweis dafür, daß sich die Regierung mit ihren Friedensbekenntnissen nur eine Maske aufgesetzt hat, hinter der sie ihren Krieg gegen die Geschichte verbirgt.

Ich will mich nicht zu lange aufhalten, die Lage hier ist schwierig (manchmal dramatisch). Es reicht, wenn ich sage, daß eingetroffen ist, was der rebellische Mayaprinz Jacinto Canek prophezeit hat:

»Die Weißen sorgten dafür, daß der Indio auf seinem Land zu einem Fremden wurde, daß der Indio mit seinem Blut den Wind, den er atmet, kauft. Darum geht er auf Wegen, die ohne Ende sind, nur gewiß, das Ziel, das einzig mögliche Ziel, das ihn befreit und ihm erlaubt, die verlorene Spur zu finden, ist dort, wo der Tod ist.«

Wir kämpfen, um andere Wege zu finden, und wir sind sicher, Sie tun es auch. Darum möchte ich Sie bitten, diesen doppelten Brückenschlag zu akzeptieren: unser Rätsel des Siebenten und unsere gemeinsamen Reflexionen zu Fragen der Globalisierung und ihren Auswirkungen.

Nun gut, unterdessen seien Sie gegrüßt. Ich hoffe, daß sich die Zeiten bald für alle bessern, die es brauchen und verdienen, das heißt für alle Ausgegrenzten dieser Welt.

Machen Sie es gut! Bleiben Sie gesund, und möge der wichtigste Fall (der Kampf darum, besser zu sein) nur dort gelöst werden, wo er einzig und allein zu lösen ist: im Herzen.

Aus den Bergen im Südosten Mexikos

Subcomandante Insurgente Marcos

Mexiko, im Dezember 1997

In dem anderen Brief ging es um die Möglichkeit eines Treffens, wie und wann, und um die Ironie, ob ich nicht ein paar *chorizos* mitbringen könnte. Warum schmecken Würste in den Tropen so gut? Ich antwortete ihm unter anderem: »Ich bedauere, daß Pepe Carvalho euch wirkliche oder phantasierte Heißhungeranfälle verursacht hat, halte es aber für schwierig, die vorhandenen Hürden und Hindernisse mit *chorizos* zu überwinden. Ein klarer Beweis, daß sich Personen oder Worte leichter schmuggeln lassen als *chorizos*, vielleicht weil selbst Zollbeamte die Schweinepest oder das Cholesterol mehr fürchten als Theorien oder Ideologien.

Es ist unmöglich, eure Lebensumstände zu banalisieren, ihre offensichtliche Dramatik lauert täglich an jeder Ecke. Außerdem verstehe ich sie als einen Appell an die weltweite Option, vor der wir alle heute stehen: Solidarität oder Barbarei. Ihr habt einen unangreifbaren ethischen Bezugspunkt geschaffen, daher eure Gefährlichkeit auf diesem ethisch völlig abgewerteten politischen und kulturellen Markt. Auch seid ihr das Neue nach dem Zusammenbruch des Unvermeidlichen, dem unglücklichen Ende der Dialektik der Blöcke, das zur Globalisierung der doppelten Wahrheit, der doppelten Moral, der doppelten Sprache, der doppelten Buchführung geführt hat. Danach war es notwendig, den emanzipatorischen Diskurs wieder aufzunehmen, und zwar ausgehend von den neuen Realitäten, von dem Inventar der realen kollektiven Notwendigkeiten, die durch Ungleichheit und Ungerechtigkeit entstanden sind. Die Berechtigung eurer Bewegung liegt darin, daß sie nicht mit dem Argument bekämpft werden kann, sie sei ein Überbleibsel der Ideologie, die im Dritten Weltkrieg besiegt wurde. Sie verdeutlicht die Offensichtlichkeit des Chaos, in das der Kapitalismus in seiner gegenwärtigen Phase führt. Ihr seid ein Rauschen in den Kommunikationskanälen des Einheitsdenkens. Und was für ein Rauschen!«

Ich habe mit dem Brief auch einige Bücher mitgeschickt, unter anderem das *Pamphlet vom Planeten der Affen.* Dann geschah das Massaker von Acteal und die Bilder blutiger Gewalt gegen die zapatistischen Indios gingen um die Welt. In einer breiten Solidaritätsbewegung mobilisierten sich eine Art internationale Brigaden unbewaffneter Freiwilliger, die nach Chiapas kamen, um sich vor Ort über das Geschehen zu informieren. Sie fungierten gleichzeitig als moralische Abschreckungsfront gegen die strukturelle und paramilitärische Gewalt. Ich besitze ein umfangreiches Internet-Dossier über die Ereignisse jener Tage, mir liegen die persönlichen Aussagen von Freunden und Freundinnen wie Teresa Niubó vor, die zu einer dieser friedlichen Gruppen gehörte, und ich habe Tausende Meter Filmmaterial, die mein Sohn Daniel drehte. Sie sind ein Beweis für die Grausamkeiten der Paramilitärs und der »weißen Garden« im Sold der Kaziken und Großgrundbesitzer, die in ihrem schmutzigen Krieg noch skrupelloser vorgingen als die Armee.

Der Fall Teresa Niubós ist von besonderem Interesse, weil sie eine neue Art von »Unterstützern« für eine unaufschiebbare gerechte Sache darstellt. Sie kommt nicht aus der Anti-Franco-Bewegung, sondern folgt einer ethischen Überzeugung, die im Falle einer kleinen Unternehmerin aus La Garriga, Barcelona, besonders exemplarisch ist. Sie bezeichnet sich als progressiv, wo es gar nicht mehr in Mode ist, *progre* zu sein, und sie ist in der Lage, sich einer gerechten Sache mit Vernunft und moralischem Gewissen zu stellen. Als Prototyp eines aufgeklärten Kleinbürgertums weckt ihr Beispiel und das ihrer ganzen Familie, die sich mitengagiert hat, die Hoffnung auf ein neues Demokratieverständnis für das 21. Jahrhundert. Die Beobachter vor Ort erfuhren, daß einer ihrer Informanten, José Tila López García, von den sogenannten »Unkontrollierbaren«, die den Namen *Paz y Justicia* (Frieden und Gerechtigkeit) tragen, ermordet wurde, nachdem er mehr als sechs Kilometer gelaufen war, um ihnen seinen Bericht über die Menschenrechtsverletzungen zu übergeben. Ein Vertreter der Internationalen Menschenrechtskommission beschrieb, was er sah: »Die Lage in Chiapas verschlechtert sich von Minute zu Minute. Tausende von Menschen sind nach dem Blutbad von Acteal nach Polhoi ins Hochland von Chiapas geflüchtet. Sie leben zusammengedrängt unter den elendsten Bedingungen, haben ihre Hütten und ihr Stück Land verloren, bekommen keine Hilfe von seiten der Regierung. Sie leben im absoluten Elend, und dennoch leisten sie Widerstand. Sie ergeben sich nicht, trotz des Hungers, trotz des Drucks der Armee, der Sicherheitskräfte und der paramilitärischen Gruppen, die mit ihren Terrorakten den Zulauf zu den Zapatisten in den Bergen stoppen wollen. Weiter nördlich erleiden Tausende von Vertriebenen das gleiche Schicksal. Vertreter von 110 Gemeinden machten die Öffentlichkeit auf die Komplizenschaft zwischen den Sicherheitskräften und den Paramilitärs von *Paz y Justicia* aufmerksam. Sie sind es, die den freien Zugang zu den aufständischen Gemeinden versperren. Vor kurzem wurde ein Sprecher der Vertriebenen von Yosija ermordet, weil er mit Mitgliedern der internationalen Beobachterkommission gesprochen hatte. Gestern erst wurde Mitgliedern der Kommision von *Paz-y-Justicia*-Leuten aus El Paraíso in gemeinsamer Aktion mit Polizisten der Zugang zum Flüchtlingslager nahe der Gemeinde Asunción Huitiupan verwehrt. Sie wurden unter Gewaltandrohung zur Umkehr gezwungen. Krieg und Totschlag, Aushungern und militärische Umzingelung, das sind die Methoden gegen alle, die sich weigern, einen Bruderkrieg zu führen, die ihre Geduld angesichts der Provokationen nicht verlieren und sich unter keiner Bedingung ergeben. Die Regierung hat nichts verstanden. So lange die Landfrage nicht gelöst wird, solange das Abkommen von San Andrés nicht in die Tat umgesetzt wird, solange die Militarisierung nicht aufhört, solange wird auch der Konflikt andauern. Wir befinden uns in einem Szenarium des Krieges, und es sind keine Lösungen in Sicht. Die Parteiergreifung der internationalen Zivilgesellschaft hat die mexikanische Regierung in die Zange genommen. Niemand glaubt mehr ihren Lügen. Sie sieht sich vor die Notwendigkeit gestellt, etwas zu tun, um ihre Glaubwürdigkeit wiederzuerlangen. Darum greift sie auf die Taktik zurück, die Zapatisten als unnachgiebig hinzustellen und den Konflikt auf ein internes Problem der Gemeinden zu reduzieren, alte, längst verbrauchte kriminelle Strategien.«

Es wurde auch immer wieder darauf hingewiesen, daß die mit der Regierung koordinierten »Hilfs«-Aktionen nicht mit der gebotenen Neutralität erfolgen. Die mexikanische Regierung hielt sich nicht an die im Abkommen von San Andrés festgelegten Vereinbarungen. Im Gegenteil, sie stationierte sechzigtausend Soldaten der Bundesarmee in Chiapas und tolerierte stillschweigend den Terror der paramilitärischen Trupps in den indianischen Gemeinschaften. Die ausländischen Beobachter verwickelte die Regierung in ein doppeltes Spiel. Auf der einen Seite wurden sie von Emilio Rabasa, dem Koordinator für die Friedensgespräche, empfangen, auf der anderen Seite werden die internationalen Beobachter beschuldigt, die mexikanische Souveränität zu verletzen und die Tatsachen zu verfälschen. Es werden so absurde Gerüchte verbreitet wie die, daß die ins Land kommenden Ausländer ökologische Schäden anrichteten und die Urwalderde wegtrügen. Etwa in ihren Hosentaschen oder in ihren Schlafsäcken? Als sich die Friedenskommission zurückzog, wurden die Beobachter, die in Chiapas auf verschiedene Gemeinden verteilt zurückblieben, von der Regierung und ihren Gefolgsleuten derart angefeindet, daß sie um ihr Leben fürchten mußten. Einige hielten es nicht mehr aus und schlugen sich zu Fuß durch den Lakandonischen Regenwald nach Guatemala durch. Die Koordination der Nichtregierungsorganisationen für den Frieden (CONPAZ), das Zentrum für Menschenrechte Fray Bartolomé de las Casas *(Centro de Derechos Humanos Fray Bartolomé de las Casas)* und das Komitee der Bürgerrechtsorganisationen für die Demokratie *(Convergencia de Organismos Civiles por la Democracia)* haben einen Bericht über die Militarisierung der Region ausgearbeitet und der Öffentlichkeit vorgelegt.

Marcos' plötzliches Schweigen weckt Zweifel, ob er überhaupt noch am Leben sei. Meine Reise verschiebt sich. Ich erhalte auch keine Bestätigung, ob er meine Bücher bekommen hat, ganz zu schweigen von der Unmöglichkeit, ihm die gewünschten *chorizos* zukommen zu lassen. Sicherlich sind sie im Dschungel viel verlockender als meine Literatur, die wie jede Literatur exhibitionistisch, aber auch kritisch ist, weil sie sich als Erbin der Kultur des Widerstandes versteht. Meine Kontakte verfügen über eine historische postkolumbianische Geduld, die prähispanische verlor sich mit der Ankunft von Kolumbus.

Plötzlich gibt Marcos mit seiner Juli-Erklärung ein Lebenszeichen von sich. Es ist eine brillante Epistel, in der er die Scheinheiligkeit der mexikanischen Regierung und der globalen Ordnung anprangert. Das Motto fand er bei *Juan de Mairena* von Antonio Machado, dem größten liberalen Denker aller Zeiten: »Vom öffentlichen Menschen ist zu verlangen, daß er die Treue zur eigenen Maske wahrt.« Früher oder später allerdings kommt der Augenblick, mahnt Mairena, in dem man das Gesicht zeigen muß. Marcos bezeichnet die Maske der Souveränität des mexikanischen Staates als die scheinheiligste aller Masken. Denn der Staat hat Tausende von staatlichen Unternehmen privatisiert, damit er die Rechnung der Modernisierung begleichen kann, und er trägt auch die Maske der Demokratie, obwohl täglich Menschen verschwinden und paramilitärische Banden im Auftrag der Kaziken ungehindert morden. Marcos zitiert Shakespeare, Carlos Fuentes, Eduardo Galeano und Miguel Scorza. Ich finde den Erhalt meiner Bücher bestätigt, weil er auch aus dem *Pamphlet vom Planeten der Affen* zitiert und meine Bemerkungen über die *trahision des clercs* (den Verrat der Intellektuellen) in postmoderner Version aufgreift. Es sind diese Herren der Schöpfung, die die Musik zur Repression aufgelegt haben, zu der die PRI und ihre »Unkontrollierbaren« den Text und das Maschinengewehrfeuer beisteuern, während eine Kampagne zur Verteidigung der nationalen Souveränität gestartet wird. Die internationalen Kooperatoren gehen nach Chiapas, um mit dafür Sorge zu tragen, daß nicht noch mehr Menschen in Mexiko umgebracht werden oder verschwinden, daß Mexiko aufhört, ein »schwarzes Loch in der Einhaltung der Menschenrechte« zu sein, wie Amnesty International die Menschenrechtslage in Mexiko charakterisiert. Im Jahresbericht von 1997 erstellt Amnesty eine aufschlußreiche Landkarte der Menschenrechtsverletzungen, wobei sich das besondere Augenmerk auf die Staaten richtet, die sich in einer wahren Orgie der neoliberalen Modernisierung befinden: Mexiko, Guatemala (das nach dem Bürgerkrieg ohne Strafverfolgung geblieben ist), die Russische Föderation, in die das Kapital der deutschen Banken und der Vereinigten Staaten fließt, wo aber immer weiter systematisch gefoltert wird. In den Staaten, die vom Spasmus der Modernisierung am stärksten erfaßt sind, wird während der Verhöre mit Elektroschocks gefoltert, und es werden elektronische Waffen verwendet, um öffentliche Demonstrationen in Schach zu halten. Die Folter liefert den schrecklichsten Beweis für das Elend der Vernunft und der ethischen Verantwortunglosigkeit des Staates und ist die elementarste und gleichzeitig höchste Rechtfertigung für das Recht zum Widerstand. Die Folter ist die schlimmste aller fünften Kolonnen, wenn sie in sozialistischen Ländern angewendet wird, wenn aber gar im Namen des Sozialismus selbst gefoltert wird, dann kann man das als nichts anderes als das Scheitern des Sozialismus als humanistische Idee bezeichnen.

Amnesty International gemahnte den spanischen Außenminister Abel Matutes in einem offenen Brief vom Februar 1999 an die Liste der Länder, die für die ständige Verletzung der Menschenrechte berühmtberüchtigt sind: Algerien, Saudi-Arabien, Kambodscha, Kolumbien, China, die Russische Föderation, Indonesien, Mexiko, die Türkei und die Vereinigten Staaten. Das ihnen gewidmete Kapitel ist besonders bemerkenswert: »Die Menschenrechtsverletzungen scheinen unverhältnismäßig stark ethnische und rassische Minderheiten zu treffen. Die

Polizei übt Gewalt im ganzen Land aus, und auch die Verletzung der Rechte von Strafgefangenen ist an der Tagesordnung. Die Zunahme von Verbrechen, die mit der Todesstrafe geahndet werden, die Todesstrafe für Verbrechen, die von minderjährigen Jugendlichen begangen werden, und die zunehmende Anzahl der vollstreckten Todesstrafen widersprechen den internationalen Menschenrechtsabkommen.« Auf der anderen Seite behindern die örtlichen Behörden laut Amnesty International die Arbeit der Komitees, die die Gewaltanwendung gegen Frauen und willkürliche Hinrichtungen ohne Gerichtsverfahren untersuchen.

Auf meine Zweifel über das Ende der Revolutionen geht der Subcomandante ebenfalls ein: »Das in der Wut geballte Schweigen kann jeden Augenblick explodieren. Es ist ein Schweigen, das sich in absurden, unerwarteten und unverständlichen Situationen ansammelt: So geht es dem Mann mit der Frau, der Clique mit dem erstbesten Passanten, dem Arbeiter mit dem Arbeiter, dem Indio mit dem Indio, dem einen mit dem anderen, dem Groll mit dem Groll.« Ich habe schon ziemlich viel von dem Subcomandante gelesen, ohne ihn auch nur bei einem kleinen Ausrutscher in den konventionellen marxistisch-leninistischen Jargon zu ertappen. Er hat sich ganz offensichtlich der »akustischen Kontinuität«, von der Sloterdijk in seinem Essay *Im selben Boot* spricht, entzogen. Diese akustische Kontinuität ist reiner Selbstzweck, sie stirbt mit der Sippe aus, für die sie bürgt, und sie bricht mit nichts, selbst wenn sie den Bruch bereits mit Worten beschworen hat.

Marcos gab den sozialen Forderungen wieder einen Namen, weil er von einem tatsächlich existierenden historischen Subjekt des Wandels ausgeht. Der Subcomandante, das ist wahr, neigt zum Theatralischen, dazu zwingt ihn die Natur der Bühne, auf der er sich bewegt, und das ist seine Antwort auf das Supermarkts-Theater der alles uniformierenden Modernisierung und auf die Überreste des semantischen Schiffbruchs des Marxismus-Leninismus. Marcos repräsentiert elementare Rebellionen: den Indio als eine Realität und als eine Metapher des Globalisierten und die *Mestizaje* als etwas Wünschenswertes und nicht so sehr als etwas Unvermeidliches.

Ich möchte die Fünfte Erklärung vom Juli 1998, mit der Marcos sein Schweigen brach, gerafft wiedergeben, ich hoffe, ohne sie dabei zu verfälschen, weil es wichtig ist, ihre Dialektik und ihre Poesie zu verstehen.

Er hat seiner »Homilie« den Titel *Oben und unten: die Masken und das Schweigen* gegeben. Alle Bedeutungen der Maske kommen in der neozapatistischen Dramaturgie vor: die Maske zum Verbergen der Persönlichkeit, zum Verschleiern des Gesichts, d. h. der Seele, zum Schutz, um eine andere Persönlichkeit zu erlangen. Eduard Cirlot hat uns die vielleicht beste Beschreibung für die Funktion der Maske nach Auffassung der Symbolisten geliefert, wenn er sie als Verbündete für die Veränderung der Persönlichkeit zum Geheimnisvollen oder Schamhaften deutet: »Der Doppelsinn oder die Mehrdeutigkeit ergibt sich in dem Moment, in dem sich etwas so stark verändert, daß es bereits etwas anderes darstellt, aber immer auch noch das ist, was es vorher war.« Dieser Prozeß der Metamorphose soll verborgen bleiben, und darum die Maske. Die Maskierung zielt auf Verwandlung, sie erleichtert den Übergang von dem, was man ist, zu dem, was man sein möchte. Darin liegt die magische Dimension der in der griechischen Tragödie oder in den primitiven religiösen Ritualen vorhandenen Maske. Die Maske kommt der Hülle einer neuen Persönlichkeit gleich. Den negativsten Aspekt dieses Willens nach Verwandlung versinnbildlicht die brahmanische Metapher, daß Shiva ein löwenköpfiges Ungeheuer mit schmalem Körper schuf, Ausdruck seines eigenen Appetits. Als diese Kreatur von ihm einen Körper verlangte, um ihn zu verschlingen, entgegnete Shiva, sie solle sich selbst aufessen. Das Ungeheuer schaffte das, indem es sich auf den Zustand einer Maske reduzierte.

Von dieser Lektüre der Maske ist Octavio Paz nicht weit entfernt, wenn er in *Das Labyrinth der Einsamkeit* die Maske des Mexikaners als die Mauer interpretiert, die zwischen Realität und Person aufgebaut wird, eine Mauer, die »zwar nicht sichtbar, aber darum nicht weniger unüberwindbar (ist), von Gefühllosigkeit und Ferne«. Sie ist das unverrückbare Paradigma des mexikanischen Wesens: »Der Mexikaner ist allem fern, er ist fern der Welt und fern den anderen. Er ist auch sich selber fern.« Marcos spricht von seiner eigenen Maske als einer Larve, er lüftet die Masken der Herrschenden und die ihrer Gefolgsleute, hinter denen sie ihre wahren Intentionen verbergen. Ich erlaube mir eine Zusammenfassung, die vieles ausläßt, aber, wie ich hoffe, den Text nicht verfälscht. Er beginnt mit einem Zitat aus *Juan de Mairena* von Antonio Machado:

»Vom öffentlichen Menschen, insbesondere vom Politiker, ist zu verlangen, daß er treu zu den öffentlichen Tugenden steht, die sich in einer Tugend zusammenfassen lassen: der Treue zur eigenen Maske. Denkt daran, es gibt keinen politischen Streitfall, der nicht einen Tauschhandel bedeutet, eine Verwechslung der Masken, die verpatzte Probe einer Komödie, bei der keiner seine Rolle gelernt hat. Ihr alle, die ihr Politiker werden wollt, seht zu, daß eure Maske so weit wie möglich euer eigenes Werk ist, fertigt sie selbst an, denn nur so könnt ihr vermeiden, daß eure Feinde oder eure Mitstreiter sie euch aufsetzen – sie euch aufzwingen; macht sie nicht so starr, fest und undurchdringlich, bis sie euer Gesicht platt drückt, denn früher oder später muß man auch das Gesicht zeigen.«

Sehr poetisch fährt Marcos fort: »An meine Schulter gelehnt, atmet das Meer ...« Er stellt die Frage, was geschehen muß, um die Masken herunterzureißen, wiederholt noch einmal, er sei dem Meer nahe, und setzt als Kontrapunkt den Ablauf der Fußballweltmeisterschaft in Paris, weil ein Fußballspiel »Gefühle weckt und ballt. Der Zauber, der jedesmal aufkommt, wenn der Ball rollt, ist von zwei Südamerikanern besonders gut verstanden worden. Der eine hat ihn beschrieben, der andere ihn selbst geschaffen: Eduardo Galeano, Sammler des täglichen Nieselregens, den manche auch ›die Geschichte von unten‹ nennen, und Diego Armando Maradona, der mit seinem Spiel den Ball zum Singen brachte und damit bewies, daß Magie nicht notwendigerweise mit Destillierkolben und esoterischen Formeln zu tun hat.« Tausende von Mexikanern befinden sich unter den Zuschauern, die nationale Geschichte steht still, jeder fiebert mit seiner Fußballmannschaft mit, die Macht ruht. Die Tragikomödie des politischen Lebens ist ebenfalls zum Spektakel geworden, die chaotische Maskerade, die sich tagtäglich in den Gängen der öffentlichen Macht in Mexiko abspielt, erhält keinen Beifall. Nach Marcos leben die Herrschenden nur darauf hin, das Jahrhundert zu beenden, gleichgültig, was mit dem Land passiert, wobei sie von den Massenmedien komplizenhaft unterstützt werden. Die Regierung hat der gewaltigen Mehrheit der Mexikaner den Rücken zugekehrt, die zwischen dem Rio Bravo und dem Suchiate nicht leben und nicht sterben können. Ihre Regierungsgeschäfte sind nichts anderes als die Fortsetzung eines Staatsverbrechens, das schon fast das ganze Jahrhundert über andauert. Die Massenmedien stürzen sich in heller Empörung auf die Straftaten gemeiner Krimineller, während

Politiker, die nicht einmal vor Mord zurückschrecken, ungestraft bleiben: »Im heutigen Mexiko wird die zunehmende Staatskriminalität (die von seiten der politischen Macht verübt wird) nur durch die Straffreiheit übertroffen, die man sich durch Geld, Beziehungen oder die Nähe (die erklärte oder geheimgehaltene) zum auserwählten Kreis um denjenigen verschaffen kann, den einige noch (allerdings nicht ganz ohne Gewissensbisse) ›Herr Präsident‹ nennen... Es scheint offensichtlich: Masken verdecken, und Schweigen verbirgt. Aber ebenso wahr ist, daß Masken auf etwas hindeuten und daß Schweigen beredt sein kann. Masken und Schweigen entblößen und verhüllen. Diese Zeichen helfen, das Ende des Jahrhunderts in Mexiko zu verstehen.«

Marcos gibt die Gefahr zu bedenken, daß die mexikanische Regierung ohne vernünftige Argumente, ohne Legitimität und Moral nach ihrem einzigen Hilfsmittel, der Gewalt, greift. Diese richtet sie aber nicht gegen das organisierte Verbrechen oder gegen die Alltagskriminalität, sondern gegen die Ärmsten, die große Mehrheit. Die Glaubwürdigkeit der PRI schwindet von Tag zu Tag, was sie aber durch das offiziell auferlegte Schweigen zu verbergen sucht. Die herrschende Klasse schweigt über das, was im Land geschieht, sie will das Schweigen der Gedächtnislosigkeit, das historische Gedächtnis der Regierten auslöschen: »Die offizielle Geschichte stammt nicht aus unseren Geschichtsbüchern, sondern sie wurde in den Ideenlaboratorien der postgraduierten Studiengänge ausländischer Universitäten zusammengemixt. Harvard, Oxford, Yale und das MIT sind die modernen ›Väter des Vaterlandes‹ der mexikanischen Machthaber. Die offizielle Geschichte reicht so weit wie die Eckdaten des ökonomischen Wachstums. Diese aber wirbeln in einer Welt, die dem Finanzterror der Globalisierung unterworfen ist, wie eine Wetterfahne im Sturm hin und her. Nur die Gegenwart ist Geschichte für die ›Musterschüler an der Wandtafel‹ (wie Carlos Fuentes sie nannte), die ›Manager mit den Laptops‹ (wie sie ich weiß nicht wer nannte) oder für das ›Kartell von Los Pinos‹ (wie es die Teilhaber im Drogengeschäft nennen). Diese offizielle Geschichte trägt ihre eigene Maske.«.

Sie kann keine andere als die Maske der Modernität sein, die sich wiederum mit weiteren Masken schmückt, beispielsweise der Maske der »Wirtschaftsumstellung«, der »Anpassung an die modernen Zeiten der Globalisierung«, der »Rationalisierung der öffentlichen Ausgaben«, der »Abschaffung der Subventionen, die den freien Wettbewerb und die wirtschaftliche Entwicklung behindern«, des »internationalen Kampfes gegen den Drogenhandel« und des »Endes des populistischen Staates«. Marcos zufolge haben die mexikanischen Regierungen seit 1982 einen wahren Feldzug geführt, der die Grundpfeiler der nationalen Souveränität erschüttert hat. Sie haben staatliche Unternehmen zu Schleuderpreisen verkauft, dem Druck der internationalen Märkte nachgegeben, die Aufgaben des öffentlichen Dienstes vernachlässigt (oder seine Vorzugsstellung zum Stimmenkauf mißbraucht), die Preise von Grundnahrungsmitteln freigegeben, Löhne und Gehälter eingefroren, die Zukunft der nationalen Währung der Willkür der Finanzmärkte ausgeliefert, die Regierungshandlungen den Werbekampagnen untergeordnet, die der Markt des Ausverkaufs der Nationen verlangt, und der Bundesarmee die Rolle von Polizisten im globalen Dorf zugewiesen. Die Machthaber denken auf englisch und übersetzen ihre Worte nur ins Spanische, wenn sie dem Militär Befehle zur Repression erteilen. Die Regierungstruppen erfüllen auf dem indianischen Territorium die gleiche Funktion, wie sie General Custer einst gegen die Indianer der Vereinigten Staaten ausgeübt hat.

Die Maske der Makroökonomie verbirgt das Gesicht einer Wirtschaftsstrategie zur Verarmung einer bereits armen Wirtschaft. Die politische Autonomie duckt sich vor dem Finanzkapital, das über Kriege, Bankrotterklärungen, Diktaturen, Demokratien, Leben und Großgrundbesitz bestimmt. Manchmal katapultiert sich Marcos auch aus jeder sogenannten wissenschaftlichen Argumentation heraus, wenn er apodiktisch erklärt: »Jemand hat behauptet, gegen die Globalisierung anzugehen sei das gleiche, wie gegen die Schwerkraft anzugehen. Wenn das so ist, dann meine ich eben: Nieder mit dem Gesetz der Schwerkraft!«

Hinter der Regierungsmaske des Chauvinismus verbirgt sich die Zerstörung der Nation, die immer weiter voranschreiten wird, wenn die Regierung an ihrer Repressionspolitik gegen die aufständischen Indios und gegen die internationalen Beobachter festhält. Diese sehen sich einer wachsenden ausländerfeindlichen Kampagne von Presse, Rundfunk und Fernsehen ausgesetzt. »Plötzlich, und mit Argumenten, die dümmer nicht sein könnten, verspürte der Auktionär der Nationalen Souveränität einen Anflug von Patriotismus und begann mit der Losung ›Ein guter Ausländer ist ein blinder und tauber Ausländer!‹ alle jene zu verfolgen, anzufeinden und des Landes zu verweisen, die sich von Herzen für den Kampf um ein Friedensabkommen unter Achtung von Gerechtigkeit und Würde einsetzen.«

Es war ein Verrat an den demokratischen Kräften, die an den Weg des Dialogs glaubten, als der harte Kern der PRI das Abkommen von San Andrés boykottierte, obwohl der Entwurf von ihren eigenen Vertretern kam. Um diesen Verrat zu verschleiern, kam die »intellektuelle Objektivität« auf den Plan, also die Intellektuellen, die freien Zugang zu allen Bereichen der politischen, ökonomischen und religiösen Macht haben. Die erste Stufe bildete die Kritik an den Kritikern des politischen Systems. Mit der »moralischen Autorität«, die ihnen, wie jene Intellektuellen meinten, ihre Reue verlieh, attackierten sie diejenigen, die nicht den Rückzug angetreten hatten: »Die Kampagne zur Diskreditierung der kritischen Vernunft wurde von intellektuellen *beautiful people* angeführt, die in ihrer Mehrheit aus ehemals jungen Philosophen, ehemals jungen Soziologen und ehemals jungen Meinungsmachern bestehen. Sie alle kennen die Wege, die nach dem alten Beispiel des ›Schriftgelehrten‹ zum Tisch des Herren führen.« (Vázquez Montalbán, *Pamphlet vom Planeten der Affen*). Andere folgten ihnen auf dem Fuß, und bald saßen sie mit am Tisch der großen politischen, finanziellen, religiösen und kulturellen Machthaber, d. h. der Strategen, die das Steuer des blutigen Vehikels des Neoliberalismus in Mexiko führen. »Die pragmatische Macht stützt sich nicht nur auf die Zeremonienmeister, um mit der alten und neuen Finanzoligarchie per du zu sein, sondern verfügt auch über einen Chor organischer Intellektueller, die der Macht zur Seite stehen, indem sie zwar keinen eigenen Gedanken zu Papier bringen, sie jedoch mit der notwendigen Ideologie und einer ganzen Sammlung von Dithyramben versorgen.«

Die Verzweiflung dieser Intellektuellen sei verständlich, führt Marcos aus, weil der Krieg der Regierung in Chiapas und Guerrero bereits nach allen Seiten Blut verspritzt hat und nun droht, die spitzen Federn und die fein säuberlichen Analysen schmutzig zu machen.

»Wenn die Vernunft«, schreibt Marcos, »die Geschichte, die Legitimität und die Nation verlorengegangen sind, bleibt dem politischen System in Mexiko wenig. Darum glaubt es, daß nur noch eine einzige Maske es retten kann und es lebendig (wenn auch nicht mehr gesund und wohlbehalten) an das andere Ufer des Jahrhunderts bringt: die

Kriegsmaske.« In wohlgeplanten militärischen Operationen werden autonome Gemeinden überfallen mit Panzern, Panzerwagen, Hummer-Fahrzeugen, Aufklärungsflugzeugen, Kampfflugzeugen und Bombern, Hubschraubern, Haubitzen, Granatwerfern, Granaten, leichter Artillerie, Maschinengewehren, Schnellfeuergewehren. Dazu kommen Kampagnen zur Einschüchterung und Abschreckung und das Schweigen der Medien über die Folgen. Diese Maske des Schweigens ist eine weitere Maske. Marcos zitiert dazu Manuel Scorza: »Die Nacht wird vorübergehen / Sie können das Wasser ausspucken / Sie können die Spatzen erschießen / Sie können die Verse verbrennen / die duftende Lilie köpfen / den Gesang unterbrechen und ihn in den Sumpf werfen / Aber diese Nacht wird vorübergehen.«

Die Kultur des Widerstandes, wie sie der Anthropologe Guillermo Bonfil Batalla beschrieben hat, ist als eine Antwort auf die Verschwörung der von oben verordneten Masken und des befohlenen Schweigens zu verstehen. Dieses Schweigen aber erzeugt das Schweigen der Wut, erklärt Marcos, und »neue Formen des Kampfes werden ihre eigenen Masken schaffen und ihr eigenes Schweigen hervorrufen. Langsam formt sich die würdige Maske des Widerstands und vervielfältigt sich. Mit dem wachsenden Widerstand verbreitet sich ein schreckliches Schweigen: das Schweigen, das Anklage erhebt und Zeichen setzt.«

Marcos prangert die Sabotage der COCOPA durch die Regierung an, die Ermordung und Verhaftung von Indios, die Winkelzüge gegen die Nationale Vermittlungskommission CONAI, insbesondere gegen ihren Vorsitzenden, den Bischof Samuel Ruiz García. Die Regierenden sprechen und widersprechen sich, sie widersprechen sich sogar gegenseitig in einem wilden Durcheinander von Masken und Rollen, »das einen zum Lachen brächte, wenn sich dahinter nicht ein brutaler und ungleicher Krieg verbergen würde«. Die direkt und indirekt geführte Kampagne der Regierung gegen die CONAI bedroht ihren Vorstand: Bischof Don Samuel Ruiz García, Doña Concepción Calvill, verwitwete Nava, Dr. Pablo González Casanova, Dr. Raymundo Sánchez Barraza, die Dichter Juan Bañuelos und Oscar Oliva, sowie ihre Sektretäre Pedro Nava, Salvador Reyes, Gonzalo Ituarte und Miguel Alvarez. Die CONAI ist eine der Hauptzielscheiben in der Kriegsstrategie der Regierung.

Mit der Parabel vom Jüngling und dem Löwen interpretiert Marcos den Maoismus. Er hat sie von Antonio, einem seiner ersten Weggefährten, gehört: »Der alte Antonio erzählt, daß sein Vater Don Antonio ihm als jungem Mann beibrachte, wie man den Löwen ohne Feuerwaffe tötet. Als er noch der junge und sein Vater der alte Antonio war, erzählte ihm dieser die Geschichte, die er mir jetzt ins Ohr flüsterte, damit das Meer sie von meinen Lippen erfahre. Der alte Antonio erzählte sie mir einfach so, aber ich nenne sie ›Die Geschichte vom Löwen und dem Spiegel‹. Der Löwe pflegt seine Beute erst zu reißen, dann trinkt er das Herzblut, frißt das Herz und läßt die Reste für die Aasgeier übrig. Nichts und niemand kommt gegen die Kraft des Löwen an. Es gibt kein Tier, das sich ihm entgegenstellen würde, und keinen Menschen, der nicht vor ihm flieht. Den Löwen kann nur eine ebenso gewaltige, blutrünstige und mächtige Kraft besiegen. Der damals alte Antonio drehte sich eine Zigarette und tat, als ob er auf die Baumstämme sähe, die in den hellen Flammen des Feuers gestapelt waren, während er von der Seite her den jungen Antonio beobachtete. Er mußte nicht lange warten, denn der junge Antonio fragte ihn:

– Und worin besteht diese große Kraft, die den Löwen besiegen könnte?

Der damals alte Antonio reichte dem damals jungen Antonio einen Spiegel:

– Ich?, fragte der damals junge Antonio und betrachtete sich im kleinen runden Spiegel.

Der damals alte Antonio lachte zufrieden (so sagt der damals junge Antonio) und nahm den Spiegel wieder an sich.

– Nein, du nicht, antwortete er ihm. Als ich dir den Spiegel zeigte, wollte ich dir sagen, daß die Kraft, die den Löwen besiegt, nur dieselbe Kraft wie die des Löwen sein kann. Nur der Löwe selbst besiegt den Löwen.

– Ach!, sagte der damals junge Antonio, nur um etwas zu sagen. Der damals alte Antonio verstand, daß der junge nichts verstanden hatte, und erzählte die Geschichte weiter. Als wir begriffen hatten, daß nur der Löwe selbst den Löwen besiegen kann, begannen wir darüber nachzudenken, wie wir es anstellen könnten, den Löwen dahin zu bringen, mit sich selber zu kämpfen. Die Ältesten sagten, man müßte dazu den Löwen erst einmal richtig kennenlernen, und so wählten sie einen jungen Mann aus, damit er den Löwen kennenlernte.

– Dich?, unterbrach der damals junge Antonio. Der damals alte Antonio bejahte stillschweigend und fuhr fort, nachdem er die Stämme im Feuer zurechtgerückt hatte: – Sie hießen den Jungen auf einen hohen Baum steigen und banden unten am Stamm ein Kalb fest. Dann gingen sie fort. Der Junge sollte beobachten, was der Löwe mit dem Kalb machte, er sollte warten, bis der Löwe weg war und anschließend allen erzählen, was er gesehen hatte. So geschah es. Der Löwe kam und riß das Kalb, er trank sein Blut, fraß sein Herz und trottete davon, während die Aasgeier bereits wartend ihre Kreise zogen.

Der Junge ging ins Dorf und erzählte, was er gesehen hatte. Die Ältesten dachten eine Weile nach und sagten:

– Der Matador verdient es, genauso zu sterben, wie er tötet. Sie gaben dem Jungen einen Spiegel, ein paar Hufeisennägel und ein Kalb.

– Morgen ist die Nacht der Gerechtigkeit, sagten die Alten, um gleich wieder tief in ihre Gedanken zu versinken. Der Junge verstand nicht. Er ging in seine Hütte, setzte sich hin und betrachtete sich eine gute Weile im Spiegel. So fand ihn sein Vater und fragte ihn, was geschehen war. Während der Junge ihm alles erzählte, verharrte der Vater stillschweigend. Erst nach geraumer Zeit sprach er. Der Junge hörte still vor sich hinlächelnd dem Vater zu. Am nächsten Tag, als sich der Abendhimmel schon golden färbte und die grauen Schleier der Nacht sich auf die Baumgipfel legten, ging der Junge mit dem Kalb hinaus. Am Fuße des Baumes tötete er das Kalb und riß ihm das Herz aus. Den Spiegel zerbrach er in kleine Stücke und klebte sie mit dem Blut ans Herz. Er öffnete das Herz und füllte es mit den Nägeln. Anschließend legte er das Herz wieder in die Brust zurück und fertigte aus Stöcken ein Gerüst, damit das Kalb aufrecht stehenblieb, als wäre es lebendig. Nachdem er das getan hatte, kletterte er auf den Baum und wartete. Dort oben, während die Nacht langsam von den Ästen auf den Boden fiel, erinnerte er sich an die Worte seines Vaters: Der Matador verdient es, genauso zu sterben, wie er tötet. Die Nacht hatte sich vollständig ausgebreitet, als der Löwe kam. Mit einem Satz fiel er über das Kalb her und riß es. Als er das Blut trinken wollte, hielt er einen Moment mißtrauisch inne, weil es ihm so vorkam, als sei es bereits trocken, aber die Spiegelstücke verletzten seine Zunge, daß sie blutete. So glaubte der Löwe, das Blut auf seiner Zunge sei das Herzblut des Kalbes, und schlug seine Zähne gierig in das Herz. Die Nägel ließen ihn noch stärker bluten, aber der Löwe glaubte immer noch, das Blut in seinem

Mund sei das Blut des Kalbes. Je länger er kaute, desto stärker verletzte er sich und blutete immer mehr und kaute immer gieriger. Das dauerte eine ganze Weile an, so lange, bis der Löwe verblutete. Der Junge kehrte mit den Löwenkrallen als Kette um den Hals zurück und zeigte sie den Ältesten. Diese lachten und sagten: – Du sollst nicht die Krallen des Löwen als Siegestrophäe aufheben, sondern den Spiegel.

– So, erzählte der alte Antonio, – tötet man den Löwen.

Außer dem kleinen Spiegel trug der alte Antonio aber auch immer noch seine alte Schrotflinte mit sich.

– Für den Fall, daß der Löwe die Geschichte nicht kennt, fügte er mit einem Augenzwinkern hinzu.

Die Regierungspartei hatte angefangen, das Kalb zu verschlingen, hielt aber in ihrer Gier inne und kaute langsamer, um zu sehen, ob sie die Spiegelstücke und die Nägel aufsplittern konnte. So spinne ich die Fabel weiter, ohne die Absicht, Marcos in seiner Phantasie übertreffen zu wollen. An diesem Punkt sind wir jetzt angelangt. Die PRI denkt, sie könne ohne Schaden zu nehmen die tödliche Falle verkraften, und so lange hält ihr Marcos, wie der alte Antonio, die alte Schrotflinte entgegen. Marcos greift auf die Geschichten des alten Antonio immer dann zurück, wenn er bestimmte Taktiken und Strategien veranschaulichen will oder nach einfachen Erklärungen für Verhaltensweisen sucht. Beispielsweise für das Verhalten der Ex-Maoisten und der Ex-Linken in ihrem weitgefächerten Spektrum, die schließlich mit dem Neoliberalismus auf der ganzen Welt und dem härtesten rechten Kern der mexikanischen Regierung zusammenarbeiten.

In der Fabel *Der Fisch im Wasser* erzählt Marcos die Geschichte von einem sehr schönen Fisch im Fluß, den der Löwe fressen will. Da er aber nicht schwimmen kann, fragt er die Beutelratte um Rat, und die ist um Rat nicht verlegen: »Das ist ganz einfach, der Fisch kann ohne Wasser nicht leben. Du mußt nur das ganze Wasser aus dem Fluß trinken, dann kann der Fisch nicht mehr schwimmen, und du kannst ihn dir fangen und auffressen.« Der Löwe ist zufrieden mit dem Ratschlag der Beutelratte und gibt ihr zum Dank einen Posten in seinem Königreich. Er geht zum Ufer des Flusses und beginnt das Wasser zu trinken, bis sein Bauch platzt und er stirbt. Und die Beutelratte? Muß ich noch hinzufügen, daß die Beutelratte die antizapatistischen Intellektuellen verkörpert und der Löwe natürlich die PRI ist?

Wir sind bei der siebenten Maske und dem siebenten Schweigen angelangt. Juan de Mairena kommt wieder wie gerufen: »Es ist klar, daß auf dem Gebiet der politischen Aktion nur der siegt, der seine Segel in den Wind spannt. Niemals wird derjenige siegen, der annimmt, daß der Wind aus der Richtung weht, in die er sein Segel setzt.« Marcos' Überlegungen sind: Während sich die Zentralgewalt auf den Krieg vorbereitet und unter allen Anstrengungen versucht, die Winde von oben, das Brüllen der Bestie und die Beschwörungsformeln zu bündeln, um die schwere Takellage des Totenschiffes hochzuziehen, treffen auch die mexikanischen Indios ihre Vorkehrungen. Sie haben den Namen Emiliano Zapatas in ihre Geschichte aufgenommen: »Schweigend betrachten die Indios den Himmel und die Erde, um den Wind von unten auszumachen. Er weht über die Felder Mexikos und der Welt, über die staubigen Straßen von Dörfern und Weilern, durch das Jeder-so-gut-er-kann der Elendsviertel, durch die Büros der unbestechlichen Gewerkschaften und der engagierten politischen Parteien, durch Theater, Kinos, Hörsäle, Konzertsäle, Kunstgalerien, Laboratorien und Wissenschaftszentren, durch Professorenzimmer, Aulen und Hochschulkorridore, durch Versammlungen politischer und gesellschaftlicher Organisationen, durch die Kirchen der Armen, die internationalen Solidaritätskomitees und Nichtregierungsorganisationen, er braust über Autobahnen, Landstraßen und Sandwege, schlägt sich durch Breschen, fegt die Flüsse entlang, über die Seen und die Meere dieses Landes hinweg, in dem sich bereits die Regenwolken sammeln, und über die Ozeane dieser Welt, die erwacht, spät gewiß, aber sie erwacht. Schweigend sehen die Indios sich an. Schweigend spüren sie, in welche Richtung die Winde der Welten von unten wehen. Schweigend begreifen sie. Schweigend beenden sie diese neue, absurde Arche Noah, weil sie wissen, daß der Wind für Demokratie, Freiheit und Gerechtigkeit weht. Sie setzen das Doppelsegel der Hoffnung, Motor und Leuchte dieses Schiffes, des Schiffes derer, die es von jeher gibt: das Lebensschiff. Mit Kunst und Geschick erbauten sie die Arche Noah und wählten Tausende der Ihren für die Schiffsmannschaft aus. Die übrigen harren im Hafen der Dinge, die da kommen werden. Wenn Krieg und Zerstörung über sie kommen, werden sie Widerstand leisten, wie sie es in der harten Schule der Jahrhunderte gelernt haben, das heißt mit Würde. Brechen Demokratie, Freiheit und Gerechtigkeit an, dann werden sie sie unter alle verteilen, wie sie es im Laufe ihrer langen Geschichte zu tun verstanden haben. Mexiko, Mitte 1998. Nach ihrem langen Schweigen sprechen die Indios von einem Schiff und rufen alle herbei, es zu besteigen. Sie sprechen von einem Schiff, einer Arche Noah. Als gäbe es noch Zweifel, wer es bemannt und steuert: Die Galionsfigur ist eine Maske! Ja, eine schwarze Wollmaske, die Maske, die wachhält, das Schweigen, das spricht. Ein ›Für alle alles, für uns nichts!‹ trägt das fünfzackige rote Sternenbanner auf schwarzem Grund, das am Hauptmast glänzt. In goldenen Lettern backbord, auf der Brücke und dem Achterschiff benennt der *Wotan Zapata* den Ursprung und das Schicksal dieses Schiffes, das so stark und zerbrechlich, so geräuschvoll und still, so sichtbar und verborgen ist. ›Alle an Bord!‹, hört man die Stimme des Kapitäns. Die Eintrittskarte ist die Ehrlichkeit. Tausende von Ruderern warten, fertig zum Aufbruch. Nein, es fehlt ... Mit dieser merkwürdigen und immer wiederkehrenden Neigung, sich das Leben schwerzumachen, erbauten diese maskierten Männer und Frauen schweigend ihr Schiff ... Mitten in den Bergen! ›Und nun?‹, frage ich sie. Wie zu erwarten, ein Schweigen ist die Antwort. Aber hinter ihren Masken ist ein Lachen verborgen, während sie mir eine Botschaft und eine Flasche aushändigen. Ich tue, was ich in einem solchen Fall sowieso getan hätte, ich stecke die Botschaft in die Flasche, verschließe sie gut mit Kaugummi und etwas Brausepulver, das mir das Meer schenkt, stelle mich mit beiden Füßen fest auf den Boden neben der Ceiba und werfe die Flaschenpost so weit ich nur kann. Ein Wolkenzipfel fängt sie auf und bringt sie im Segelflug werweißwohin. Dort treibt die Flasche. Wer sie findet, kann das Schweigen brechen, indem er sie zerbricht und einige Antworten und viele Fragen findet. Kann er vielleicht auch die *Fünfte Erklärung aus dem Lakandonischen Urwald* lesen? Lebt wohl. Bleibt gesund und macht euch fertig. Haltet Regenschirme, Regenmäntel und Rettungsringe bereit! Wer wird jetzt noch leugnen, daß das Wort es vermag, Regenwolken herbeizurufen?«

Wenn ich auch in den ersten Monaten, die auf den Zapatistenaufstand vom 1. Januar 1994 folgten, genauso neugierig wie alle Welt wissen wollte, wer sich hinter der Maske verbirgt, gab ich Marcos in dem Maße, in dem ich seine Erklärungen las, immer mehr in seiner Behauptung recht, ein Neugeborener zu sein. Interessanter als seine Vergangenheit mit unverhülltem Gesicht ist seine maskierte Gegenwart und

Zukunft. Außerdem hatte er sich selbst als ein Prisma voller *Facies* bezeichnet. In einer provokanten Erklärung dem Korrespondenten des *San Francisco Chronicle* gegenüber ließ Subcomandante Marcos uns wissen: »Früher lebte ich am Busbahnhof von Monterrey, wo ich gebrauchte Kleidungsstücke auf der Straße verkaufte und am Nachmittag ins Kino ging, um mir Pornofilme anzusehen. Dann ging ich nach San Diego. Ich war Taxifahrer in Santa Bárbara und Kellner in einem Restaurant in San Francisco, bis man mich hinauswarf, weil ich *gay* sei. Später jobbte ich in einem Sexshop, wo ich den Kunden aufblasbare Gummipuppen vorführte. Ich kampierte unter der Golden-Gate-Brücke, dann ging ich an die Ostküste, wo ich beim Denkmalschutz von New Orleans arbeitete. Ich war Türsteher in einem Massagesalon und Broker an der Börse in der Wall Street.«

Unmöglich wird jemand in San Francisco entlassen, weil er schwul ist, womit Marcos seine geringe Kenntnis der Gay-Szene unter Beweis stellte. Aber seine Gegner begeisterten sich an der Idee, er sei schwul, und verbreiteten sie in Windeseile, um ihn aus der Sicht des kulturellen Machismus, der in Lateinamerika so stark ist, zu disqualifizieren. Irgend etwas quälte Marcos, sicher Abkömmling irgendeines Supermachos, schließlich und endlich doch an der Verbreitung dieser Ente, denn er sah sich zu folgender Richtigstellung veranlaßt: »Bei den Verhandlungen nach dem Mord an Colosio wurde mir nachgesagt, ich sei schwul.

– Hier ist der Beweis, es steht in allen Zeitungen, du bist *gay*. Das mußt du aufklären, wurde mir gesagt.

– Warum, erwiderte ich, – wenn gerade ein ganzes Frauenbataillon aufgestellt wird, um mich zu rehabilitieren?«

Es beginnt das Jahr 1999, und ich beginne, mich von dem Jahrhundert und von mir selbst zu verabschieden. Mein Vater stirbt. Im Frühling stirbt José Agustín Goytisolo. Zwischen dem einen Verlust und dem anderen erreicht mich eine Nachricht von Marcos. Er taucht wie die *Nautilus* von Kapitän Nemo wieder an der Oberfläche auf und kann mich am 15. Februar im Lakandonischen Urwald empfangen. Ich halte Rücksprache mit Kooperatoren aus Barcelona, die in Chiapas waren, vor allem mit Carlos Guillot, der neun Monate bei den Indios lebte. Natürlich erinnere ich mich auch sofort an die Bitte um *chorizos*. Ich kaufe die von der besten Sorte im Feinkostladen von Albert, Vallvidrera, Barcelona, Katalonien, Spanien. *Chorizos* aus Guijuelo, eine zwar weniger berühmte spanische Schweineaufzucht als die von Jabugo, aber durchaus gleichwertig. Dazu kaufe ich *turrones*, eine beliebte Visitenkarte der Spanier auf Reisen. Weil ich befürchte, daß der mexikanische Zoll diese Nahrungsmittel nicht durchgehen lassen wird, versichere ich mich, ich würde im Falle ihrer Beschlagnahmung auch in Mexiko-Stadt *chorizos* ähnlicher Qualität finden. Während ich im Flugzeug eingehend die Zollerklärung studiere, finde ich nichts über Einfuhrverbote von Wurstwaren, aber eins ist klar: Wo es Gesetze gibt, da gibt es auch Gesetzesfallen. Darum bin ich auf das Schlimmste gefaßt. Grünes Licht. Wenn du grünes Licht beim mexikanischen Zoll erhältst, heißt das, dein Gepäck wird nicht kontrolliert. Ich gehe mit meinen *chorizos* und meinen Absichten durch den Zoll wie ein Spion, der durch eine Mauer geht, egal ob es die Berliner Mauer oder die von Tijuana ist, und egal auch, in welche Richtung. Ich bin inkognito nach Mexiko gekommen, so daß ich fast selber überrascht bin, wenn ich mein Gesicht im Spiegel des Hotels, das ich in unmittelbarer Nähe des Flugplatzes bezogen habe, betrachte. Mein einziger Gesprächspartner ist mein Verleger, Sealtiel Alatriste. Er ist nicht von ungefähr auch der Herausgeber des bisher schärfsten Anti-Marcos-Buches *Marcos: la genial impostura* (Marcos: die geniale Herausforderung) von Maite Rico und Bertrand de la Grange. Am nächsten Tag blättere ich auf meinem Flug nach San Cristóbal de las Casas in der Zeitschrift der Aeroméxico, einem konventionellen Hochglanzprodukt nach dem Geschmack des »Establishments«, das wir als Reisende repräsentieren. Beeindruckend die Produkte, die man per Fax bestellen kann: digitale Klimaanlagen, tragbare Kühlschränke, Filter und Wasserkühler, Bohrmaschinen, Staubsauger, Massageschonbezüge für Autositze, spanische Tortillapfannen, Sodawasserapparate, Sandwichtoaster Singer, Entsafter mit Zitronenpresse, Handys, Schneeschläger mit fünf oder sieben Geschwindigkeiten, Handpflegecreme *Saint Sophie*, Haaraufheller, Enthaarer, schlank machende Einlegesohlen, Waagen, elektronische Fitneßgeräte, Heimtrainer, Englisch-Spanisch-Übersetzer, Marathonläufe per Computer, Insektentod, aufpumpbare Matratzen, Dampfbürsten, automatische Babytragen und -wippen, Massagepantoffeln, Hundeschreck, Wandsafes, *laser point* ... Ich erinnere mich an Marcos' Schilderungen in *Yo, Marcos*, insbesondere an das Kapitel »Indígenas«, in dem er berichtet, daß seine indianischen Gefährten nicht in der Stadt leben, aber auch nicht auf die Annehmlichkeiten der modernen Zeiten verzichten wollen: »Das heißt, auch hier Fernseher, Waschmaschine, Kühlschrank, Herd, Traktor, Kino, Basketballfeld, Disko … Wenn einer bereit ist, für etwas zu sterben, hat er auch das Recht, alles zu verlangen. Genau das sagen sie: Wenn wir bereit sind zu sterben, warum sollten wir nicht auch alles verlangen. Sind wir es etwa nicht wert? Es war schon ziemlich komisch, wie das Komitee versuchte, den Frauen eine Waschmaschine zu erklären. Die Frauen fragten:

– Was ist eine Waschmaschine?

– Nun, das ist eine Maschine, die Wäsche wäscht.

– Aber wie wäscht sie die Wäsche?

– Na ja, du tust die Wäsche hinein, und die Maschine wäscht sie.

– Erzähl keinen Unsinn, man muß dann die Wäsche nicht mehr wringen und schlagen?

Die Frauen konnten sich keine Vorstellung machen. Darum versuchte es das Komitee noch einmal:

– Also, die Waschmaschine ist dafür da, daß die Mädchen nicht mehr an den Fluß hinuntergehen und dort schwatzen. Die meisten Anbändeleien entstehen ja bekanntlich am Fluß, wenn die Mädchen Wäsche waschen.

Da waren die Mamas entzückt:

– Ja, wir sollten Waschmaschinen haben. Dann bräuchte ich nicht mehr ständig auf mein leichtsinniges Töchterchen aufzupassen, das mir schon um ein Haar schwanger geworden wäre.

Auch das mit dem Kühlschrank war nicht leicht zu erklären. Die erste elektrische Lampe im Urwald installierten wir mit einem kleinen Dieselgenerator von Suzuki oder welcher Firma auch immer. Es wurde extra eine Gemeindeversammlung einberufen, um das Licht zu begutachten … Die Tatsache, daß sie jetzt alles wollen, bedeutet nicht, daß sie aufhören, Indios zu sein. Darüber machen sie sich keine Sorgen, sie sagen vielmehr: Wir haben fünfhundert Jahre durchgehalten und waren nicht unterzukriegen, warum sollte es jetzt ein Fernseher schaffen?«

Welchen Platz nimmt Chiapas in meinem kulturellen Substrat ein? José Agustín Goytisolo erinnerte mich kurz vor seinem Tod daran, daß der unvergleichliche französisch-deutsch-valenzianisch-katalanischmexikanische Schriftsteller Max Aub einen seiner klarsichtigsten und ambitioniertesten Romane, *Jusep Torres Campalans* ist der Titel, in Chiapas angesiedelt hat. Es handelt sich um die fiktive Biographie eines katalanischen Malers, der in Chiapas eine neue Heimat findet, und sie dient Aub dazu, seine ethischen Auffassungen und sein ästhetisches Credo zum Ausdruck zu bringen. Der Roman ist André Malraux gewidmet, mit dem Aub während des Bürgerkriegs bei den Dreharbeiten zu *Sierra de Teruel*, der Verfilmung des Romans *Die Hoffnung*, zusammenarbeitete. Aub konnte nicht voraussehen, daß sein Romanszenarium sich einmal zum Schauplatz einer Revolution entwickeln würde, aber die Beziehung zwischen seiner Hauptfigur Torres Campalans und den Chamulas ist prophetisch. Er lernt ihre Sprache, das *tzotzil*, kleidet sich wie sie, wohnt in einer ihrer Hütten und dient ihnen als Vermittler zu den lokalen Behörden von Tuxtla Gutiérrez. Die Indios schätzen an dem Maler die Trinkfestigkeit und seine ausgezeichneten Pilzkenntnisse. Sie akzeptieren ihn vollends, als sie merken, daß er nicht wie die anderen Weißen ist, da er nichts von ihnen will. Max Aub macht sich wie Stanley auf den Weg, um diesen hypothetischen Exilanten zu treffen. Als er ihn findet, beschreibt er ihn als einen Anarchisten, für den die Anarchie keine Philosophie, sondern ein Seelenzustand ist, als jemanden, der Solidarität aus Mitgefühl übt und tief davon überzeugt ist, daß Chiapas nicht die neue, sondern eine »andere Welt« darstellt. Bei den Chamulas bewundert er vor allem deren Zeitgefühl. Die Bewohner der westlichen Welt dagegen haben sich zu Sklaven der Zeit, zu Dieben ihres eigenen Lebens gemacht. Die Revolution? Torres Campalans faßt resolut sein nihilistisches Konzept zusammen: »1914 glaubte ich an die Revolution, nicht an das allgemeine Wahlrecht, eine reine Utopie. Das Volk weiß nicht, was es will, es träumt von einer besseren Welt – vom verlorenen Paradies –, aber es weiß nicht, wie es dieses Paradies erschaffen soll. Die Revolutionen werden von einigen wenigen und auf unmenschliche Weise gemacht. Egal, was die Arbeiter und Bauern wußten oder nicht wußten, sie zogen Lieder schmetternd los und schlugen sich gegenseitig tot. Es lohnt nicht, sich für das Wohl anderer einzusetzen. Das ist nur Hochmut, Anmaßung, Stolz, Eitelkeit, Pedanterie, egal wie man es nennt, aber es ist nicht einmal Donquichotterie. Die heutigen Revolutionäre wollen besonders gewitzt sein, aber sie sind nur töricht. Ich habe viele aufrichtige Anarchisten kennengelernt, sie endeten alle auf dem elektrischen Stuhl oder wurden auf der Straße wie Freiwild gejagt.«

Hier bin ich nun in einer Holzhütte in La Realidad, bei einer indianischen Gemeinschaft, die mit einer Gruppe ausländischer Beobachter, junge Frauen und Männer, zusammenlebt. Im Augenblick sind es Katalanen und Italiener, sie finanzieren ihre Reise selbst, essen das gleiche schlechte Essen wie die Einheimischen, leben unter der gleichen prallen Sonne und beim gleichen Schein der Kerzen oder Laternen, die in der Abenddämmerung angezündet werden. Jeden Morgen arbeiten sie mit den Indios zusammen oder postieren sich am Rand der Landstraße, auf der Tag für Tag ein bedrohlicher Zug von Militärfahrzeugen vorüberzieht. Sie appellieren an die Soldaten, nicht ins Dorf einzufallen und die Bewohner nicht zu terrorisieren. Einige arbeiten als Tischler, andere installieren einen kleinen Stromgenerator. Sie sind stets bereit zu helfen, wenn es um die Bedürfnisse der Dorfbewohner geht. Die Medien, die der PRI nahestehen, beschuldigen die internationalen Beobachter, sie würden nichts als Unruhe stiften, den Urwald abbrennen und die mexikanische Erde in ihren Taschen wegtragen. So weit gehen die Behauptungen. Im März 1998 war die feindselige Stimmung so stark, daß auch Terrorakte von Paramilitärs zu befürchten waren. Etliche Kooperatoren schlugen sich zu Fuß durch den Lakandonischen Regenwald nach Guatemala durch. Man stelle sich vor, diese jungen Leute werden beschuldigt, sie würden den Urwald abholzen, während ich auf meinen Fahrten beobachtete, wie uns schwere Lastwagen mit Baumstämmen vollbeladen überholten. Diese werden wahllos und ohne jede Rücksicht auf die Umwelt geschlagen und verströmen einen Todesgeruch von sterbenden Baumherzen, die sich von der Heimat Erde und dem Vater Wald verabschieden. Ich bin in der Hoffnung hierhergekommen, Marcos zu treffen, habe die Kontrollen der Einwanderungsbehörde und des Militärpostens in Guadalupe Tepeyac passiert. Die Militärs blätterten in meinen Papieren und wollten wissen: Sind Sie Schriftsteller? Wollen Sie vielleicht über Chiapas schreiben?

Durch die Ritzen der Holzbretter scheinen die ersten Anzeichen des anbrechenden Tages hindurch. Angekündigt wurde er bereits von den Hähnen, die aufwachen und krähen, wann immer es ihnen beliebt. Jenseits des Stacheldrahts spiegelt mir das Dorf La Realidad mein Bild des Voyeurs wider, der begierig darauf wartet, daß das Leben und damit der geordnete Ablauf des indianischen Alltags erwacht. Ich betrachtete das Inventar der Hütte, in der frühere Wartende ihre sichtbaren Spuren hinterlassen haben. Es ist nicht viel, ein Holzbett, eine Hängematte und meine Reisetaschen, die zum größten Teil mit Büchern, den *chorizos* und *turrones*, aber auch anderem Proviant vollgestopft sind, der Guiomar Rovira und mir das Warten ein wenig angenehmer machen soll. Die katalanische Journalistin Guiomar Rovira begleitet mich und wird mit ihren Fotos das Treffen dokumentieren. Ich verlasse die Hütte mit meinem Kulturbeutel in der Hand, laufe durch den Frühnebel den schmalen Weg entlang zu den Latrinen, die deutsche Kooperatoren gezimmert haben. Dabei teile ich mir mit hingestreckt liegenden herrenlosen Hunden den Boden. Zu meiner Linken die leere Bühne der zapatistischen Vollversammlungen, zu meiner Rechten die leichten Holzgestelle der Sitzreihen, die zur öffentlichen Darstellung des Zapatismus hier benutzt wurden. Ich gehe an den abgemagerten Hunden vorbei, die sich das Fell über den hervorstehenden Knochen lecken und mir nur kurz jenen neugierigen Blick zuwerfen, der sie sichergehen läßt, daß es sich nicht um einen Feind handelt. Ihre Blicke folgen mir und meinem Waschzeug fast ironisch, würde ich sagen, als ich vor den Latrinen stehenbleibe und zögere, das schwankende Terrain zu betreten, unter dem die Ausscheidungen aller derjenigen kochen, die zwischen einer Rede und der anderen oder zwischen einer kooperativen Arbeit und der nächsten ihre Notdurft verrichteten. Eine Schicht Erde, die jeden Moment unter meinem Gewicht weichen und mich in einem Sumpf getrockneter Exkremente einsinken lassen kann. Unwillkürlich erinnert mich das an die Schulklos in der Nachkriegszeit, an die Toiletten auf den Polizeiwachen und an die in den Gefängnissen, weil einem bei allen der gleiche kalte Geruch entgegenschlägt. Hier fehlt nur noch der Zusatz von Desinfektionsmitteln. Ich ertaste mir den Platz, von dem ich hoffe, daß meine Füße festen Boden unter sich behalten werden, und nachdem ich mein Bedürfnis verrichtet habe, suche ich mir eine Wasserquelle. Endlich kann ich mir die Zähne putzen und mich rasieren, ohne Spiegel zwar, aber mit der Geschicklichkeit, die neunundfünfzig Lebensjahre meinen Fingern verliehen haben. Sie können ein Gesicht ertasten, das sie so lange Zeit begleitet hat, und für das wir, wie man so sagt, verantwortlich sind. Ich hole meine Tabletten heraus, eine nach der anderen, wie Bruchstücke der Dekonstruktion meiner Gesundheit, und befrage meinen Körper, mit dem ich seit fünf Jahren auf Kriegsfuß stehe und mit dem ich ständig neue Ausnahmeregelungen für die Zukunft aushandele, ob er sie gut verteilt hat. Die ersten menschlichen Umrisse kommen aus den Hütten jenseits des Stacheldrahts, es sind Kinder, vor allem Mädchen, die ihre kleinen Geschwister auf dem Rücken tragen, dann Männer, die sich waschen, Frauen, die Feuer anzünden, alle wirken unberührt vom westlichen Blick, wieder einer, der ihr Leben beobachtet. Höchstens die Kinder lösen sich aus den Geboten der Erwachsenen und richten ihre Blicke mit der Neugierde auf mich, die der merkwürdige Anblick eines weißen und offensichtlich gutgenährten Mannes weckt. Ein kleiner Junge weint zur aufgehenden Sonne hin, als würde er sie anklagen. Sein Gesicht ist in ein Tuch gewickelt, so wie man auch in meiner Kindheit das Gesicht eines Kindes verband, wenn es Zahnschmerzen hatte. Eine Weile weint er leise vor sich hin, die Augen geschlossen, bis er unvermittelt innehält, weil keiner ihn beachtet. Er öffnet seine schönen großen Augen und kehrt in die Hütte zurück, wo er wieder zu weinen anfängt. Weil die Erwachsenen immer noch keine Notiz von ihm nehmen, verzieht er sich in eine Ecke und gibt sich allein seinem Schmerz hin.

Ich bleibe vor der Tür meiner Hütte stehen. Guiomar stattet Besuche ab. Sie hat Freunde und Freundinnen in La Realidad, die nach Manolito, ihrem Sohn, fragen. Insbesondere die *comadrona*, eine kulturelle Autorität in allen indianischen Gemeinschaften. Ich betrachte die Ausmaße des freien Geländes in der Mitte des Amphitheaters, das von den roten und grünen Planen eingerahmt ist. Auf der einen Seite befindet sich die etwas höher gelegene Tribüne, die in die Geschichte eingegangen ist. Sie füllt sich wenig später mit Männern, die intensive Gespräche führen, ganz so, als hätte die Geschichte ihnen einen majestätischen Ort geschenkt, an dem sie die Fragen des täglichen Lebens debattieren können. Das Holz, aus dem dieses Areal geschaffen wurde, war reiner Urwald, und es wird auch wieder Urwald, sollte der indianische Notruf unbeantwortet bleiben: eine langsam zerfallende Bühne, die erst von der Feuchtigkeit durchdrungen und dann von Pflanzen überwuchert wird. Die Bäume ragen in den hohen Himmel, die Familien beginnen ihre täglichen Verrichtungen. Sie gehen an die Arbeit in Begleitung eines Kooperators und mehrerer Hunde, die etwas weniger abgemagert sind als die auf meiner Seite des Stacheldrahts und die mich dulden, während sie mit ihren Mäulern nach den spärlichen Proteinen suchen, die ihnen ihre Ausbeulungen und Fellfetzen anzubieten haben. Die Hunde der anderen Seite gehören zu Familien, meine hier sind herrenlos, sie haben entweder nie bei Menschen gelebt oder aber eines Tages die Gunst der Menschen verloren. Die menschlichen Wesen machen sich daran, das tägliche Brot zu verdienen, aber auch die Schweine regen sich, die frei herumlaufenden Pferde, die Hühner, die am wilden Hibiskus picken, die Hunde, die ihren Herren folgen. Was scheiden die um mich herumlungernden Hunde aus, wenn ich sie das vorprogrammierte Ritual ihrer Notdurft verrichten sehe? Nichts weiter als das, was sie von sich selbst heruntergekratzt haben. Warum lagern sie hier weiter im Angesicht menschlicher Wesen? Zusammengerollt auf der Suche nach der geheimen Mitte des Todes, erinnern sie mich an die universale Geographie der Hunde, die der Schatten menschlicher Vorherrschaft sind. Ich habe sie in Asien gesehen, wo sie geköpft wurden, wo ihnen das Fell abgezogen wurde, bevor man sie verzehrte. Ich habe gesehen, wie sie von katalanischen Bauern erwürgt wurden, weil sie sie als Hühnerdiebe bestraften, wie sie von kastilischen Jägern erschossen wurden, die so ihren Spürhunden die Altersschwäche quittierten. Ich sah sie, eine räudige Meute, geröstet von der Sonne über den ägyptischen Pyramiden, auf der Lauer nach den paar Butterkeksen, die englische Touristen von ihrem *Continental breakfast* mitgehen lassen, verwandelt in stumme Führer ausgesuchter Touristen in den Straßen von Istanbul, aber niemals von ihrer Existenz als Freunde des Menschen so weit entfernt wie diese hier. Man hat mir erzählt, Oliver Stone habe, als er hier am gleichen Ort auf das Zusammentreffen mit Marcos wartete, beim Anblick einer dieser hoffnungslosen Fälle die Dorfbewohner gefragt, warum sie den Hund nicht von seinem Leiden erlösten und ihn töteten. Weil er einen Herren habe, entgegneten sie ihm. Stone erklärte diesem, der Hund sei krank, leide Hunger und sei sicher dazu verurteilt, in den nächsten Tagen zu verrecken. Warum ihn also nicht erlösen? Der Indio erkannte Stones guten Willen und gab ihm zur Antwort:

– Ich bin alt und krank, ich habe fast nichts zu essen und werde wahrscheinlich auch bald sterben, sollte man mich da nicht ebenfalls erlösen?

Zweifellos. Der Hund ist ein Schatten der menschlichen Existenz.

Vom Norden des Dorfes her kommt eine Gruppe junger Friedenscamper, die irgendwie von meiner Ankunft erfahren haben, aber jetzt erst einmal direkt zur Landstraße hinuntergehen, wo gerade die Militärlaster vorbeifahren. Jeden Tag patrouilliert das Militär auf der Landstraße von La Realidad, eine Demonstration staatlicher Souveränität. Immerhin hat die PRI-Regierung 600 000 Soldaten in Chiapas stationiert. Die Soldaten lassen sich fotografieren und fotografieren zurück. Als die jungen Leute zurückkommen, höre ich drei von ihnen katalanisch sprechen, ein Mädchen spricht italienisch. Wir beginnen ein Gespräch und verabreden uns für später in ihrem Lager. Ich kann mich auf nichts Genaues festlegen, weil ich jeden Augenblick eine Nachricht von Marcos erwarte. Die militärische Umzingelung und das ständige Kreisen von Hubschraubern und Flugzeugen über uns lassen mich jedoch fürchten, daß es nicht so bald zu einem Treffen kommen wird. Die Stunden wiegen bleischwer, als verstrichen sie auf einer steinernen Uhr. Ich versuche mich abzulenken und gehe hinüber ins Camp. Es besteht aus mehreren kleinen Hütten rund um ein Gemeinschaftshaus, in dem die jungen Leute kochen, essen, ihre Gespräche führen, Musik machen. Zur Zeit sind es Italiener und Katalanen, und die vor ihnen da waren, haben überall die Zeichen ihrer Unzufriedenheit mit der Welt hinterlassen. Sogar *ikurriñas*, Basken, sind hier gewesen, immer wieder Spanier. Eine Gruppe von Italienern ist mit einem Dieselgenerator beschäftigt, die anderen arbeiten auf den Feldern oder suchen das Gespräch mit den Soldaten, um sie von ihrem Tun abzuhalten. Meine drei Landsleute haben Berufe aus der 19.-Jahrhundert-Epik: Juan Luis ist ein junger Feuerwehrmann aus Barcelona, der in Tarragona arbeitet, Jordi Schriftsetzer aus Barcelona und Pere ein Drucker aus La Bistral. Ein breites Spektrum zwischen Anarchismus und Unabhängigkeitsbewegung.

Ich habe für den Subcomandante vier Kilo *chorizos* aus Guijuelo, die *turrones* und ein Exemplar meines Buches *Y Dios entró en La Habana* (Und Gott zog in Havanna ein) im Gepäck und warte auf ein Zeichen aus dem Dschungel. Unterdessen habe ich mich mehr als einmal gefragt, was ich hier mache, inwieweit ich verstehe, was sich in meiner Umgebung abspielt, und inwiefern das Gesehene und Erlebte meinen Vorstellungen und Kenntnissen von der indianischen Welt entspricht.

Ich erinnere mich an meine Reisen durch die Länder des *Cono Sur*, des »geweißten« Südens Amerikas, von dessen Landkarte die indianischen Ureinwohner verschwunden sind, und auch an meinen kürzlichen Aufenthalt in Guatemala. Von Süden nach Norden bin ich gereist, durch die Adern Lateinamerikas. In Guatemala besuchte ich drei Kirchen, deren Priester von Paramilitärs ermordet worden sind, und damit hatte ich den Weg des Martyriums noch nicht bis zum Ende verfolgt. Die Ermordung von Bischof Gerardi, dessen Gesicht bis zur Unkenntlichkeit zerstört war, stellt sicher den Höhepunkt dieses Grauens dar. Amnesty International zufolge sind in der letzten Zeit dreizehn guatemaltekische Priester von den »Unkontrollierbaren« umgebracht worden oder spurlos verschwunden.

Verzeihen Sie die Störung, aber das ist eine Revolution

Über lange Zeit war meine Sicht der indianischen Welt durch die franquistische Philosophie der Hispanität und durch die Hollywoodfilme geprägt, die vor *Cheyenne* gedreht worden waren. Darum mußte ich erst eine große Menge kritischer Literatur verdauen, bis ich begriff, daß ich nichts wußte und daß das, was ich wußte, weniger als nichts war. Heute ist mir mehr oder minder klar: Der Anfang vom Ende war nicht das Massaker der Rothäute in den ersten Western des Stummfilmkinos, und John Ford besiegelte keineswegs das Ende, als er mit der Melancholie eines müden alten Weißen den Massenexodus der in *Cheyenne* besiegten Indianer verfilmte. Mit der gleichen Melancholie erfüllte der sterbenskranke John Huston seinen Film *The Dead* (Die Toten). Das Ende war auch nicht mit den selbstkritischen neuen Filmen über den Tod des Dummkopfes von General Custer gekommen, und es lag auch nicht in den Assoziationen der Grausamkeiten, die sich im Vergleich zwischen dem Völkermord in Vietnam und den Vergehen an den Indianern, die im Film *Soldier Blue* gezeigt werden, aufdrängen. Die amerikanische Kulturindustrie hat sich das Monopol über die Maskierung und Demaskierung des Völkermordes an den amerikanischen Indianern gesichert. Wir Spanier, die wir den Holocaust an den amerikanischen Ureinwohnern eingeleitet haben, verloren die Spur unserer Indios oder wiegten uns in dem Glauben, daß sie alle zu Mestizen wurden. Die Erben der spanischen Herrschaft in Hispanoamerika, die Kreolen oder die *Ladinos*, haben uns sehr dabei geholfen, denn sie setzten alles daran, die Indios zu übersehen, während sie sich selbst als essentielle Mestizen verstanden, die um so weißer waren, je höher sie auf der sozialen Stufenleiter standen.

»Bevor ich fünfzig war, machte ich mir überhaupt keine Gedanken über die Existenz der Indios«, bekannte ein guatemaltekischer Intellektueller, selbst überrascht von seiner Fähigkeit, einfach nicht zu sehen, daß fünfzig Prozent der guatemaltekischen Bevölkerung indianisch ist. »Bei mir zu Hause gab es immer indianisches Dienstpersonal, aber sie arbeiteten, ohne daß man sie sah. Wenn sie saubermachten oder bei Tisch servierten, spürten wir, daß sie vorhanden waren, aber wir sahen sie nicht. Unsere Augen versuchen um jeden Preis, über die von uns Besiegten hinwegzusehen.« Der wunderbare Roman von Rosario Castellanos, *Oficio de Tinieblas* (Das dunkle Lächeln der Catalina Díaz), erzählt vom Aufstand der Chamulas 1867 in San Cristóbal de las Casas, der damit endete, daß einer der Anführer zum indianischen Christus ausgerufen und ans Kreuz geschlagen wird. Auf sehr subtile Weise werden die Abstufungen in der indianischen Hierarchie, die von ihrer Integration in die Welt der Ladinos abhängen, geschildert und die tatsächliche Undurchlässigkeit der weißen Gesellschaft und ihres »Establishments« für die indianische Gesellschaft deutlich gemacht. Eine große Rolle spielt die kritische Kultur in der Bewußtwerdung dieser ewigen Verlierer der Konquista, der Verlierer des »europäischen Geschäfts«, wie Eduardo Galeano in *Las venas abiertas de América Latina* (Die offenen Adern Lateinamerikas) die Konquista, die Kolonisierung und die kreolische Hegemonie treffend bezeichnet.

Die Banalisierung der Indios gehört zum festen Bestandteil unseres konventionellen Denkens. Wie können sie sich verteidigen, wenn sie die aussterbende Minderheit in einer vom siegreichen Weißen kodifizierten Welt sind? Sie sind Fleisch für den Anthropologen. Wir sind in unserem persönlichen oder kollektiven Gedächtnis, in unserer nationalen Bauchnabelschau befangen. Spät erst haben wir entdeckt, daß es eine Geschichte der Besiegten, der allgemein Besiegten, ökonomisch Besiegten, sexuell Besiegten, ethnisch Besiegten gibt. Wenn Antonio García de León in *Resistencia y Utopía* (Widerstand und Utopie) nachweist, wie die Maya-Ethnien fünfhundert Jahre ununterbrochen für die Verteidigung ihrer Identität und um ihr Überleben gekämpft haben, dann ist es so, als schauten wir endlich hinter den Spiegel, in dem uns die Geschichte verzerrt wiedergegeben erschien. Ich verwende jetzt den Begriff des Spiegels als einen Schlüssel zum Verständnis der zapatistischen Strategie. Der Spiegel erfüllt die Funktion, ein Angebot der Wirklichkeit, die in ihm betrachtet wird, zu sein. Er ist ein Instrument, um ein Exempel zu statuieren, doch nur unter der Bedingung, daß er wahrheitsgetreu und nicht getrickst ist. Gleichzeitig ist er aber auch eine Grenze der Wirklichkeit, eine Aufforderung, sie zu überschreiten. Der Spiegel als Tür zur Seele, die sich lösen und auf die andere Seite gelangen will,wie ihn Carroll in *Alice im Wunderland* verwendet,und nicht als magisches Symbol des unbewußten Gedächtnisses, wie ihn die Symbolisten sahen. Wenn García de León, Hobsbawm zitierend, das Aufbegehren der Zapatisten 1994 in die revolutionäre Traditionslinie der indianischen Aufstände von Chiapas einordnet, wenn er sie nicht als eine elementare Rebellion, sondern als eine »Alternative der Revolution« versteht, dann hilft er uns sehr, nicht nur »diese« regionale oder mexikanische Revolution zu begreifen, sondern den globalen Sinn des neozapatistischen Anliegens überhaupt. Es handelt sich gewissermaßen darum, durch den Spiegel zu gehen. Was in Chiapas geschieht, ist eine Alternative zur Revolution nach der Revolution, eine Form der Neuordnung der notwendigen strukturellen globalen Veränderungen. Wenn wir verstehen, was in Chiapas geschieht und noch geschehen kann, dann begreifen wir die innere Geschichte der Konquista und ihrer Folgen fünfhundert Jahre später, dann begreifen wir, wie sich diese innere Logik in die globale Logik einschreibt und zu einem Symptom dafür wird, daß eine Alternative zur ökonomischen, politischen und sozialen Neuordnung Gestalt annimmt. Guillermo Bonfil Batalla und seiner Schule ist es zu verdanken, daß sich der westliche Blick auf die Rolle des Kreolen in der mexikanischen Revolution verändert hat. Lange Zeit lieferte das Phänomen der Mestizaje das Alibi, um die indianische Welt gar nicht zur Kenntnis zu nehmen. Die Entkolonialisierung Mexikos erfolgte höchst unvollständig, so Bonfil Batalla, denn die Oligarchie hielt seit ihrer Machtübernahme im Jahre 1821 am westlichen Zivilisationsprojekt im Namen eines imaginären Mexikos fest, das das prähispanische, verborgene Mexiko ausklammerte. »Das verborgene Mexiko leistet unterdessen Widerstand, es erprobt die verschiedensten Strategien, in Abhängigkeit von den Machtverhältnissen, denen es unterworfen ist. Es handelt sich um keine passive, statische Welt, sie ist vielmehr in einer ständigen Spannung begriffen. Die Völker des verborgenen Mexikos erschaffen ihre Kultur stets neu und passen sie dem wechselnden Druck, der auf sie ausgeübt wird, an. Sie halten ihren eigenen Lebensbereich lebendig, eignen sich aber auch fremde kulturelle Elemente an. Sie wiederholen zyklisch ihre kollektiven Handlungen als eine Form, ihre Identität auszudrücken und zu erneuern. Sie schweigen oder rebellieren nach einer Strategie, die sich über die Jahrhunderte des Widerstands verfeinert hat.« Widerstand ist ein Wort, eine Kultur, die der »Bewohner der westlichen Welt« nicht kennengelernt hat, weil nach seinen Kriterien alle »Rothäute« ihre letzte Schlacht bereits verloren haben, auch wenn sie zu verschiedenen Zeitpunkten auf der amerikanischen Landkarte stattfand. Bonfil Batalla äußerte in der letzten Ausgabe von *México Profundo* (Das verborgene Mexiko) unmißverständlich, daß das von der mexikanischen Revolution hervorgebrachte und von der Partei der Institutionalisierten Revolution weitergeführte Gesellschaftsprojekt gescheitert ist und daß Mexiko und seine gesellschaftliche Zukunft neu gedacht werden müssen. Der Indio kam im Projekt des kreolischen Mexikos, des Mexikos der Revolution und des »modernen« Mexikos nicht vor, aber er spielte im legitimatorischen Imaginären des Kampfes um die Unabhängigkeit stets eine große Rolle. Ein gutes Beispiel dafür ist der mexikanische Muralismus, der ohne das Bild des Indios nicht denkbar ist: »Die dunkelhäutigen Gesichter mit den hohen Wangenknochen und den mandelförmigen Augen nehmen neben den Revolutionsführern einen vorrangigen Platz in der mexikanischen Wandmalerei ein.« Auch die Exponate der anthropologischen Museen, insbesondere des reich ausgestatteten *Museo Nacional de Antropología* in Mexiko-Stadt verweisen stärker auf die indianischen Wurzeln Mexikos als auf die gegenwärtige indianische Realität. Die Präsenz des Indianischen im Muralismus, in den Museen, in den Skulpturen und den archäologischen Ausgrabungsgebieten übermitteln dem Publikum die Botschaft einer toten Welt, urteilt Bonfil Batalla. Sie ist aber nicht tot. Nur ist der Indio für die Eliten des Landes, besonders die »beautyful people«, wie Bonfil Batalla sie nennt, ein unbequemer Überlebender, und die Eliten selbst berufen sich auf einen Stammbaum, der bis in die Zeit der Konquista zurückreicht, oder brüsten sich damit, daß sie sich aus den bescheidensten Verhältnissen die soziale Stufenleiter hochgearbeitet haben. In dieser alteingesessenen oder neureichen Gesellschaft haben der Indio oder der Landarbeiter nichts zu suchen, obwohl sie ihr Scherflein zum Reichtum der Vorfahren oder zum Aufstieg des *self-made man* beigetragen haben. Zur Illustration beschreibt Bonfil Batalla eine Sondernummer der US-amerikanischen Zeitschrift *Town & Country*, eine »Abfolge von Photos und kurzen Reportagen über die berühmtesten Leute des Landes während der Zeit des Erdölbooms. Sie sind in ihrem täglichen Ambiente, in ihren Wohnzimmern, Fabriken, Büros und bei ihren Hobbys abgebildet, womit eine Grundvorstellung vom Lebensstil und Geschmack dieses privilegierten Sektors vermittelt werden soll. Symptomatisch erscheint mir eine Reihe von Fotos reich geschmückter junger Damen der gehobenen Gesellschaft, die sich in ihren schönsten Kleidern präsentieren. Jeweils ein dekoratives Element verweist auf die mexikanische Herkunft der Abgebildeten, eine Indianerin im traditionellen *huipil,* von kleiner, aber kräftiger Statur, dunkelhäutig, ein Lächeln im Gesicht und dankbaren Blicks. Jedes Photo könnte als die extreme Synthese unserer kolonialen Schizophrenie gesehen werden.«

Es geht um die »Repräsentation« der Aufspaltung zwischen dem mexikanischen Gesellschaftsprojekt, das mit der europäischen Invasion begann, und der mesoamerikanischen Zivilisation, die trotz aller expliziten und impliziten Zerstörungen überlebt hat. Für Bonfil Batalla wurde spätestens 1968 das Scheitern des westlichen mexikanischen Gesellschaftsprojekts evident, denn die Brutalität des Massakers auf der *Plaza de las Tres Culturas* in Mexiko-Stadt zerstörte den Traum, den Spiegel, würde Subcomandante Marcos sagen, eines fortgeschrittenen demokratischen Mexikos.

Heutzutage verbreiten die Massenmedien ständig die Bilder eines imaginären Mexikos, das sich nicht mehr nach den Mustern der westlichen Zivilisation richtet, sondern US-amerikanischen Paradigmen folgt, aus denen das Indianische definitv ausgeschlossen ist. Diese Botschaft bietet dem indianischen Empfänger keinerlei Möglichkeit zur positiven Identifikation, aber wenn er sich dagegen auflehnt, fällt eine Allianz von Kreuz und Schwert, in heutigen Begriffen von Fernsehen und Bajonett, über ihn her, denn er gilt weiterhin nur als der Verlierer, der nicht in der Lage ist, die Vorteile der wahren Zivilisation zu nutzen.

Die Kultur des Widerstands verschafft sich langsam Geltung, stellt Bonfil jedoch fest, und zwar nicht aus dem Stillstand heraus, sondern indem sie die notwendigen Veränderungen absorbierte, um zu überdauern. Mit der Herausbildung der Kultur des Widerstands bringt der Indio die Kultur zur Erneuerung und damit die Kraft auf, sich die kulturellen Elemente der Gegenpartei, die nicht zerstörerisch wirken, anzueignen.

Bonfil hatte noch vor seinem Tod die katastrophalen Folgen der neoliberalen und modernisierenden Flucht nach vorn vorausgesehen. Die Auslandsschulden, der Verlust an Autonomie gegenüber dem Internationalen Währungsfonds und den Vereinigten Staaten, das Wachstumsmodell ohne Rücksicht auf die Umwelt, wofür die Smogglocke über Mexiko-Stadt das sichtbarste Symptom ist. Darum zögert Bonfil nicht, den Begriff »wilder Kapitalismus« zu verwenden, dem er eine neue Hoffnung, ein neues Fortschrittsmodell gegenüberstellt. Es basiert auf der notwendigen Achtung der Differenz, denn nur durch sie kann der Einheit, dem Sinn der Nation, eine neue Bedeutung zukommen. Multikulturalität, Demokratie und Entkolonisierung sind die zentralen Punkte. Bonfil ahnte nicht, daß seine Reflexionen eines selbstkritischen Kreolen von den Avantgarden eines neuen indianischen Widerstandskampfes aus dem Blickwinkel der Erneuerung heraus assimiliert werden würden. Im Anhang seines Buches gibt er eine Reihe bibliographischer Hinweise, aus denen sich eine ganze Liste von Autoren zusammenstellen ließe, die aktiv daran beteiligt waren, das Bewußtsein über die *mexicanidad* zu »entkolonialisieren«. Eine herausragende Rolle spielten dabei der Historiker Antonio García de León und Carlos Monsiváis, der seine scharfsinnigen Analysen mit einer wachen Sensibilität für die Opfer verbindet, wie sie bei allen sogenannten »Happy-Ends« in der Geschichte zu beklagen sind.

1994 erschien der erste einer auf drei Bände angelegten Sammlung zapatistischer Dokumente und Kommuniqués im Verlag *Ediciones Era*, der von Neus Espresate, einer Tochter katalanischer Emigranten nach dem spanischen Bürgerkrieg, geführt wird. Die Einleitung stammt von Antonio García de León, den Abschluß bildet eine Chronik von Carlos Monsiváis, die bereits in der Zeitschrift *Proceso* publiziert wurde. García de León versucht in seiner Einleitung, die Geschichte des aufständischen Chiapas neu zu schreiben. Er analysiert die stagnierende Situation in der mexikanischen Gesellschaft, die sich von der zapatistischen Bewegung und dem Heraustreten der Indios aus ihrem Schattendasein überrascht zeigte, weil sie nicht sehen wollte, daß die elenden Lebensbedingungen der Indios den Nährboden für die Rebellion bilden. Erstaunt wird die Anpassung der aufständischen Indios an die Moderne zur Kenntnis genommen: »Heute rekrutiert sich die zapatistische Befreiungsarmee vor allem aus der Masse der jungen marginalisierten, modernen und mehrsprachigen Indios, die bereits ihre Erfahrungen mit der Lohnarbeit gemacht haben. Ihr Profil hat wenig mit dem isoliert lebenden Indio zu tun, wie wir ihn uns in der Stadt hier vorstellen.« Der erste Sammelband enthält auch eine zuvor in *La Jornada* erschienene Chronik von Elena Poniatowska über den Nationalen Demokratischen Konvent (CND), dem Treffen der kritischen Zivilbevölkerung mit den Zapatisten im August 1994. »Ein Mann, der einen Gott in sich trägt und Marcos heißt, übergab Rosario Ibarra die mexikanische Fahne ...«, heißt es da, und auf einem emblematischen Foto der versammelten unbewaffneten Linken ist Rosario Ibarra, die Symbolfigur der mexikanischen Menschenrechtsbewegung, zu sehen. Monsivaís nennt es »das Foto einer Generation«: Rosario Ibarra, Elena Poniatowska, Luis Javier Garrido, Concepción Villafuerte, Carlos Payán, Antonio García de León, Armando Bartra, Octavio Rodríguez Araujo, Manuel Nava, Mariclaire Acosta, Jorge Fernández Souza, Arnoldo Martínez Verdugo, Raúl Alvarez Garín, Sergio Zermeño, Polo de Gyves, Guillermo Briseño, Pablo Gómez, Héctor Díaz Polanco, Carlota Botey, Enrique González Rojo, Enrique González Ruiz, Luz Rosales, David Huerta, Rodolfo Stavenhagen, Axel Didrikson, Pablo González Casanova und Antonio Hernández, Elva Macías, Juan Bañuelos, Eraclio Zepeda, Oscar Oliva, Mercedes Olivera aus Chiapas. Ich lasse nicht einen der von Monsiváis aufgeführten Namen aus, um alle mexikanischen Intellektuellen zu würdigen, die nach Aguascalientes zum Nationalen Demokratischen Konvent gekommen waren. Marcos bezeichnet den Versammlungsort Aguascalientes, Chiapas, als »die Arche Noah, den Turm zu Babel, das Urwaldschiff von Fitzcarraldo, das Delirium des Neozapatismus, das Piratenschiff«. García de León hat zwar den Ursprung der wechselvollen Geschichte eines fünfhundertjährigen Widerstands aufgezeigt, aber die Frage offen gelassen, in welchem Hafen das Piratenschiff, die Arche Noah des Zapatismus, ihre Anker gelichtet hat. Monsiváis gibt darauf in der Sondernummer der Zeitschrift *Proceso* vom Januar 1999, die sich in einer Bilanz des Zapatismus versucht, die folgende Antwort: »Am 12. Oktober 1992 strömen fünftausend Indios nach San Cristóbal de las Casas in Chiapas. Einige mit Lendenschurz, Pfeil und Bogen. Sie umringen die Statue des Eroberers Diego de Mazariegos, des ›Begründers‹ von San Cristóbal, und protestieren lautstark gegen die Feierlichkeiten zum fünfhundertsten Jahrestag der Konquista und gegen die Verletzung der indianischen Rechte. Ohne daß es jemand angekündigt hätte, gab die Zapatistische Befreiungsarmee (EZLN) damit ihr Debüt.« Die Geburtswehen gehen zurück bis in die achtziger Jahren, als sich der indianische Widerstand mit der guevaristischen Fokustheorie verband, die durch den Enthusiasmus über den Sieg der Sandinisten und im Fortbestand der kubanischen Revolution weiterwirkte. In den Jahren 1983 bis 1990 konnte die Guerilla neue Mitglieder aus den Gemeinschaften der Tzeltales, Tzotziles und Tojolabales gewinnen. Die Guerilleros, die aus anderen Landstrichen stammten, lernten die indianischen Sprachen und teilten mit den Indios das armselige Leben.

»Es ist nicht einfach, wie die Indios zu sein«, stellt Monsiváis fest. »Während eines Jahrzehnts arbeiten die Guerilleros in den Campesino-Organisationen mit und legen allmählich immer mehr vom Ballast des doktrinären Maoismus oder des Guevarismus ab. Sie leisten gute Überzeugungsarbeit und sind bald Teil eines weitgefächerten Netzes von Katechisten und kirchlichen Basisgemeinden, die durch das Wirken von Bischof Samuel Ruiz, dem Verfechter der Befreiungstheologie oder anders gesagt, der Indianischen Theologie, aufgebaut wurden.« Bewaffnete Zusammenstöße, Entbehrungen und Ermüdungserscheinungen dezimieren die Zahl der Guerilleros, und obwohl die Macht von einem ganzen Komitee von Kommandanten ausgeübt wird, filtert sich die Figur eines Subcomandante heraus, der weit mehr als ein Wortführer, ein weißer und studierter dazu, der indianischen Positionen ist. Monsiváis zitiert mehrmals aus dem Gespräch des Subcomandante Marcos mit dem französischen Soziologen Ivon Le Bot, den Maurice Najman begleitete, und das in dem Buch *El sueño zapatista* (Der zapatistische Traum) wiedergegeben ist. Motiviert durch kenntnisreiche Fragestellungen, gibt Marcos so umfangreiche Antworten über ideologische und strategische Probleme, wie er es noch nie zuvor getan hatte. Le Bot ist ein ausgezeichneter Kenner der Maya-Völker und vermag das Zusammenwirken der Kultur der revolutionären Befreiungsstrategien mit der Kultur des indianischen Widerstands in ihrer ganzen Bedeutungsvielfalt zu verstehen. Er befragt Marcos nach dem Übergang vom bewaffneten zum zivilen Zapatismus und hilft ihm nach sokratischer Methode, die ideelle Wegstrecke aufzuzeigen, die den Zapatismus von einem Millenium ins nächste führt: Die Eckpunkte sind eine Ethik der Politik, die Achtung der Differenz und die Durchsetzung einer partizipatorischen Demokratie. Marcos führt dazu aus: »Das Demokratieverständnis darf nicht dem inneren Entwicklungsprozeß einer politischen Klasse unterworfen sein. Es muß vielmehr offener werden, die Zivilgesellschaft sollte die entscheidende Rolle spielen, nicht die politischen Parteien. Gegenwärtig spielen noch die politischen Parteien oder die Regierung die Hauptrolle. Jetzt aber scheint sich folgendes verändert zu haben: Früher hat die Regierung nur über ihre Wahlkampagne bestimmt, was Demokratie ist, nun gibt sie den politischen Parteien einen gewissen Spielraum. Aber die Zivilgesellschaft ist weiter ausgeschlossen. Die herrschende politische Klasse ist nach wie vor der Hauptakteur. Das muß sich ändern, sagen wir.«

Wie aber die Politik ändern, ohne die Machtverhältnisse zu verändern?, fragt Le Bot, worauf Marcos antwortet, daß es dazu notwendig sei, die verschiedensten Arten von Bündnissen einzugehen, damit die Zivilgesellschaft eine Politik der Bedürfnisse durchsetzen könne. Le Bot vergleicht den Zapatismus mit einer Art *auberge espagnole* – so heißen in Frankreich die Wirtshäuser, in die jeder selbst sein Essen mitbringt, um es dort zu verzehren. Braucht der Zapatismus nicht seine eigene Definition? Nach einigem Zögern räumt Marcos ein, daß sich in der Tat noch immer Trotzkisten, Anarchisten, Maoisten und einige Leninisten in der Zapatistischen Befreiungsarmee wiedererkennen. »Jeder sieht den Teil des Zapatismus, der ihm entspricht und ihn dem anderen annähert. Aber es muß der Augenblick kommen, in dem sich diese plurale Welt öffnet und die EZLN ein eigenes Gesicht gewinnt. Die Maske hat ihre Grenzen, womit ich nicht die physische Maskierung meine. Der Zapatismus muß sich noch konkretisieren. Vor einigen Tagen hörte ich zu meiner Überraschung einige Franzosen sagen: Die Unbestimmtheit erlaubt es ihnen zu überleben.« Aber diese Unbestimmtheit kann nicht ewig dauern. Marcos weiß es und wartet vielleicht auf den Moment, in dem einige im Raum stehende Fragen beantwortet werden, die für das Überleben des bestehenden politischen Systems entscheidend sind, denken wir nur an die Präsidentschaftswahlen im Jahre 2000 und damit an die Zukunft der PRI. Oder an die Frage, in welchem Ausmaß der Zapatismus und seine Resonanz die politischen Spielregeln verändert, inwiefern der Zapatismus eine lebendige Auswirkung in Oppositionsparteien wie der PRD von Cárdenas zeigt und ob diese den politischen Arm der EZLN in aller Konsequenz nutzen wird.

1997, als die Begegnung zwischen Marcos und Le Bot publiziert wird, befindet sich die EZLN in der gleichen Unbestimmtheit wie im Februar 1999, als Marcos und ich uns im Lakandonischen Urwald treffen. Diese Unbestimmtheit ist jedoch nicht nur der Grund für ihr Überleben, sondern auch für die Ausweitung des Zapatismus über Mexiko hinaus, für die Globalisierung des Zapatismus. Im Laufe des Gesprächs benutzt Le Bot das Wort »Dekonstruktion«, wie um Marcos ein spätes Stichwort für seine marxistische strukturalistische Bildung zu geben. »Der Zapatismus hat zur Dekonstruktion vieler Paradigmen gedient, nicht auf intellektuelle Art und Weise, sondern durch sein Handeln. Ich sehe einen Beweis dafür in den Büchern, die in den Bibliotheken zurückgelassen werden, zum Beispiel die Gesammelten Werke von Mao Tse-tung, Enver Hodscha ... Die Menschen stellen sie in der Bibliothek ab und gehen leichteren Schrittes davon, frei für ein neues Leben!« Marcos nennt die Bücher, die die internationalen Beobachter dagelassen haben: die Gesammelten Werke von Marx, Engels, Lenin, Mao und Castro. Bedauerlich findet er nur, daß fast keine Gedichte und Romane darunter waren. Ich habe unter den Büchern eine alte Ausgabe von Bonfil Batallas *México Profundo* entdeckt. Le Bot fragt Marcos auch nach seiner Meinung über die Anschuldigung – ist es wirklich eine Anschuldigung? –, die zapatistische Guerilla führe einen Papier- und Internetkrieg. Marcos antwortet mit einer Gegenfrage, die er im Laufe des Jahres 1998 immer wieder variiert, als der Zapatismus nur dank des gedruckten Papiers und des Internets die gnadenlose Offensive der Regierung, der Paramilitärs und der regierungstreuen Intellektuellen überleben kann: Was wäre der Zapatismus ohne das Papier und ohne das Internet? Ohne die Globalisierung des Imaginären seines Traums? Isabel Arvide prangert in *La guerra de los espejos* (Der Krieg der Spiegel) das Komplott der Massenmedien an, die sich auf die Seite von Samuel Ruiz und des Zapatismus geschlagen haben, während die PRI-Regierung keinen habe, der für sie schriebe. Bedenkt man, daß die PRI seit 1940 einen Großteil der Medien unter ihrer Kontrolle hat, dann klingt es schon merkwürdig, wenn Frau Arvide schreibt: »Die Regierung hat es nicht vermocht, während ihrer jeweiligen sechsjährigen Legislaturperioden, einschließlich der Regierungszeit Doktor Zedillos, mit der mexikanischen Bevölkerung in Kommunikation zu treten.« Als aber die Autorin die einzelnen Mitglieder der Verschwörung nennen will, fällt ihr eigentlich nur die Zeitung *La Jornada* ein, denn die Mehrheit der tonangebenden Massenmedien, insbesondere die Fernsehanstalten, schenkten der zapatistischen Bewegung nicht einmal einen Kommentar und erwiesen sich als treue Diener ihres Herrn. Großes Unbehagen verschafft Frau Arvides die Feststellung, daß der Zapatismus in gewisser Hinsicht dank der internationalen Resonanz überlebt hat, denn der fast unmittelbar einsetzende, unerwartet große internationale Beistand hinderte die mexikanische Regierung daran, zu dem militärischen Vernichtungsschlag auszuholen, den sie anfänglich plante. Guillermo Orozco Gómez schreibt in dem Artikel *Chiapas: der andere Krieg, seine Protagonisten und das Fernsehpublikum*, der in der Zeitschrift *Voces y Cultura* in der zweiten Jahreshälfte 1995 erschien, daß es im bewaffneten Kampf Feuerpausen gibt, aber nicht in der Medienschlacht. Er unterscheidet dabei die folgenden Medienstrategien der Beteiligten: die Strategie der Zapatisten, ihre Kommuniqués immer zielgerichteter für die verschiedenen Empfänger auszuarbeiten, der Übergang von der anfänglichen militärischen Provokation zur ständigen Medienpräsenz ihrer Botschaften mit friedlichen und demokratischen Forderungen; die Strategie der Zivilgesellschaft, die offiziellen Botschaften nicht mehr unwidersprochen hinzunehmen, weil immer vorausgesetzt werden muß, daß sie zur Manipulation dienen, sowie ihr gleichzeitiges Bemühen, die verschiedensten Foren und Plattformen einer direkten Kommunikation zu schaffen und damit ein aktives gegenkulturelles Netzwerk zu knüpfen; die Bedeutung von Medien wie *La Jornada* oder *Proceso*, die zu Plattformen der zapatistischen Vernunft wurden, sowie die publizistische Arbeit der Journalisten, die auf Distanz zur regierungstreuen Presse gegangen sind; die Strategie der Regierung, von der Verschleierung zur offenen Diffamierung überzugehen; die Strategie des einflußreichen Fernsehkanals *Televisa* und des Direktors der Nachrichtensendungen, Jacobo Zabludovsky, eine systematische antizapatistische Botschaft zu verbreiten: »*Televisa* hat mit seinen Nachrichten ein anderes Chiapas erfunden. Sie sind aus dem Zusammenhang gegriffen, offen manipuliert, rücken bestimmte Aspekte des Konflikts in den Vordergrund und berichten nur darüber. Sie bewahren nicht die nötige Objektivität gegenüber den Tatsachen und Informanten und verleumden die Zapatisten, ihre Bewegung und ihre Forderungen fortlaufend. Der Machtapparat hingegen kommt äußerst gut davon: der Präsident, die Regierung im allgemeinen und die mexikanische Armee im besonderen.« Diese Strategien zur Verfälschung des Zapatismus scheiterten jedoch zu einem guten Teil an unmittelbaren internationalen Reaktionen.

Zum Beweis für die internationale Ausweitung des Konflikts wird bereits 1996 zum »Ersten internationalen Treffen für eine menschliche Gesellschaft und gegen den Neoliberalismus« eingeladen. Es findet seine Fortsetzung in Spanien. Teilnehmer aus 26 Ländern kommen hier zusammen, 38 Prozent Frauen, 62 Prozent Männer. Die Diskussionsthemen sind gleichzeitig utopisch und globalisierend: die Diagnose der globalen Macht, derzufolge der Neoliberalismus die ideologisch-diskursive Form ist, mit der die Herrschaft des Kapitals an diesem Ende des Jahrtausends in der ganzen Welt durchgesetzt wird, und zwar ausgehend von der weltweiten Krise im Jahre 1974 und dem Versuch, das Muster der keynesianischen Akkumulation aufzugeben; die große Schwierigkeit, den Widerstand zu bestimmen, den man gegen diese Macht leisten kann, weil es sich nicht um eine traditionelle Staatsmacht handelt, sondern um eine supranationale; die Möglichkeiten, wie die Mauern eingerissen werden können, die nach dem Fall der Mauer errichtet wurden, und die Frage, welche Antwort auf das Problem, das revolutionäre Denken heute aus der marxistisch-leninistisch-maoistisch-trotzkistisch-guevaristischen Traditionslinie herauszulösen, gefunden werden kann; die Notwendigkeit, neue Formen der Politik zu finden, die Macht mittels der Devise »gehorchend befehlen« auszuüben, und das Prinzip der Ethik in die Politik einzuführen, wenn es um das Verhältnis von Mittel und Zweck geht. Subcomandante Marcos hat seine intergalaktischen Gedanken in *Siete piezas sueltas del rompecabezas mundial* (Sieben verstreute Teile des Weltpuzzles) formuliert, die kurz zusammengefaßt folgende sind: die modernen Globalisierungsprozesse; der Neoliberalismus als weltweites System, der als ein neuer Eroberungskrieg zu begreifen ist; das Ende des kalten Krieges, den Marcos als den Dritten Weltkrieg bezeichnet, schuf einen neuen Rahmen für die internationalen Beziehungen, in denen der Kampf um die Märkte und Territorien einen neuen Weltkrieg, den Vierten, auslöste. Das machte eine Neudefinition der Nationalstaaten und die Schaffung einer neuen Weltordnung notwendig. In der Zeit nach dem kalten Krieg warten weite Gebiete, Reichtümer und vor allem qualifizierte Arbeitskräfte auf den neuen Herrn. Marcos zitiert Ignacio Ramonets *La planète des désordres – Géopolitiques du Chaos* (Die neuen Herren der Welt. Internationale Politik an der Jahrtausendwende), um die Bedeutung der neuen technologischen Revolution strategisch zu situieren: Es ist nicht mehr die Maschine, die die menschliche Muskelkraft ersetzt. Der Computer ersetzt das menschliche Gehirn und die physische Gegenwart des Menschen an der Maschine. Hand in Hand mit der neuen technologischen Revolution, die die ganze Welt mittels Internet auf den Schreibtisch holt und zu ihrer willkürlichen Verfügung stellt, beherrschen die Finanzmärkte mit ihren Gesetzen und Spielregeln die Welt, folgert Marcos. Die Nationalstaaten sind durch die treibende Kraft des Finanzkapitals, den freien Welthandel, telegeleitet. »Der globale Kapitalismus opfert erbarmungslos den nationalen Kapitalismus, der ihm Zukunft und historische Daseinsberechtigung verschaffte. Staatsbetriebe und Staaten brechen in Sekundenschnelle zusammen, aber nicht durch die Wirbelstürme proletarischer Revolutionen, sondern durch die Sturmböen auf den Finanzmärkten. Der Sohn (der Neoliberalismus) verschlingt den Vater (den nationalen Kapitalismus) und zerstört nebenbei auch alle diskursiven Trugschlüsse der kapitalistischen Ideologie: In der neuen Weltordnung gibt es weder Demokratie noch Freiheit, noch Gleichheit, noch Brüderlichkeit.«

Marcos vergleicht die Neutronenbombe, die zielgerichtet das Leben vernichtet, aber die Gebäude stehen läßt, mit der neoliberalen Bombe, die nicht nur die *polis*, das Staatswesen, zerstört, sondern Tod, Gewalt und Elend für alle bringt. Die neuen Herren der Welt sind keine Regierung, sie brauchen es nicht zu sein. Die nationalen Regierungen nehmen es auf sich, die Geschäfte in den verschiedensten Regionen der Welt zu verwalten. Der Vierte Weltkrieg ist ausgebrochen, und wie in jedem Krieg liegen überall die Bruchstücke der zerstörten Wirklichkeit: »Wenn wenigstens sieben dieser Bruchstücke wieder zusammengesetzt werden können, gibt es die berechtigte Hoffnung, daß der bestehende Weltkonflikt nicht seine schwächsten Rivalen, die Menschen, vernichtet. Das erste Bruchstück ist die doppelte Akkumulation von Reichtum und Armut an den beiden Polen der Weltgesellschaft. Das zweite die totale Ausbeutung der Weltressourcen. Das dritte der Albtraum eines umherirrenden Teils der Menschheit. Das vierte die ekelerregende Verkettung von Verbrechen und Macht. Das fünfte die

Gewalt des Staates, das sechste das Mysterium der Megapolitik. Das siebente bilden die verschiedensten Enklaven des Widerstands, den die Menschheit gegen den Liberalismus leistet.«

Warum sieben? Mir fallen noch weitere sieben ein, oder ich könnte die sieben auch auf drei reduzieren, aber die Zahl sieben hat ihre Logik im symbolistischen Denken, und Marcos ist ein Mestize mit dialektischer Vernunft und symbolistischen Neigungen. Die sieben als kabbalistische Zahl: Sieben Tore hat der Himmel, sieben Tore Jerusalem, sieben Pforten der menschliche Körper, sieben Tage die Woche, sieben sind die Planeten, sieben die Blütenblätter der Rose, sieben Äste hat der kosmische Baum des Schamanismus, sieben ist die Summe der theologischen Haupttugenden, sieben die Zahl der zyklischen Vollendungen und ihrer Erneuerung, sieben sind die Zustände des Bewußtseins und der Materie: Da ist es nicht verwunderlich, daß sich Marcos' Weltpuzzle aus sieben Teilen zusammensetzt. Diese analysiert er zunächst in der Sprache des Politologen: die Konzentration der Reichtümer, die neuen Formen der Ausbeutung der Arbeiter, die dramatischen Migrationsbewegungen, die Globalisierung der Repression und des politischen Verbrechens, der Widerspruch zwischen der Tendenz zur Megalopolis und dem Auseinanderbrechen der traditionellen Nationalstaaten, die Widerstandsenklaven: »Der Neoliberalismus versucht, sich mit seinem ökonomischen, politischen, sozialen und kulturellen Modell Millionen von Menschen zu unterwerfen und sich all jener zu entledigen, die in seiner neuaufgeteilten Welt keinen Platz mehr haben. Dagegen lehnen sich diese Entbehrlichen auf und leisten gegen die Macht Widerstand, die sie eliminieren will. Frauen, Kinder, Alte, Jugendliche, Indianer, Umweltschützer, Homosexuelle, Lesben, Aidsinfizierte, Arbeiter und alle, die nicht nur überflüssig sind, sondern auch noch die Ordnung und den Fortschritt in der Welt stören, die rebellieren, sich organisieren und kämpfen. Da sie sich mit den von der Moderne Ausgegrenzten identifizieren, aber auch gleichzeitig den Unterschied empfinden, knüpfen sie Netze des Widerstands gegen diesen Prozeß der Zerstörung, der Entvölkerung und Neuordnung, den der Neoliberalismus in Form eines Krieges betreibt.« Im weiteren legt Marcos die Politologenmaske ab und setzt die Maske des Dichters auf, der, wie es im Elfsilber heißt, »Träume erzählt, in denen Liebe nistet«. Er bittet einen seiner Mentoren, den alten Antonio, ihn auf einem Rundgang zu begleiten. Beide haben Hunger, und als ein altes Wildschwein auftaucht, glänzt der Subcomandante mit seinen militärischen Kenntnissen, schießt und klettert auf den nächstbesten Baum, während der alte Antonio so lange wartet, bis das Tier zum Angriff ansetzt, und es dann tötet. Marcos läßt sich ironisch über seine supermoderne Waffenausrüstung aus: ein automatisches Schnellfeuergewehr M-16, Kaliber 5,56 mm, mit einer Reichweite von 460 Metern, versehen mit einem Teleskop, einem Zweifuß und einem »Drum«-Lader mit 90 Schüssen, die ihm aber keineswegs half, das Wildschwein zu erlegen. »Ich schreibe in mein Feldtagebuch und halte nur das eine fest, alles andere lasse ich weg: Wir begegneten einem Wildschwein, und A. tötete es. Höhe 350 ü. d. M. Kein Regen.« Marcos unterhält sich eine Weile mit dem alten Antonio, schläft ein, und als er aufwacht, hat sein weiser Guerillagefährte ins Tagebuch geschrieben: »Wenn du nicht die Vernunft und die Kraft gleichzeitig aufbringen kannst, wähle immer die Vernunft und überlasse dem Feind die Kraft. In vielen Einzelkämpfen kann die Kraft siegen, aber den Kampf insgesamt gewinnt nur die Vernunft. Der Mächtige kann aus seiner Kraft niemals Vernunft ziehen, aber wir werden immer Kraft aus der Vernunft gewinnen können.«

Die Moral: Die Enklaven des Widerstands dürfen alles verlieren, nur nicht die Vernunft, denn früher oder später ist die Vernunft stärker als die Gewalt, wenn sich die Veränderung bewirkende Vernunft aus den Bruchstücken der alten Ordnung neu aufgebaut hat, so jedenfalls nach der marxistischen Diagnose. Worin liegt die Vernunft in der Fabel vom Wildschwein und dem alten Antonio? In der Notwendigkeit zu essen und aus dem Angriff des Wildschweins einen Vorteil zu ziehen.

In dem zweiten, 1995 erschienenen Sammelband mit Dokumenten und Kommuniqués der EZLN zeichnen García de León und Carlos Monsiváis den Entwicklungsprozeß nach, der sowohl beim Zapatismus als auch beim Antizapatismus stattfand. Sie gehen vor allem der Frage nach, welche Möglichkeiten in der Bewegung liegen, nachdem sie sich an die mexikanische Zivilgesellschaft mit der Bitte um Unterstützung gewandt hat, »um einen wirklichen Übergang zur Demokratie herbeizuführen, eine grundlegende Veränderung, in Wechselwirkung der Kräfte … Durch das zapatistische Prinzip ›gehorchend befehlen‹ wird die Partizipation des Volkes neu strukturiert. Sie wird zum normativen Regulativ der Öffentlichkeit (und der Kontrolle des Zivilen über die

Öffentlichkeit), sie wird aus der vergangenen Geschichte, so würde Habermas sagen, in unsere gegenwärtige Zukunft geholt.« Trotz der Militarisierung des Gebiets durch die Stationierung von sechstausend Soldaten der Bundesarmee und den Terrorakten der Paramilitärs ist »der Aufstand kein militärisches Phänomen, das durch physische Gewalt entschieden werden kann. Er ist eine politische Bewegung, die die vorhandenen Schwächen, die definitiv prämoderne, archaische Natur des stagnierenden politischen Systems, das dem Zusammenbruch nahe ist, verdeutlicht.« Monsiváis kommentiert im Nachwort die Absicht der EZLN, in einer offenen Volksbefragung die zivile Gesellschaft in den Entscheidungsprozeß miteinzubeziehen. Diese Initiative findet großen Anklang unter den politischen Aktivisten, die in der unmittelbaren Vergangenheit ihre Hoffnungen auf Veränderungen vor allem in die PDR von Cárdenas gesetzt hatten. Hier schreibt Monsiváis sehr enthusiastisch, ein seltener Gemütszustand bei einem Intellektuellen, weil die intellektuelle Klarsichtigkeit meist wenig Raum für Enthusiasmus läßt. In diesem Falle kann Monsiváis aber seine Begeisterung nicht verhehlen, wenn er beschreibt, wie die Zuschauer in einem überfüllten Kinosaal bei der Videoprojektion von *Viaje al centro de la selva Lacandona* (Reise ins Zentrum des Lakandonischen Urwalds) ungeduldig darauf warteten, daß sich Subcomandante Marcos per Telefon aus dem Urwald melden würde: »Marcos bedeutet für diese jungen Leute die Antwort auf alles, was sie wütend macht. Er ist der geheimnisvolle Maskierte, den auch die Enthüllung seiner Identität nicht zerstören kann. Die Zuschauer hören seine Stimme, sie pfeifen, sie applaudieren. Die Technik im Dienst des Friedens in Chiapas.« Die Figur des »Maskierten« gehört seit langem zum festen Bestand der mexikanischen Populärkultur, dafür sorgten der berühmte Freistilkämpfer *El Santo, el Enmascarado de Plata* und *Superbarrio*, der Superman der Stadtviertel.

Ein Jahr später, als der dritte Sammelband erscheint, hat sich die Position der Regierung verhärtet. Sie torpediert das Abkommen von San Andrés (1977) und vertuscht das Blutbad von Acteal. García de León umreißt die Zeitspanne vom Beginn der Verhandlungen zwischen Regierung und Zapatisten bis zu ihrem Scheitern, als die PRI-Regierung ihren eigenen Unterhändlern die Befugnisse entzieht. Er verschweigt nicht, daß die Aufständischen nur geringe Fortschritte erzielt haben, und hält ihnen eindringlich vor Augen, daß sie mit den Füßen fest auf dem Boden der Wirklichkeit bleiben müssen. »Das wäre hilfreich, um für die vielen Konfliktsituationen, die in den indianischen Gemeinschaften und Organisationen aufgebrochen sind, Lösungen zu finden. Sie hielten zuvor im gemeinsamen Widerstand zusammen und sind heute gespalten. Es darf auf keinen Fall den Provokationen der Regierung, die von den Sektierern im eigenen Lager bereits zu unversöhnlichen Streitigkeiten zugespitzt worden sind, nachgegeben werden.«

Monsiváis zeigt sich nicht ganz so besorgt über die zapatistische Entwicklung in dieser Zeit. Besondere Aufmerksamkeit widmet er dem ersten »Intergalaktischen Treffen für die Menschheit und gegen den Neoliberalismus« und dem Marsch der 1111 Zapatisten nach Mexiko-Stadt als einem symbolischen Brückenschlag zur Zivilgesellschaft. Wir befinden uns im Oktober 1997, das Massaker von Acteal sollte erst zwei Monate später stattfinden. Die Zivilgesellschaft, so Monsiváis, versichert den Zapatisten: »Sollte es von uns abhängen, so rückt der Frieden immer näher.« Trotz aller Schwierigkeiten ist Marcos nicht am Boden zerstört, als Präsident Zedillo ihn *anklagt*, nicht Marcos zu sein, sondern Rafael Guillén, Sohn eines Möbelhändlers aus Tampico, und diesem ein Treffen vorschlägt. Marcos antwortet gelassen: »Es ist mir egal, wenn auch Guillén zu dem Treffen eingeladen ist. Dann sind wir eben zu dritt: Zedillo, Guillén und ich.« Marcos steht fest zu seinem Mythos, der bereits ins Inventar der Mythen eingegangen ist, und das in den letzten Jahren eines ausgehenden Jahrhunderts, das nicht einmal mehr in der Lage zu sein schien, einen neuen Rockstar zu lancieren. Marcos ist nur das Sprachrohr für ein reales Problem. Das wurde in den Gesprächen mit Carlos Fuentes und Rigoberta Menchú, die wir in der Zeit führten, als ich an meinem Buch *Y Dios entró en La Habana* schrieb, immer wieder deutlich. Fuentes erklärte mir, wie die mexikanische Vorstellungswelt vom zapatistischen Aufstand durcheinandergebracht wurde: »Für uns Mexikaner lag klar auf der Hand: Man war dabei, eine Fassade von Mexiko als einem Land der Ersten Welt zu errichten. Mexiko war Mitglied der Welthandelsorganisation (OMC) geworden, doch plötzlich, eines Tages, genau an dem Tag, an dem der Freihandelsvertrag mit den USA und Kanada in Kraft treten sollte, ertönte die dröhnende Alarmglocke von Chiapas. Sie war die nicht zu überhörende Erinnerung daran, daß die indianischen und bäuerlichen Gemeinschaften in

Mexiko in extremem Elend leben. Jetzt wird argumentiert, die Vereinbarungen der Regierung mit Marcos seien nicht akzeptabel, weil durch sie Mexiko balkanisiert würde. Den Indianern die Autonomie zuerkennen, die sie verlangen, heißt also, Mexiko zu balkanisieren? Ich habe in einem Artikel geschrieben: Wir haben doch die Indios, die Bauern balkanisiert, also sind wir auch für die Nation und den Nationalstaat verantwortlich. Wie könnten die Indios uns balkanisieren, wenn wir seit fünfhundert Jahren damit beschäftigt sind, sie zu balkanisieren? Ich will damit sagen, die Ereignisse von Chiapas haben die Wahrheit Mexikos aufs Tapet gebracht haben: 40 Millionen Menschen leben in Armut und 17 Millionen weit unter der Armutsgrenze. Chiapas ist ein Warnsignal für die Selbstgefälligkeit der PRI. Präsident Zedillo steht vor einer großen Herausforderung. Er müßte sich den Fragen der ökonomischen Zusammenarbeit, der Konsolidierung des demokratischen Übergangs und der Wahlen im Jahre 2000 stellen, kann es aber nicht tun, weil er in ein Problem verwickelt ist, das er sich selbst geschaffen hat: das ungelöste Problem von Chiapas.«

Als Subcomandante Marcos auf dem Markt der Mythen auftauchte, zu Pferd, maskiert und mit der Stimme eines Dichters, wurde er wie eine wunderbare Überraschung empfangen, die das Millenium noch bereithielt, bevor es sich durch die Hintertür der faschistischen Vernichtungslager, der Gulags, der amerikanischen Napalmbomben in Vietnam, der verschiedenen Integrationsbewegungen und der Ausbildungsstätten für Staatsstreiche und Folter, die die Vereinigten Staaten eingerichtet haben, hinwegstehlen würde. Carlos Tello Díaz erzählt in seinem nicht gerade als marquistisch zu bezeichnendem Buch *La rebelión de las Cañadas* (Die Rebellion in den Cañadas) eine Szene zwischen Marcos und einer Gruppe von Touristen, die in San Cristóbal festsaßen, während die Zapatisten den Ort besetzt hielten: »Neben den Torbögen stand ein Mann, der sich von den anderen abhob, er war von weißer Hautfarbe und stand der Presse Rede und Antwort. Seine Haltung äußerst ruhig, als ob sein Leben nicht in Gefahr wäre. Seine Kleidung war schwarz, und er steckte in einem Wollumhang, der ihn ziemlich korpulent erscheinen ließ. Auffällig war sein wollener Gesichtsschutz, schwarz wie seine ganze Kleidung. Über der Brust gekreuzt hingen zwei Patronengurte, außerdem ein leichtes Maschinengewehr *Ingram*, das einer *Uzi* ähnelt. Am Gürtel steckte ein Radiosender, über den er mit seinen Gefährten in einem nahe stehenden Kombi Verbindung hielt. Die um ihn Herumstehenden hörten, wie seine Kameraden ihn Comandante oder Subcomandante nannten. Er war charismatisch, geheimnisvoll, eben anders. Eine Touristin schaute ihn besorgt an:

– Werdet ihr uns gehen lassen?

Den Touristen war versichert worden, daß sie ab dem 2. Januar wieder freies Geleit hätten.

– Warum wollt ihr eigentlich weg?, entgegnete der Mann mit der Wollmaske ironisch.

– Genießt doch das Leben in der Stadt.

Einige fragten lautstark, ob sie nicht mit dem Auto nach Cancún fahren könnten. Alle redeten wild durcheinander. Ein Touristenführer machte geltend, daß er seine Gruppe zu den Ruinen von Palenque führen müsse und nicht länger warten könne. Marcos verlor seine Geduld, aber nicht seinen Humor:

– Der Weg nach Palenque ist versperrt. Wir halten Ocosingo besetzt. Verzeihen Sie die Störung, aber das ist eine Revolution.

Ganz im Banne dieser geheimnisvollen und selbstsicheren Ausstrahlung riefen einige Touristinnen verzückt aus: »Marcos! Wir wollen einen Sohn von dir!« Wie der Vater, wollten sie einen ebenso geheimnisvollen, maskierten und selbstsicheren Sohn!

Ein Jahr lang herrschen Flitterwochen zwischen Zapatismus, erstarkendem Indigenismus und den wichtigsten Vertretern von Kultur und Medien. Was die Politiker betrifft, so machen sie zwar geltend, daß sie vor einem Fall unlauteren Wettbewerbs stünden, sie lassen auch Rechtfertigungen zu, verlangen aber zugleich, daß man so schnell wie möglich zu einer »demokratischen Normalität« zurückkehren müsse. Weil ganz offensichtlich der Zapatismus und der kritische Indigenismus mit seinen bekanntesten Vertretern Rigoberta Menchú und Samuel Ruiz, dem Bischof von San Cristóbal, zu einer vielbeachteten Gegenkultur auf globaler Ebene wurden, setzte eine Kampagne zur Verleumdung der drei bekanntesten Figuren dieser Bewegung ein. Als erster ist Marcos an der Reihe: Ihm soll die Maske heruntergerissen werden, hinter der man einen Mittelsmann des kubanischen oder nicaraguanischen Revoluzzertums vermutete. Dann trifft es Samuel Ruiz und sein dreißig Jahre währendes Apostolat für die Rechte der indianischen Bevölkerung in Chiapas. Schließlich bleibt auch Rigoberta Menchú nicht unverschont, obwohl sie in den feinsten Salons auf der ganzen Welt als die Indianerin empfangen wurde, die die Regel bestätigte, daß sonst kein Indianer auf dem Parkett der globalen Macht etwas zu suchen habe. Rigoberta Menchú ist eben mehr als eine Indianerin, sie ist eine Nobelpreisträgerin und dazu eine Friedensnobelpreisträgerin. Aber auch vor ihr macht die Notwendigkeit der Herabwürdigung nicht Halt.

Ich beginne mit Marcos. Der Grundstein zu seiner »Demaskierung« ist das Buch *Subcomandante Marcos: la genial impostura* der spanischen Journalistin Maite Rico und des französischen Journalisten Bertrand de la Grange. Ein gut recherchiertes Buch, das den Zapatisten zufolge aus den reichen Quellen der Geheimdienste schöpft. Die Autoren weisen nach, daß Subcomandante Marcos in Wirklichkeit Rafael Guillén heißt und aus einer konservativen Möbelhändlerfamilie von Tampico stammt. Eine Schwester Rafael Guilléns sei sogar eine Abgeordnete der PRI im Ort. Als der junge Guillén zum Studium an die *Universidad Nacional Autónoma* nach Mexiko-Stadt geht, liegt das Blutbad auf der *Plaza de las Tres Culturas* noch nicht lange zurück. Die Studentenbewegung ist zerschlagen, und aus den Überresten bilden sich neue revolutionäre Gruppierungen, kleine Zellen der Stadtguerilla oder Untergrundgruppen in den Bergen. Rafael Guillén ist vom Castro-Guevarismus, von Mao und in einem so starken Maße auch von Althusser beeinflußt, daß er bereits als junger Dozent zum Kreis der Althusserianer gezählt wird. Kollegen wie der spanische Exilant Adolfo Sánchez Vázquez, der ihm als Student eine Eins in seinem Fach gegeben hatte, und Carlos Monsiváis, der brillanteste Intellektuelle der mexikanischen Linken, schätzen ihn sehr.

Rafael Guillén unternimmt eine Art Studienreise in Sachen Revolution nach Nicaragua und Kuba. Rico und de la Grange zufolge ist Guillén ein guevaristischer Mythomane, der als Jugendlicher sogar so weit ging, Asthma vorzutäuschen, um wie der Che zu sein, und der eine andere Sprache gebraucht als die wahren Revolutionäre in Nicaragua und Kuba, bei denen er als brillanter, aber ein wenig exzentrischer junger Mann gilt.

Ich habe Manuel Piñeiro, mit dem Spitznamen *Barbarroja*, der einmal im kubanischen Geheimdienst die erste Geige spielte, gefragt, ob Marcos in Kuba war. Piñeiro bejahte das, ohne zwischen Marcos und

Rafael Guillén zu unterscheiden, und er wollte sich auch nicht über dessen revolutionäre Ausbildung äußern, ich nehme an, weil die guten Beziehungen zwischen Havanna und der PRI es nicht zulassen, zuzugeben, daß Havanna revolutionäre oder pararevolutionäre mexikanische Gruppen unterstützt.

Nach Rico und de la Grange schließt sich Guillén der Guerilla an, die mehrere Male aufgespürt und brutal dezimiert wird, und hier schlüpft, zu irgendeinem Zeitpunkt, aus der Larve Guillén der Falter Subcomandante Marcos. Diese Metamorphose wäre eine wirkliche Neugeburt und ließe auf dem Weg die Hülle zurück, die Marcos dreißig Jahre lang umgeben hat. Darum stellt er für die Autoren des Buches so etwas wie den Weißen dar, in dem eine indianische Seele wohnt, oder der vortäuscht, eine indianische Seele zu haben. Weder analysieren sie jedoch, wie die Bewußtwerdung Rafael Guilléns verlaufen sein könnte, noch versuchen sie die Logik der Identitätsveränderung zu erklären. Marcos sagte in dem Gespräch mit Le Bot, am meisten empöre ihn an seiner Identifizierung als Guillén, durch die Konkretisierung seines Bildes seine Verführungskraft bei Frauen verloren zu haben: »Es hat mich die Briefe meiner Verehrerinnen gekostet ...! Ich muß sie davon überzeugen, daß ich nicht so häßlich bin ...! Wirklich, dieser Schachzug war verheerend, ich habe meinen Sex-Appeal noch nicht zurückgewinnen können. Sieh nur Brigitte Bardot, sie schickt mir keinen Brief ...« Le Bot tröstet ihn damit, daß die Brigitte Bardot, von der er sich einen Brief erhofft, schon seit langem nicht mehr existierte. Marcos gibt sich nicht geschlagen: »Gut! Dann eben ein Brief von Jane Fonda.« Rico und De la Grange hingegen sind nicht zu Späßen aufgelegt. Ich weiß nicht, ob sie überhaupt Humor haben, aber ich stelle sie mir auf jeden Fall ziemlich spartanisch und karthesianisch vor. Vor allem merkt man ihnen an, wie sehr sie das Komödiantische an Marcos stört. Rico und De la Grange haben offensichtlich nicht den gleichen Humor wie Le Bot.

Die Autoren sparen in ihrem Buch *Subcomandante Marcos: la genial importura* die Beschreibung der repressiven, alle Menschenrechte verletzenden Brutalität nicht aus, mit der die PRI-Regierung gegen die aufständische Linke vorgegangen ist, aber gleichzeitig können sie das Unbehagen, das Marcos ihnen verursacht, nicht verbergen. Da liegen sie auf einer Linie mit den modernisierungsgläubigen Intellektuellen Mexikos, die von Anfang an der Meinung waren, daß der Neozapatismus ein unerträgliches Ärgernis darstelle, ein folkloristisches Schauspiel für Revolutionstouristen und unverbesserliche Linke aus der ganzen Welt, die sich ein Abonnement für die Revolutionsschaubühnen der Dritten Welt gesichert haben. Nach und nach wird im Buch denjenigen Platz eingeräumt, die noch offene Rechnungen mit Marcos zu begleichen haben. Dazu gehören die Autoren selbst, die es nicht verwinden können, daß Marcos sie nicht empfangen hat, obwohl Maite Rico Korrespondentin von *El País* und Bertrand de la Grange Korrespondent von *Le Monde* ist. Letzterer zeigt sich besonders verärgert, daß Marcos des öfteren Verse von Paul Éluard zitiert, weil ihm dessen linke Einstellung genug Vertrauen einflößt, damit sich ein Guerillero Gedichte bei ihm ausleihen darf. Was die Autoren wirklich von Marcos halten, ist unterschwellig bereits in der Auswahl der Daten und einer vorgeblichen Objektivität zum Ausdruck gekommen und zeigt sich hier plötzlich in aller Deutlichkeit: »Armer Éluard! Auch der französische Dichter wird ein Opfer dieses fernen Konflikts und der literarischen Ambitionen eines Guerilleros, der sicher einer der besten Studenten seines Studiengangs war, aber die Gewohnheit angenommen hat, sich in den Schutz anerkannter Werke zu stellen – die er allerdings nur annähernd zitiert –, um das Publikum auf den Rängen zu beeindrucken. Marcos weiß, daß sich außer einer Handvoll mexikanischer Schriftsteller, die es gewagt haben, seine Prosa zu kritisieren, niemand darüber aufregen wird.« Es stört sie tatsächlich, daß Marcos nicht die ausgezeichnete Übersetzung des Éluard-Gedichts von Rafael Alberti verwendet, eine etwas kuriose Anschuldigung, wenn man bedenkt, daß ein Guerillero nicht mit einer kompletten Bibliothek unter dem Arm in die Berge geht. Nach Meinung des Paares, das für das Buch verantwortlich zeichnet, vermeidet es Marcos dadurch, daß er das Gedicht zitiert, das Blutbad von Ocosingo zu rechtfertigen. Das Blutbad haben ja auch nicht seine Leute angerichtet, sondern Regierungstruppen auf Kosten der Zapatisten. An dieser Stelle verlieren die Autoren die Geduld und das Buch alle Zurückhaltung. Sie machen sich offen darüber lustig, was Marcos und seine Fürsprecher, ob sie Carlos Monsiváis, Danielle Mitterrand oder Oliver Stone heißen, sagen oder tun. Marcos wird als delirierender Pirat, als Fitzcarraldo, Egomane, Demagoge, Vielschreiber, Zubereiter postmoderner Salate, Cyberguerillero und Multimedienguerillero bezeichnet. Schließlich reden die Autoren der Regierung nach dem Munde, sie machen Propaganda für die Regierung und gegen die Zapatisten, und obwohl Marcos wiederholt von Rico und de la Grange als ein banales Abbild des weitreichenden Entwurfs Che Guevaras bezeichnet wird, bekennen sie nun, wie wenig ihnen auch der Che behagt: »Marcos beweist selbst, was man seit langem ahnte: Sein immenses Talent für das Theater und das *showbusiness* machen aus ihm noch lange keinen verantwortungsvollen Politiker. Allerdings war das der Che ebenfalls nicht.«

Während die Anti-Marcos-Haltung deutlich zum Vorschein kommt, ergeht es dem Bischof von San Cristóbal de las Casas, Samuel Ruiz, nicht besser. Er ist ein Verteidiger der indigenen Bewegungen Lateinamerikas und Fürsprecher der Befreiungstheologie, die er selbst Indianische Theologie nennt. Samuel Ruiz wird aus einer Sicht dargestellt, die der der mexikanischen Regierung sehr nahe kommt: ein Komplize der Guerillabewegung, der darüber hinaus mit Marcos in einem Konkurrenzkampf um den ersten Platz in den Medien steht. Tello Díaz hat in *La rebellión de las Cañadas* eine angemessenere Beschreibung des Bischofs von Chiapas geliefert, nämlich als eines Priesters, der durch das Massaker auf der *Plaza de las Tres Culturas* 1968 zu politischem Bewußtsein gelangt ist und später den Geist der Bischofskonferenz von Medellín, die Grundlage des Engagements der lateinamerikanischen Kirche für die sozialen Verlierer, nach Mexiko gebracht hat. Sergio Méndez Arceo, der charismatische Bischof von Cuernavaca und Samuel Ruiz in San Cristóbal de las Casas waren die Wegbereiter für den sozial engagierten Katholizismus in Mexiko. 1971, als Samuel Ruiz nach Chiapas kam, war er 47 Jahre alt. Er hatte im Priesterseminar von León, im Bundesstaat Guanajuato, und an der Gregorianischen Universität von Rom studiert. Nach Mexiko zurückgekehrt, lehrte er Theologie, war Prüfer der Synode, Mitglied der kirchlichen Zensurbehörde und Beichtvater für Nonnen, ohne seine Pflichten in der Diözese von León zu vernachlässigen. Samuel Ruiz setzt sich mit der ganzen Kraft seines Amtes für die Rechte und Belange der indianischen Gemeinschaften angesichts ihrer Vernachlässigung durch die Regierung und der Anfeindungen durch die lokalen Kaziken von dem Augenblick an ein, in dem er in direkten Kontakt mit der indianischen Realität tritt. Dreißig Jahre dauert das Kräftemessen, das ihn zu einer der angesehensten Persönlichkeiten des lateinamerikanischen Klerus werden läßt, und es ist ganz logisch, daß sich einer Gestalt von solchem Format auch ein Gegner großen Kalibers entgegenstellt: Enrique Krauze, der heute als der geistige oder strategische Erbe von Octavio Paz gilt. Krauze ist Herausgeber der Zeitschrift *Letras Libres*, die nach Paz' Tod gegründet wurde, um dessen Zeitschrift *Vuelta* fortzuführen. Es überrascht schon, daß die erste Nummer vom Januar 1999 statt der zu erwartenden Artikel über den Briefwechsel zwischen Vasconcelos und diesem oder jenem Dichter oder zwischen Octavio Paz und Pedro Gimferrer einen langen Text über den Zapatismus, »Chiapas: Erlösung oder Demokratie«, enthält. Darin entmystifiziert Pedro Viqueira die Bilder- und Vorstellungswelten, die die Medien von Chiapas geschaffen haben. Carlos Monsiváis steht, *Letras Libres* zufolge, nur auf einer Seite, und Bischof Ruiz wird von Krauze direkt als »Prophet der Indianer« angegriffen, in einer Art parallelen Lebens zu einem früheren Propheten, Fray Bartolomé de las Casas. Ein Essays schreibender Historiker wie Krauze kann sich alle Freiheiten in seinen Parallelen erlauben, wenn sie brillant und genauso wahrscheinlich wie unwahrscheinlich sind. Mit subtiler Ironie wirft er Samuel Ruiz vor, daß er sich nicht darauf beschränkt habe, das Martyrium zu legitimieren, um die Indios zu retten, sondern auch das Prinzip der erlösenden Gewalt predige. Damit folgten die Indios von Chiapas aber nicht Gottes Wort, sondern Ruiz' Worten, was wohl nicht als Vorwurf zu verstehen ist, sondern als Ironie, denn Krauze erweckt ganz den Anschein eines außerkirchlichen Intellektuellen in der reinen Tradition der mexikanischen Intelligenz. Wenn Krauze außerhalb der Kirche steht, was kann es ihm dann ausmachen, ob die Indios dem Wort Gottes oder Ruiz' Worten folgen, um zu erreichen, daß sich die Schüler von Octavio Paz an sie erinnern? Oder gibt es vielleicht noch Rangfolgen auf dem theologischen Territorium im Licht der exklusivistischen Paz-Theologie, daß dort, wo Gott ist, nicht auch Ruiz sein kann? Wer Samuel Ruiz in die Linie der erlösenden Gewalt einordnet, macht nichts anderes, als den metaphorischen Such- und Haftbefehl, den das mexikanische Establishment auf den Bischof von San Cristóbal ausgesetzt hat, zu kopieren.

Krauze ist nicht die erste intellektuelle Speerspitze gegen den Bischof, obwohl sicherlich die bestplazierte in der Nomenklatur der kulturellen Macht Mexikos.

Selten gab es direkte Angriffe gegen Rigoberta Menchú, bis Ende

1998 der nordamerikanische Anthropologe David Stoll die Schlußfolgerungen seiner Recherchen in der *New York Times* und anderen, ähnlich gelagerten Publikationsorganen veröffentlichte. In ihnen zieht er einige der biographischen Daten in Zweifel, die Rigoberta selbst in den langen Interviews angab, die Büchern wie *Me llamo Rigoberta Menchú* (Ich heiße Rigoberta Menchú) und *Rigoberta Menchú, la nieta de los mayas* (Rigoberta Menchú, die Enkelin der Mayas) als Grundlage dienten. Ersteres ist das Ergebnis ihrer Zusammenarbeit mit der venezolanischen Soziologin Elisabeth Burgos, Ex-Frau von Regis Debray, das zweite haben Rigoberta Menchú, der Italiener Gianni Minà und der guatemaltekische Schriftsteller Dante Liano zusammen erarbeitet. Während Frau Burgos, erzengelhafte Geißel linker Mythen, die Enthüllungen Stolls noch aus der ethischen Sicherheit der eigenen linken Vergangenheit mit Verständnis quittierte, so wiesen Minà und Liano sie offen zurück. Dante Liano verfaßte einen langen, bezeichnenderweise kaum zu findenden Artikel, in dem er Stolls morbides Bestreben deutlich macht, die Ideenwelt der Menchú zu zerstören. Der Kernpunkt von Stolls Richtigstellungen ist folgender: Es stimme zwar, daß Rigobertas Vater durch die politisch-militärische Repression in Guatemala ermordet wurde, denn er verbrannte bei lebendigem Leib in der spanischen Botschaft – wir haben das im Fernsehen quasi live gesehen –, es stimme auch, daß ihr Bruder und zahlreiche Familienangehörige ermordet wurden und sie gezwungen wurde, ins Exil zu gehen. Aber es stimme nicht, daß ihr Bruder verbrannt sei, wie sie es darstelle, sondern er wurde erschossen und in einem anonymen Grab verscharrt. Auch sei Rigoberta nicht Analphabetin gewesen, als sie sich, noch ein kleines Mädchen, in den Schutz von Samuel Ruiz nach San Cristóbal de las Casas flüchtete. Dante Liano weiß, aus welchem Holz Stoll geschnitzt ist: Er ist ein Anthropologe, nach dessen These die aufständischen Guerilleros selbst schuld seien an der Repression in Guatemala, weil sie sie wohl notwendig machten, nehme ich an. Höchst verwunderlich findet es Dante Liano, daß die *New York Times* den Thesen Stolls einen so großen Raum widmet, aber den zahlreichen Analysen der Gewalt in Guatemala fast keinen oder nur einen sehr geringen. Angesichts der Irrtümer in den kleinsten Details, die Stoll Rigoberta vorwirft, erinnert Liano daran, wie oft die Leugner des Holocaust verkündet haben, er habe gar nicht existiert, weil die Überlebenden sich nicht an bestimmte Orte oder konkrete Details erinnern können. »Das Bestreben, Rigoberta Menchú ihrer Legitimität zu berauben«, schreibt Liano, »ist Bestandteil der umfassenderen Kampagne, die neueste Geschichte Guatemalas entsprechend den oligarchischen, imperialistischen und militärischen Vorgaben neu zu schreiben. Jetzt, nachdem diese Kampagne öffentlich geführt wird, bekommt der barbarische Mord an Monseñor Juan Gerardi einen tieferen Sinn. Er hatte klare Beweise gegen die guatemaltektischen militärischen Befehlshaber (mit Vor- und Zunamen) gesammelt, die für den Völkermord an der indianischen Bevölkerung verantwortlich sind. Die Antwort war augenblicklich und brutal: die Ermordung des Bischofs. Und im nachhinein seine Diffamierung ... Da die Kraft Rigobertas in ihrem internationalen öffentlichen Image liegt, kommt eine Kampagne zur Verunglimpfung nicht so sehr ihrer Person, sondern all dessen, was sie verkörpert, gerade recht. Wer sagt, Rigoberta habe gelogen, will sagen, daß es keinen Völkermord in Guatemala gegeben hat, daß es nicht wahr ist, daß die Soldaten in die Dörfer eingedrungen sind, daß sie die Frauen in die Schulen und die Männer in die Kirchen sperrten und sie systematisch töteten, um der Guerilla den Boden unter den Füßen zu nehmen ... Wer sagt, Rigoberta habe gelogen, will sagen, daß alle lügen: die Kirche, Amnesty International, die UNO, die Kommissionen für Menschenrechte, die internationalen Beobachter.«

Der chilenische Schriftsteller Luis Sepúlveda machte Personen wie Maite Rico, Elisabeth Burgos und David Stoll für diese Kampagnen, die die Wortführer der indianischen Befreiung diskreditierten, mitverantwortlich. Eduardo Galeano erklärt den Zusammenhang wie folgt: »Sie hat ihren Platz verlassen, das ist schon eine Beleidigung. Daß Rigoberta eine Indianerin und eine Frau ist, mag noch angehen, mit diesem doppelten Mißgeschick muß sie selber fertig werden. Aber daß diese Indianerin rebelliert, ist eine unverzeihliche Anmaßung. Damit nicht genug, hat sie es auch noch fertiggebracht, ein universales Symbol für die Würde des Menschen zu werden.«

»Erinnere dich deiner schlafenden Seele, schärfe deinen Verstand, wach auf, und nimm zur Kenntnis ...«, daß die guatemaltekische Armee von 1981 bis 1983 einen systematischen Völkermord gegen die Indios geführt hat, um die Wurzeln der revolutionären Guerilla auszureißen, wie sie es bezeichnete. Davon handelt der 3400 Seiten umfassende,

1999 erschienene Bericht *Guatemala, memoria del silencio* (Guatemala, Erinnerung der Stille). Ein Dokument mehr in der langen Liste der Literatur über Staatsterrorismus, der in Lateinamerika kontinuierlich die Vormachtstellung über den magischen Realismus erlangt hat. Der Bericht wurde von 269 Experten unter Federführung des spanischen UNO-Beamten Fernando Castañon erarbeitet und belegt, daß Guatemala unter den lateinamerikanischen Ländern an der Spitze der Menschenrechtsverletzungen steht. Die Brutalität aller Staatsverbrechen zusammengenommen, die von Militärs oder den Paramilitärs in Lateinamerika begangen wurden, bildet ein gewaltiges kontinentales Koagulat »in den offenen Adern Lateinamerikas«.

In den vergangenen fünfzig Jahren strebte die militärische oder paramilitärische Gewalt gegen die indianische Bevölkerung, eine Nachgeburt der Konquista, jener ursprünglichen Gewalt, die alle spätere Gewalt verursacht hat, keine ausdrückliche ethnische Säuberung in Mittelamerika und weniger noch in Guatemala an, wo fünfzig Prozent der Bevölkerung Indios sind und eine unverzichtbare Arbeitskraft darstellen, die auszurotten einem Selbstmord gleichkäme. Die Oligarchien benötigen die Indios als Arbeitskräfte zu fast sklavenartigen Bedingungen, aber gleichzeitig betrachten sie sie als die natürlichen Stützen der Guerilleros, die sich aufgrund ihrer Lage als soziale Verlierer von einer modernen Befreiungsideologie in der Linie eines castro-guevaristischen Marxismus oder der Befreiungstheologie, der Indianischen Theologie, wie Samuel Ruiz sie nennt, leiten lassen. Ich hatte Gelegenheit, mit Rigoberta Menchú über das neue Bewußtsein der Indios zu sprechen, während ich noch *Y Dios entró en La Habana* schrieb. Die Nobelpreisträgerin erklärte mir, daß mehr als neunzig Prozent der Toten, die in dem sechsunddreißig Jahre andauernden bewaffneten Konflikt in Guatemala registriert wurden, Indios seien: »Sie starben in den Schützengräben der Armee, in denen wunderbare junge Indios ihr Leben gaben, und auch in den Schützengräben der Guerilla. Unter den Toten sind nur wenige, die keine Indios sind. Dazu kommen die Verschwundenen, die Verschleppten, die Zivilbevölkerung, die die sozialen Kosten des Krieges trug. Immer sind die Indios in der großen Mehrheit. Das gleiche geschieht in Chiapas, obwohl natürlich jede Situation ihre eigenen Merkmale hat. Jetzt reden wir von Verhandlungen am runden Tisch, von paritätischen Kommissionen in Guatemala und in El Salvador, es gibt verschiedene Instrumente der Verhandlungen, an denen unsere Leute teilnehmen. Aber werden die politischen Abkommen eingehalten? Konnte beispielsweise die Kommission zur Aufklärung der Verbrechen in der Vergangenheit richtig arbeiten?«

Die Fragen, die Rigoberta aufwirft, gehören nicht etwa in eine Geschichte der Niedertracht oder der Barbarei, sondern der sozialen Herrschaft. Die meisten militärischen Interventionen erfolgen in Lateinamerika dann, wenn die Oligarchien ihr Interesse durchzusetzen versuchen, die bestehenden Ausbeutungs- und Akkumulationsverhältnisse aufrechtzuerhalten, wobei dieses Interesse eng mit kontinentalen und globalen Strategien verbunden ist. (Das Militär im Bündnis mit den Oligarchien, die ihrerseits von den Interessen der großen ausländischen Konzerne telegeleitet sind.) Darauf beruht in den Jahren des kalten Krieges das Alibi zum Kampf gegen die kommunistische Subversion. Er wird unter dem Kommando von Militärs geführt, die für diese Zwecke ausgebildet wurden und denen Straffreiheit garantiert wird, egal wie brutal sie gegen den Feind vorgehen. Dazu bekommen sie sogar Unterricht, wie man »wissenschaftlich« foltert. Lateinamerika besitzt jedoch nicht das Exklusivrecht für Straffreiheit in der modernen oder postmodernen Barbarei, das haben die Urteilssprüche des Tribunals von Den Haag über die Verletzung der Menschenrechte in Bosnien gezeigt. Aber die Anklageerhebung des spanischen Richters Baltasar Garzón gegen Augusto Pinochet hat das Scheinwerferlicht auf das lateinamerikanische Militärschauspiel gerichtet. Im »weißen« Amerika, besser gesagt »geweißten« Amerika, in dem es aufgrund der Ausrottung der indianischen Bevölkerung keine Mestizaje und keine indianische Bewegung gegeben hat, wurde der Militarismus von Diktatoren nach bonapartistischem Vorbild geprägt. Oder der Rückgriff auf die Militärs war notwendig, um die Leere zu füllen, die das Scheitern des traditionellen zivilen Machtblocks verursachte. Die Macht der Militärtraditionen in diesem »geweißten« Amerika begründet sich auf die Caudillos, die ihr Ansehen in den Kämpfen um die Unabhängigkeit gewonnen haben, und auf die Militärs, die sich ihre Sporen bei der Ausrottung der Ureinwohner während der Expansion der Kreolen bis in die jungfräulichen Gebiete des Südens verdienten. Der angesehene argentinische Historiker Oswaldo Bayer weist in seiner Studie über die kreolische Expansion nach Patagonien, *La Patagonia Rebelde* (Das rebellische Patagonien) darauf hin, daß die argentinische Toponomie voll von Militärs ist, die ihren zweifelhaften Ruhm durch den Völkermord an den indianischen Ureinwohnern erlangten. Zu ihnen gesellt sich die große Zahl von Kolonen, die in der Ausrottung der Indios das perfekte Verbrechen sahen.

Ausgehend von den Studien über Militärsoziologie in Lateinamerika, die in den sechziger Jahren erarbeitet wurden, lassen sich drei militärische Phänomene unterscheiden: der Bonapartismus, die offen repressiven Militärinterventionen im Dienste der herrschenden politisch-ökonomischen Macht und die *Nasseristen.* Zum Bonapartismus gehören die Putsche namhafter Militärs eines Landes, die eine Leere der zivilen Macht ausnutzen. Sie orientieren sich an einer Mischung von zwei Vorbildern, Napoleon und Bolívar. Zahlreicher sind die Putschisten, die zu dem Zwecke manipuliert wurden, um soziale, politische und ökonomische Stragegien durchzusetzen, die über ihr Verständnis hinausgingen. Augusto Pinochet ist fürs erste das letzte Glied in dieser langen Kette, und er weiß wahrscheinlich immer noch nicht, oder weigert sich, es anzuerkennen, daß er nur ein Instrument im Dienste der ITT oder des *State Departement* war. Während der sechziger Jahre wurden die Militärs *Nasseristen* genannt, die auf Erneuerung und Fortschritt setzten und versuchten, die Avantgarde des Heeres in das Rückgrat eines progressiven sozialen Staates zu verwandeln. Die Generäle Velasco Alvarado in Peru und Ovando in Bolivien entsprechen diesem Klischee, das sich rasch erschöpft hat, weil die *nasseristischen* Sektoren des Militärs die Vorherrschaft über die reaktionären Kräfte verloren oder weil sie durch mangelnde internationale Unterstützung und den fehlenden Beistand der zivilen Gesellschaft ihre Macht einbüßten. Aus einer konventionellen linken Perspektive, ich halte mich an ein *Cahier Rouge* von 1971, wurden die *nasseristischen* Erfahrungen als verzweifelte Rückgriffe des eigenen traditionellen Machtblocks angesehen, eher dem populistischen Druck ein wenig nachzugeben als vor dem Ansturm des Volkes alles zu verlieren.

Diese militärischen Typologien wurden in Südamerika korrigiert und gleichzeitig um etliche Nuancen bereichert, insbesondere seit dem Sturz des brasilianischen Präsidenten Goulart im Jahre 1964. Er bildete den Beginn einer gewaltsamen Korrektur der Linkstendenzen in den südlichen Ländern Lateinamerikas. Vor dem Hintergrund der Niederlage im Vietnamkrieg, einer an Castro und Che Guevara orientierten Guerilla, der Energiekrise zu Anfang der siebziger Jahre, der Globalisierung einer klassenübergreifenden Energie, die nach Veränderung drängte und in den »Mairevolten« ihren sozialen Ausdruck fand, wurden Vorkehrungen getroffen, damit das Militär die schwachen Kettenglieder des Systems verstärkte. In diesem Sinne erfolgten die Militärputsche in Argentinien und Uruguay, wo die Präsidenten, die Witwe Perón in Argentinien und Bordaberry in Uruguay, das Militär selbst um Intervention ersuchten. Das gilt auch für den Putsch in Chile angesichts des Widerstands des Präsidenten Allende und der Regierung der *Unidad Popular*. Die lateinamerikanische »Endlösung« wurde als ein notwendiger schmutziger Krieg gegen die Subversion präsentiert und legitimierte sich anfangs damit, daß jede Gesellschaft das Recht habe, sich gegen den Terrorismus zu wehren, um schließlich den Diskus der Verteidigung der christlichen Werte des Westens gegen die marxistische Verschwörung zu übernehmen.

Das Militär an der Macht ging von einer selektiven Repression gegen bewaffnete linke Gruppen zu einer indiskriminierten Repression gegen die gesamte Linke über. Zum ersten Mal wurde die Rolle des »Staatsterrorismus« und die Notwendigkeit eines schmutzigen Kriegs kaltblütig als ein notwendiger Vorgang zur Säuberung von der subversiven Bevölkerung theoretisiert, und alle Mittel zum Zweck waren gerechtfertigt: willkürliche Verhaftungen, Folter, Exekutionen ohne Gerichtsverfahren, das Verschwinden von Personen, Entführungen und Handel mit Neugeborenen und sogar der Export des Staatsterrorismus in andere Länder, um politische Feinde im Exil zu verfolgen. Die argentinische Militärdiktatur ging am blutigsten gegen ihre eigenen Mitbürger vor. Die chilenische verwandelte sich hingegen in ein Experiment zum Entwurf einer neuen Gesellschaft, begründet auf der Allianz zwischen der Militärmacht und einer neoliberalen, entweder laizistischen oder dem Opus Dei verbundenen Technokratie, die den Thesen Friedmanns folgte. Es gelang ihnen, ein neues Etablishment zu schaffen, eine Synthese zwischen der alten Oligarchie und der neuen, dem Machtapparat verbundenen. Während der totalitäre General Pinochet und seine Gefolgsleute einen harten Repressionskurs einschlugen, praktizierten die neoliberalen Experten die indiviudalistische Philosophie von Hayek und Friedmann, um das Land für immer von den

Versuchungen eines marxistischen Totalitarismus zu befreien. Sie gründeten sogar ein Institut für Politische Studien in Santiago zu Ehren von Hayek, dem Moses von Monte Peregrino, der 1947 seinen neoliberalen Kreuzzug gegen den marxistischen und keynesianischen Totalitarismus begann.

Nach dem Zusammenbruch des sozialistischen Staatenblocks waren so manche Verteidigungsapparate überflüssig geworden. In der Zeit des kalten Krieges wäre eine politische Säuberung, wie die in Italien von Richtern eingeleitete, und die Aufdeckung der Verbindungen zwischen Christdemokratie und Mafia undenkbar gewesen. Gleichermaßen wäre es undenkbar gewesen, internationale Anklage gegen die chilenischen und argentinischen Diktatoren zu erheben. Sie führte im Falle von Augusto Pinochet zu einem wahren *Auto Sacramental*, als sein Domizil in London belagert wurde, und sogar die Law Lords berieten, ohne daß man jedoch vielleicht unter der Perücke eines der anwesenden Lords Sir Lawrence Olivier vermuten konnte, der die Kehrseite der Medaille zum Vorschein brachte. Das System entledigt sich seiner alten Prätorianergarden, es formuliert sogar die Theorie, daß die Gewalt obsolet sei, ganz gleich, woher sie komme, jetzt und für alle Zeiten. Nicht nur das, sie verurteilt in der Verkehrung aller Chronologie die revolutionären und repressiven Exzesse im Verlaufe aller Zeiten. Zum Beweis, daß eine neue globale Vernunft die Illusion einer neuen internationalen Ordnung schaffen kann, beauftragt es die UNO, regenerative Funktionen im sozialen, politischen und institutionellen Geflecht an Orten, die bis vor kurzem noch zur Geographie der Gewalt gehörten, wahrzunehmen. Guatemala ist ein ausgezeichneter Prüfstein dafür, daß das internationale Beamtentum den traditionellen Machtblock dazu drängen kann, die Greueltaten der Vergangenheit zu überprüfen. Aus dem Bericht über Guatemala könnte man die Notwendigkeit eines Schwarzbuches über den Militarismus in Lateinamerika ableiten, in der Linie der von *Human Rights Watch* erarbeiteten Prinzipien. Die haben ein Strafregister zur Abschreckung vor zukünftigen Grausamkeiten erarbeitet, das die Grundsatzartikel des Internationalen Gerichtshofes wiedergibt.

Ein mögliches Schwarzbuch über den Militarismus in Lateinamerika würde sich in ein Schwarzbuch über die Träger der Herrschaftssysteme in ganz Lateinamerika und das Spiel der Umverteilungen der weltweiten Einflußzonen verwandeln. Hinter den Militärs würden dann die Verflechtung der ökonomischen und militärischen Macht und die Komplizenschaft zwischen der etablierten zivilen Gesellschaft und den Großmächten, die die peripheren Kriege in Amerika als Teil des Dritten Weltkrieges betrachten, sichtbar werden. Die Straffreiheit der Militärs abzubauen, die bloß die ausführenden Instrumente in einer repressiven Kette sind, bedeutet im gleichen Moment, der Untersuchung der Straffreiheiten auszuweichen, die die Aktionen der Militärs erst möglich gemacht haben. Allen, die hoffen, daß in einer Informationsgesellschaft, die von den Gesetzen der Marktwirtschaft geleitet ist, die neue Rechte nicht mehr das Militär als Instrument der Integration oder als Rückgrat der Gesellschaft braucht, muß man entgegnen, daß das soziale Scheitern der Globalisierung bekannte und noch unbekannte Rebellionen hervorruft. Was wird die ökonomische Macht tun? Wird sie Sonderkommandos aus erfahrenen Brokern der Wall Street bilden, um den Aufmüpfigen die Stirn zu bieten? Wird sie Repressionsmaßnahmen per Internet ergreifen? Wird sie das Militär durch Privatpolizei ersetzen, die dafür sorgt, daß nicht das Gute oder das Schlechte, sondern das Unvermeidliche getan wird?

Um auf mein Gespräch mit Rigoberta Menchú zurückzukommen: Nachdem ich den Bericht über Guatemala gelesen hatte, fragte ich sie, ob die Verhandlungskonzessionen der ewiggleichen Macht und ihres Instrumentes, des Militärs, nicht darauf zurückzuführen seien, daß sie die soziale und ökonomische Herrschaft fest in ihren Händen hat und es sich erlauben kann, den ehemaligen Gegner in das politische Spiel einzubeziehen. Repressive Militärs der Vergangenheit könnten über die Wahlurnen wieder an die Macht kommen, wie beispielsweise Banzer in Bolivien oder in Guatemala, wenn Ríos Montt für die Präsidentschaftswahlen kandidierte.

Für eine Politik der Marktwirtschaft sind Militärs leichter wiederverwertbar als Guerilleros, weil sie sich in den Staatsgemäuern bewegen, die sich immer wieder auf der eigenen Archäologie aufbauen. Der Schritt von der Gewalt zur Politik schafft nur taktische Unannehmlichkeiten und territoriale, praktisch zoologische Toleranzen, die nicht die grundlegenden Strukturen der Macht berühren. Aber wenn die demokratischen Institutionen und Normen wirklich ihr Anliegen der sozialen Gleichheit erfüllten, würden sich dann die archaischen, modernen und postmodernen Oligarchen mit einer Einschränkung der Macht unter Berufung auf die Enzykliken des Papstes oder der UNO abfinden? Was würde passieren, wenn die Indios in Guatemala in bestimmte Bereiche der Macht gelangten oder strukturelle Reformen erreichten, die die Interessen der Oligarchie berühren? Rigoberta Menchú ist realistisch: »Das Friedensabkommen war das Äußerste, was wir in dem politischen Kontext, in dem es unterzeichnet wurde, erreichen konnten. Wir gelangten zu Vereinbarungen, die uns jetzt von einem multikulturellen, multiethnischen, multisprachlichen, aber gleichzeitig demokratischen Land sprechen lassen. Das Kriegsbeil ist für immer begraben. Das ist ein großer Segen. Nun liegt aber zwischen dem Abkommen und der Wirklichkeit, zwischen den Plänen und den wirklichen Veränderungen noch ein weiter Weg. Die Frage der Straffreiheit führt uns in das Labyrinth der Justiz. Ich denke, wenn Untersuchungen dieser Art in einem multikulturellen und multiethnischen Land wie unserem tatsächlich eingeleitet würden, dann würde sich die Geschichte Gandhis oder Martin Luther Kings wiederholen. Dann wird zum Mordanschlag gegriffen, denn wir werden immer noch als Feinde gesehen, als ein schlafender Riese, dessen Erwachen Furcht einflößt. Was ist mit der historischen Aufklärung der Greueltaten? Es fehlen die finanziellen Mittel, um die nötigen Nachforschungen zu betreiben, und die Schwierigkeiten, die Zeugen zu schützen, sind immens. Die Henker laufen frei auf der Straße herum, die Armee hält ihre geheimen Friedhöfe versteckt. Auch die Guerilla müßte die Verantwortung für ihre Taten übernehmen.«

Der Anthropologe Stoll und die Postlinke Elisabeth Burgos haben insistiert, *auch* die Grausamkeiten der Guerilla müßten verurteilt werden. Nach dem UNO-Bericht über Guatemala, der einen Platz in einer zu schreibenden »globalen Geschichte der Straffreiheit« verdient, verteilt sich die Verantwortung für die Greueltaten der guatemaltekischen Militärs und der Paramilitärs und der Guerilla ziemlich unproportional auf siebenundneunzig zu drei Prozent, ein beachtlicher militärischer Sieg, der nicht verhindert hat, daß Rigoberta Menchú oder Samuel Ruiz bezichtigt wurden, zu stark auf die Barbarei des Militärs und zu wenig auf die der Guerilla hingewiesen zu haben. Diese Unterstellung steht nicht allein. Die anthropologische Strömung, die sich am Ende des 20. Jahrhunderts von dem »gewaltsam Korrekten« hat leiten lassen, vertritt sogar die These, es hätte keine militärische Gewalt gegeben, wäre sie nicht von der Gewalt der Aufständischen hervorgerufen worden. Eine Behauptung, die im nachhinein, wenn man den Thesen Stolls folgen würde, Prometheus und Spartakus in zwei unverantwortliche Provokateure verwandeln würde. Und die bürgerlichen Revolutionen des 17., 18. und 19. Jahrhunderts wären dann nur kindliche Unduldsamkeiten des legitimen historischen Subjekts der Veränderungen, das nur weiter hätte warten sollen, bis die Geschichte weiter vorausschreitet und auf den Datenbahnen der Information verändert wird.

Soweit die mehr oder minder grundlegenden Beiträge, die meinen Blick auf die indianische Wirklichkeit verändert haben.

Der Herr der Spiegel

Wieder zurück in La Realidad, trete ich aus der Holzhütte ins Freie und beobachte, wie nach den starken Regenfällen Dunstschwaden vom erhitzten Boden aufsteigen. Plötzlich teilt sich der Nebel, und dicht vor mir sehe ich einen maskierten Kapitän der Zapatistischen Armee und zwei Pferde, die er mit ruhiger Hand und gemächlichen Schritts neben sich herführt. Sogleich erfahre ich, daß das eine Pferd für Guiomar Rovira und das andere für mich bestimmt ist, der ich noch nie in meinem Leben auf ein Pferd gestiegen bin. Das merken der Kapitän und auch das Pferd, das mich zurückhaltend von der Seite anschaut. Bald aber gibt es mir das Gefühl, ich sei Indiana Jones. Wir reiten durch den Wald bergauf, einen steilen Pfad hinunter, durch ein Flußbett. Eine lange Strecke werden wir von einem ganz gut genährten und darum weniger ängstlichen Hund verfolgt, der die *chorizos* gerochen hat. Ich ziehe die Zügel fester, wenn es nicht nötig ist, und lasse sie locker, wenn ich es nicht tun dürfte. Der Kapitän gibt auf mich acht, während Guiomar filmt und ich gar keine Zeit habe, ihr zu sagen, es besser bleiben zu lassen. Ich verwende meine ganze Energie darauf, mir im Geiste vorzustellen, wieviel Zeit noch fehlt, um diese absurde Herausforderung an das Gesetz der Schwerkraft zu beenden. Dabei habe ich es hier mit Menschen zu tun, die sich nicht scheuen, das Gesetz der Schwerkraft herauszufordern, wie Marcos in einem eher poetischen denn als theoretisch zu bezeichnenden Text vorgeschlagen hat. Unvermittelt öffnet sich eine Waldlichtung. Der maskierte Marcos und eine ebenfalls maskierte Frau erwarten uns: »Mariana, meine Gefährtin«, stellt er sie vor, »macht bitte keine Fotos von ihr, und beschreibt sie auch nicht.« Mariana muß mit ansehen, wie ich mit dem falschen Fuß zuerst vom Pferd steige, so daß Marcos den Reitknecht spielt und das Pferd festhält, weil ich sonst um ein Haar heruntergefallen wäre. Als ich die mitgebrachten *chorizos, turrones* und das Buch überreiche, lächelt die maskierte Frau weiter hinter ihren Jalousien, mit der gleichen maskierten Ironie und dem gleichen Sinn für Humor, mit denen sich Marcos die Rolle des Dr. Livingstone und mir die Rolle des Stanley zugeteilt hat. An einem leichten, extra für den Anlaß gezimmerten Holztisch planen wir zwei bis drei Treffen. Marcos hält für alle Fälle seinen Recorder parat und beobachtet mich beim Hantieren an meinem Aufnahmegerät mit der höflichen Zurückhaltung, die ein Fachverkäufer im Kaufhaus *Corte Inglés*, Abteilung Tonträger, an den Tag legen würde. Er hat lange schmale Hände, vom Leben im Urwald schwielig geworden, aber seine Finger sind die eines Philosophieprofessors, der gerade das Kantianische »Als ob« erläutert, diese Pirouette des Geistes, die der Suche nach der transzendentalen Philosophie vorangeht. Einer Philosophie, die als Totalität der rationalen Prinzipien *a priori* zum Höhepunkt eines Systems strebt. Das Jahrtausendende ist nichts für solche hohen Augenbrauen. Aus Gründen der pragmatischen Vernunft erkläre ich ihm, ich hätte erst einmal an eine kurze Reportage gedacht, ihm aber dann alle Freiheit lasse, ein dünnes Buch, einen Wälzer oder ein Pamphlet zu füllen. Das Wort »Pamphlet« gefällt ihm.

MARCOS: Vielleicht gelingt es dir so gut wie das *Panfleto desde el planeta de los simios*, in dem du praktisch viele unserer Fragestellungen vorweggenommen hast.

AUTOR: Wir haben den gleichen Schiffbruch erlitten und fast die gleichen Bücher gelesen, das ist alles. Ich habe aufmerksam eure fünf Kommuniqués verfolgt und festgestellt, daß sie deutliche, den unterschiedlichen Gegebenheiten angepaßte Veränderungen aufweisen. Was mich überrascht, ist die besondere Art und Weise, wie du dich mit der Frage der Avantgarde auseinandersetzt, das heißt mit der Frage, inwieweit eure revolutionäre Bewegung den Charakter einer Avantgarde besitzt. Monsiváis ist der Auffassung, daß ihr eine bezeichnende Minderheit repräsentiert, aber nicht als eine Avantgarde zu verstehen seid, die eine modellhafte Alternative zur gegebenen Situation anbietet. Ihr stellt demnach nicht die Avantgarde einer Minderheit dar, die sich im Besitz einer allumfassenden Wahrheit glaubt. Im Verlaufe eines Lernprozesses im engen Kontakt mit der indianischen Lebenswelt und dem Anspruch, revolutionäre Veränderungen für sie in Gang zu setzen, habt ihr es verstanden, die von ihnen gegebenen Anstöße und freigesetzten Energien aufzugreifen.

MARCOS: Man muß immer sehr tolerant sein, wenn man von sich selber spricht, wenn man sich dem Spiegel nähert. Wir verstehen uns als eine Bewegung, die eine Reihe von Forderungen stellt, und wir hatten das Glück, daß sie auf eine breite Übereinstimmung in Mexiko und anderen Teilen der Welt trafen. Es ist auf jeden Fall das Verdienst der Zapatisten, daß sie die richtige Wellenlänge für die Kommunikation fanden. Nur so konnte sich dieser vielfältige Zusammenhang herstellen, mit Auswirkungen im städtischen, bäuerlichen und indianischen Mexiko, darüber hinaus aber auch bei den marginalisierten Minderheiten anderer Länder.

Es war nicht einfach, diese Kommunikation herzustellen, denn bekanntlich ist Chiapas, das erst später zu Mexiko hinzukam, der in Vergessenheit geratene, gesichtslose Südosten des Landes, bis sich die Zapatisten ihre Maske übers Gesicht zogen. Ich kenne Federico Campbell seit meiner Jugend, ihm verdanke ich einen Großteil meiner Kenntnisse über Mexiko. Er lebte Anfang der siebziger Jahre in Barcelona und hat mich zusammen mit anderen spanischen Schriftstellern in seinem Buch *Infame turba* (Infamer Pöbel) porträtiert. Uns beiden gefielen die Bücher von Sciascia. Ich las von ihm zwei wunderbare Annäherungen an Marcos und die Bedeutung der zapatistischen Rebellion in *La invención del Poder* (Die Erfindung der Macht). Der Schriftsteller aus Tijuana erzählt in *México en dos* (Zweigeteiltes Mexiko), daß er im Janaur 1994, kurz nach Ausbruch des zapatistischen Aufstands, mit einem Taxifahrer in Mexiko-Stadt über Chiapas reden wollte, als dieser ihn unterbrach: »Entschuldigen Sie, aber was heißt hier Chiapas?« »Ich fühlte, daß wir in zwei ganz verschiedenen Mexikos leben«, schreibt Federico. »Das Mexiko, das einige wenige schmerzt, und das andere, das sich für nichts interessiert ... Chiapas hat dem staatlichen sogenannten Programm der Solidarität und allen seinen propagandistischen Ablegern den letzten Stoß versetzt. Chiapas war ein Steinschlag ins Gesicht des Salinas-Systems. ›Was steckt hinter Chiapas?‹ fragt sich das Establishment der Rechten und das der Linken, als ob eine über fünfhundert Jahre akkumulierte Not nicht Grund genug wäre.« Campbell stellt die Gegenfrage: »Warum fragt keiner, wer hinter den Medien steckt, die fragen, was hinter Chiapas steckt?« 2750 Meter über dem Meeresspiegel verflüchtigt sich die Macht fraglos, und geheiligt, einzig, reckt sich aus einer Hochebene – aus dem Smog – ein Finger, um ein nicht existierendes Mexiko zu erfinden. Fünf Jahre sind seit dem zapatistischen Aufschrei vergangen. Das *»¡Basta!«* geht um in allen vier Himmelsrichtungen, die nach Francis Jammes die Welt kreuzigen, und Marcos kontrolliert den Spiegel, der Lichtsignale in die fernsten Fernen aus dieser Abenddämmerung im Urwald heraus sendet, während oben am Himmel ein Flugzeug der PRI wie eine Schmeißfliege brummt.

MARCOS: Der Ruf »*¡Basta!* Es reicht!« findet ein Echo in anderen Teilen der Welt, und unsere Forderung, wir brauchen einen Platz auf der Erde, wo wir sein können, wie wir sind, spiegelt die Problematik und die Forderungen anderer Menschen wider. Das lag in der Luft, wir haben nichts erfunden. Auf jeden Fall trafen wir zum Glück die richtige Wellenlänge, nicht nur, um mit anderen Gruppen zu kommunizieren, sondern auch, damit diese sich von unserem Diskurs neu gerüstet fühlen.

AUTOR: Die Krise der Linken auf der ganzen Welt rührt zum Teil aus der Konfusion her, die sich im Hinblick auf das historische Subjekt der revolutionären Veränderungen ergeben hatte, denn es war in dieser Form nicht mehr vorhanden, weil es das Industrieproletariat als Subjekt nicht mehr gab. Mit euch tritt das »ethnische Subjekt«, das indianische Subjekt, der doppelte Verlierer auf den Plan. Ihr seid wie eine wiederaufgenommene Anklage gegen die zerstörte Ordnung, ausgehend von den unmittelbaren Gegebenheiten, von den sichtbarsten Tatsachen, im Unterschied zu einem traditionellen Revolutionär, der ein Klassenkampfschema, in diesem Fall das Schema des internationalen Klassenkampfes, auf ein Geschehen und ein Aktionsprogramm übertragen hätte.

MARCOS: Offensichtlich sind wir mit dieser Auffassung in den Urwald gegangen. Es ist die klassische Geschichte der revolutionären Elite, die sich einem Träger der sozialen Veränderungen nähert und um diesen Träger herum die Theorie und die Bewegung, in der marxistisch-leninistischen Revolution das Proletariat, aufbaut. Nun war es aber so, daß unser anfänglicher Plan an den indianischen Gemeinschaften abprallte. Sie haben ein anderes Substrat, eine eigene Vorgeschichte ihrer Nöte und Bedrängnisse. Darum änderten wir unsere Herangehensweise, darum gibt es den Zapatismus vor 1994 und den nach 1994. Der Zapatismus, insbesondere die Zapatistische Befreiungsarmee, entsteht nicht auf der Grundlage eines in der Stadt ausgearbeiteten Programms, aber auch nicht nur aus den Problemstellungen und Forderungen der indianischen Gemeinschaften. Der Zapatismus ergibt sich vielmehr aus einer Mischung, er ist das Produkt des Schocks, den ein neuer Diskurs hervorrief. Er ist ein Molotowcocktail. Der zapatistische Diskurs bringt im wesentlichen auf die Tagesordnung, daß der historische Wandel nicht durch den Ausschluß eines bestimmten Sektors der Gesellschaft geschehen darf, weil das politische, soziale und wirtschaftliche Kosten für die Nation und für die gesamte Welt mit sich brächte. Wenn einer dieser Sektoren »Basta!« ruft, versucht er im Grunde nur zu wiederholen, was andere Sektoren bereits gesagt und getan haben. Das führt zur Ausgrenzung. Es wird niemals eine homogene Welt geben, das Recht auf Anderssein muß respektiert werden. Darum verlangen die Ausgegrenzten: Entweder ihr berücksichtigt uns und unsere Rechte, oder ihr müßt damit rechnen, daß wir protestieren, daß wir ein Störfaktor sind, ein Aufschrei in der scheinbaren Harmonie der neuen internationalen Ordnung.

AUTOR: Der Zapatismus tritt genau zu dem Zeitpunkt an die Öffentlichkeit, als mit dem Inkrafttreten des Freihandelsabkommens NAFTA der Eintritt Mexikos in die Erste Welt proklamiert werden soll. Da ertönt die zapatistische Alarmglocke wie ein Dementi dieses sogenannten glücklichen Endes der Modernisierung. Das war geplant.

MARCOS: Das hat sich aus der historische Entwicklung ergeben. Der Neoliberalismus, die Globalisierung, bereitet eine großangelegte Simulation vor: Wir können es erreichen, daß Mexiko zur Ersten Welt gehört, aber das geht nicht, wenn wir alle sozialen Schichten einbeziehen. Es geht nur dann, wenn diejenigen ausgegrenzt werden, die den Modernisierungsstandards nicht entsprechen. Im Falle des Liberalismus sind das die Standards von Kauf und Verkauf. Bei unserem Eintritt in die Erste Welt sollten also zehn Millionen Indios ausgeschlossen werden, so als seien sie keine Mexikaner, weil sie niemals als solche behandelt wurden. Der Neoliberalismus selbst treibt die Indios zur Rebellion, seit er 1982 in seiner ganzen Härte in Mexiko eingeführt wurde. Nicht der Zapatismus, sondern der Neoliberalismus stellt uns vor die Wahl: entweder weiterleben und kämpfen oder verschwinden und sterben. Darum die Erste Erklärung aus dem Lakandonischen Urwald, darum der zapatistische Aufstand. Wir können uns nicht damit abfinden, daß wir verschwinden sollen, aber um leben zu können, müssen wir kämpfen. Natürlich gibt es einen organisatorischen Entwicklungsprozeß. Du weißt, daß eine Guerilla keine Erfolge erzielt, indem sie große Reden führt, durch Sympathien, die sie weckt, oder durch reinen Kampfeswillen. Es müssen Bedingungen vorhanden sein, damit sie in der indianischen Bevölkerung Wurzeln schlagen kann. In einer indianischen Welt, die dem Projekt einer Gesellschaft des Konsums und der Simulation kritisch gegenübersteht, das von der Plünderung der natürlichen Ressourcen und dem Verkauf des staatlichen Produktionsapparats an multinationale Konzerne lebt.

AUTOR: Der indianische Aufstand ist gleichzeitig ein Katalog von Forderungen und eine Metapher. Die Indios fordern ihren Platz in der mexikanischen Gesellschaft, dadurch verwandeln sie sich in die Metapher des globalen sozialen Verlierers, der eine andere Form der Globalisierung verlangt.

MARCOS: Die zapatistische indianische Bewegung ist ein Symbol, weil sie sich wehrt, in einer Welt der globalisierten Standards geopfert zu werden. Alle Erscheinungsformen von Anderssein werden entweder assimiliert und hören damit auf, als Differenz respektiert zu werden, oder sie werden eliminiert. In diesem Fall leistet die indianische Bewegung Widerstand und stellt sich der Herausforderung. Sie ruft damit die Sympathien von Menschen auf den Plan, die vorher der indianischen Welt eher fremd gegenüberstanden: Jugendliche, Anarchisten, Migranten, die Umhergetriebenen in Europa, den Vereinigten Staaten und in Mexiko. Bald stellt sich eine große Sympathie, eine große Nähe dieser *Ausländer* mit den Indios ein, die nicht ihre Sprache sprechen und weder ihre Kultur noch ihre Statur, die physische meine ich, haben. Sie verfügen auch nicht über die Mittel zur Kommunikation mit ihnen. Wir hatten großes Glück. Das Kapital hat eine Welt des schönen Scheins geschaffen, mit tiefen Ressentiments, die lange nicht zum Ausbruch kamen, was aber nicht heißen wollte, daß sie nicht mehr vorhanden waren. Sie sammelten sich an und begannen, sich zu einem Anliegen zu artikulieren, das über ein Gefühl von Ressentiment hinausreichte. Darum gehen wir unserer Meinung nach über die fundamentalistischen Bewegungen hinaus, auch wenn die mexikanischen Intellektuellen, oder zumindest einige von ihnen, das Gegenteil behaupten. Wir sind nicht nur der Ausdruck eines Ressentiments, wir wollen etwas Kreativeres zum Ausdruck bringen. Die Gesellschaft soll so verändert werden, daß wir einen Platz in ihr haben, was aber keineswegs bedeutet, wir würden eine homogene Gesellschaft anstreben. Es sollen nicht alle Indianer werden, und nicht jeder, der nicht Indianer ist, soll verschwinden. Denk nur, wie groß die Verachtung des herrschenden Systems ist, daß es sich nicht einmal die Mühe machte, die Indios hinters Licht zu führen. Warum auch? Wo sie doch sowieso verschwinden werden. Den Betrug behält es sich für die produktiven Sektoren vor, die Mittelschichten, die Studenten, die Intellektuellen. Dafür sind ihm auch spezielle Bombardements nicht zu schade. Die Indios sind diese Mühe nicht wert.

AUTOR: Ein guatemaltekischer Schriftsteller erzählte mir, daß er sich bis zu seinem fünfzigsten Lebensjahr überhaupt keine Gedanken über das Leben der Indios machte. Und das in einem Land, in dem der Anteil der indianischen Bevölkerung immerhin fünfzig Prozent beträgt: »Ich wollte sie als Personen einfach nicht wahrhaben. Sie haben mich von klein auf in meinem Haus umgeben, als Dienstpersonal, ich habe sie auf der Straße gesehen. Niemals habe ich mir Gedanken gemacht, daß sie Personen wie die anderen sind.«

MARCOS: Hier in Mexiko schufen sie, kulturell und sozial gesprochen, ein »Sonderabteil«. Die Bestimmung der Indios sollte es sein, über kurz oder lang zu verschwinden, oder sie waren gut für die Touristen und die Folklore. Darum ist der Lakandonische Urwald, was er ist, ein »Sonderabteil« dieses Landes im entlegensten Winkel, wo niemand ihre Existenz zur Kenntnis nahm.

AUTOR: Der Zapatismus war der Vorschlag eines neuen Spiegels, damit Mexiko sich nicht im verzerrten Bild einer falsch verstandenen Modernität betrachtete. Dieses war auch bis zu einem gewissen Punkt das wirkliche Gesicht der Welt, das wirkliche Gesicht des gescheiterten Neoliberalismus.

MARCOS: Das haben wir später begriffen. Wir wollten zeigen, daß der Eintritt Mexikos in die Erste Welt auf einer Lüge beruhte. Nicht nur einer Lüge für die indianische Bevölkerung, wie es die Krise von 1994/95 offenlegte, sondern auch für die Mittelschichten, für die arbeitende Klasse, wie man früher sagte. Und sogar für einen großen Teil des Unternehmertums. Wir hatten das Glück, daß unser Appell mit dem

Bruch dieser Simulation zusammenfiel, aber diese Inszenierung, die in Mexiko lief, hat auch in anderen Ländern begonnen oder ist schon länger im Gange. Dafür opfern die Machthaber einen wichtigen Teil ihrer Geschichte und einen bestimmten gesellschaftlichen Sektor. Denken wir an die Migrationsbewegungen in Europa, die Abwanderung der Lateinamerikaner in die Vereinigten Staaten, die arbeitslosen Jugendlichen in der ganzen Welt, das kulturelle Problem eines Europas, das von der angelsächsischen Kultur bestürmt und belagert wird.

AUTOR: Ihr entwerft einen Spiegel für Mexiko, aber auch für die Welt. Deine gelungenste Figur, Durito, der philosophierende Käfer, schlägt dir vor, auf einer Sardinendose in Europa einzufallen.

MARCOS: Ich habe mich geweigert, weil ich hätte rudern müssen.

AUTOR: Sciascia antwortete auf die Frage: Warum schreiben Sie immer über Sizilien?, weil Sizilien die Welt ist. Ist Mexiko die Welt und der Indio der globalisierte doppelte Verlierer?

MARCOS: Viele haben sich über den Satz in der *Ersten Erklärung* belustigt, »Wir werden in Mexiko-Stadt einziehen.« Die Beweggründe unseres Kampfes fanden auch in den Städten des Landes Gehör und mobilisierten die Zivilgesellschaft, aber unsere Beweggründe erklären sich nicht aus dem Zerfall des Systems. Die Angehörigen der Regierungspartei selbst haben begonnen, sich gegenseitig umzubringen. Wenig später kam die ungeheuerliche Korruptionsaffäre des Präsidenten Salinas de Gortari, unseres Propheten der Ersten Welt, ans Tageslicht. Jetzt haben wir Resonanz in der ganzen Welt gefunden, und sie trägt dazu bei, die Ankündigung vom glücklichen Ende der Geschichte, die Globalisierung im Maßstab der Globalisierenden, als einen Zerrspiegel zu entlarven. »Hier sind wir, das sind wir«, das ergibt den vielfältigen Prisma- und Spiegeleffekt an allen Orten. Er ist nicht unser Werk, er war schon vorhanden, nur hatte ihn keiner bemerkt.

AUTOR: Besondere Zielscheiben der Angriffe des neoliberalen Kulturprojekts sind in den letzten fünfzehn Jahren das historische Gedächtnis und die Utopie. Der Neoliberalismus bezweckt mit der Auslöschung des Gedächtnisses, daß die neueste Geschichte ohne Schuldige und ohne gerechte Kämpfe dasteht. Die Totsagung der Utopie läßt nur noch die Gegenwart und das Vorherbestimmte gelten. Ihr wollt eine scheinbar bescheidene Utopie, nämlich eine Verfassung und ein demokratisches System für alle. Aber es wäre objektiv schon subversiv, die formalen demokratischen Verfassungen in die Wirklichkeit umzusetzen. Dem würden weder die Oligarchien noch das herrschende System standhalten.

MARCOS: Wir schlagen kein bestimmtes ökonomisches Modell vor, sondern zielen direkt auf die ethischen Werte in der Politik. Wir schlagen kein Regierungsprogramm vor, wie es eine politische Partei tun würde. Der Zapatismus unterscheidet sich grundlegend von den traditionellen revolutionären Bewegungen, wir streben nicht die Machtergreifung an. Wir wollen, daß die Menschen in ihren gleichen Rechten und ebenso in ihrem Anderssein respektiert werden. Wenn wir die Bewahrung des historischen Gedächtnisses einfordern, dann deswegen, weil wir mit ansehen müssen, wie sich die Geschichte der herrschenden Klasse wiederholt. Dazu braucht sie es, nur die Gegenwart zu sehen. Vergiß, daß wir die Diebe von gestern sind, vergiß, daß wir die Verbrecher von gestern sind, vergiß, daß wir heute das gestern gegebene Versprechen wiederholen und es gestern nicht erfüllt haben. Was die Utopie betrifft, kann man sich allerdings fragen, welche sozialen Veränderungen in der Weltgeschichte wohl am Vortag keine Utopie waren? Nicht eine einzige.

AUTOR: Selbst der Neoliberalismus ist eine Utopie, niemand in der Welt hat dieses Glücksversprechen vorhergesehen.

MARCOS: Aber damit die angestrebte internationale Neuordnung vorankommt, müssen sie einen Großteil der Menschheit vernichten oder ausschließen. Sie müssen ihre Geschichte auslöschen, die Nationalstaaten liquidieren, damit sie sich nicht ihren dem Diktat der Ökonomie unterworfenen Plänen entgegenstellen. Das erinnert an die Utopie von *Blade Runner*: An die Stelle der Welt rückt ein Mega-Konzern mit den verschiedenen Management-Etagen, gestaffelt bis hin zum Arbeiter und Endverbraucher. Den Widerstand leisten die Ausgeschlossenen, seien es die Indios oder die Emigranten, die Homosexuellen, Lesben, Frauen, Jugendlichen oder Arbeitslosen. Alle, die sich gezwungen sehen, sich als Käufer oder Verkäufer auf dem Markt zu definieren, und keine andere Wahl haben. Nach dem Motto: »Wenn du weder kaufst noch verkaufst, existierst du für uns nicht.«

Die Nationalstaaten reklamieren ihr Recht auf Souveränität, wenn man es ihnen unter dem Vorwurf abspricht, sie würden die Menschenrechte verletzen, was manchmal ziemlich zynisch klingt. Kissinger sagt heute, wie sehr er sich über Pinochet und seine Generäle aufgeregt habe, weil diese bei ihrem Putsch in Chile so brutal in ihren Repressionsmaßnahmen vorgingen. Dabei wurde die Repression auf Anstiftung von Nixon und Kissinger entfesselt. Pinochet hatte es ernst genommen mit seinem Recht auf Souveränität der Folter und des politischen Verbrechens. Was will Souveränität heute besagen? Die Staaten verwandeln sich folgsam in lokale oder regionale Instrumente für die Durchsetzung der globalen Entwürfe der Machtzentren für Finanzen, Ökonomie und Strategie. Was bleibt ihnen noch an Souveränität? In dieser Situation entstehen nationalistische Bewegungen, die nur ein Ausdruck für die Angst vor der Leere der Globalisierung sind und in diesem Sinne die unmittelbarsten Zeichen von Identität für sich beanspruchen. Die Zapatisten interpretieren Begriffe wie *patria*, Vaterland, neu, ganz im Unterschied zum *¡Patria o Muerte!* (Vaterland oder Tod!) der kubanischen Revolutionäre. Für sie ist die Übereinstimmung von Nation und Zivilgesellschaft, in der die Indios zu hundert Prozent als Indios und zu hundert Prozent als Mexikaner anerkannt werden, entscheidend. Eines der aufschlußreichsten Bücher, das ich in der letzten Zeit gelesen habe, *Etnia, Estado y Nación* (Ethnie, Staat und Nation) von Enrique Florescano, ist ein Essay über die kollektive Identität Mexikos. Es erscheint mehr als paradox, schreibt Florescano, daß Anthropologen, Historiker und Bürger Ende des 20. Jahrhunderts darüber streiten, ob die Indígenas ein Bestandteil der Nation seien oder nicht: »Wenn eine Bevölkerungsgruppe nach dem Verständnis einer eingeborenen Gruppe und einer originären Zivilisation die Bezeichnung Mexikaner verdient, dann sind es zweifellos die Nachfahren der Maya-Ethnien, die Mayas, Zapotecas, Totonacas, Yaquis, Tarahumaras, Purépechas usw. Ist es nicht ein ungeheuerlicher Widerspruch, wenn in den Geschichtsbüchern geschrieben steht, daß diese Ethnien die mesoamerikanische Zivilisation, eine der entwickeltesten überhaupt, geschaffen haben, sie aber im täglichen Leben als minderwertig und nicht zugehörig zum heutigen Mexiko angesehen werden?« Florescano fragt nach den Ursachen für diesen Widerspruch und findet ihn in dem Trugschluß, daß nur eine Identität als gültige mexikanische angesehen wird, nämlich die Identität, die sich mit dem hegemonialen Sektor, der sich das Vorrecht zur Interpretation der mexikanischen Identität eingeräumt hat, identifiziert. Im Laufe der Geschichte entwickelten sich verschiedene »mexikanische Identitäten«, geprägt durch die Konquista und ihre Folgen, durch den Kolonialstatus und die Beziehung zwischen Nation und Staat nach der Erlangung der Unabhängigkeit. Die Unabhängigkeit löste das indianische Problem keineswegs. Sie schuf vielmehr falsche Erwartungen an eine mit den Kreolen zusammen getragene Verantwortung und verschärfte auf Dauer die Kämpfe, weil die indianischen Gemeinschaften feststellen mußten, daß die Unabhängigkeit nicht dazu beitrug, ihre Forderungen zu erfüllen. Im Gegenteil, die Erben der »kreolischen Rasse« stempelten die Indios zu Barbaren. Nicolás Bravo ging sogar so weit zu sagen, daß die Kämpfe der indianischen Gemeinschaften, die er als Kastenkämpfe abwertete, kein anderes Ziel hätten »als die Zerstörung der europäischen Rasse, aus der sich der denkende Teil der Nation zusammensetzt«. Die Zeit des *Porfiriats*, der Diktatur von Porfirio Díaz, bedeutete die jakobinische Festigung des Staates, den Indios hingegen wurde jegliches Recht auf ihr Anderssein aus der Vorsorge heraus abgesprochen, daß es doch nur für Aufstände ausgenutzt würde. Die verstärkte Ausbeutung des angestammten Landes hatte zur Folge, daß die indianischen Gemeinden vertrieben und sie ihren Wurzeln entrissen wurden. Die Jagd der Yapuns ist ein Bestandteil der völkermordenden Barbarei. Die von der Mexikanischen Revolution geweckten großen Hoffnungen sind gleichfalls enttäuscht worden. Florescano fragt sich am Ende eines Jahrhunderts der indianischen Kämpfe gegen die neue Macht, ob wir einem Kasten- oder Klassenkampf beigewohnt haben: »Der größte Affront für die Indios war, nicht als Gemeinschaften anerkannt zu werden, die einen würdigen Platz in der Republik, die die neue Führungsschicht errichtete, verdienten. Seit der Unabhängigkeit haben die Autoren der nationalen gesellschaftlichen Projekte die Indios schlechter behandelt als die Konquistadoren des 16. Jahrhunderts. In keinem Moment wurden sie als Völker mit anderen Traditionen als denen der Kreolen und Mestizen anerkannt. Ebensowenig wurden ihre Traditionen als ein Teil der nationalen Kultur und des nationalen Kulturerbes akzeptiert.« Wenn die indianischen Zapatisten zu hundert Prozent Indios und zu hundert Prozent Mexikaner sein wollen, dann bringen sie eine alte Forderung zur Sprache, die ihrenEintritt in die Moderne nicht ausschließt, es fragt sich nur, in welches Muster der Moderne? Marcos zufolge würde ein Bündnis zwischen den indianischen Gemeinschaften und dem bewußtesten Teil der Zivilgesellschaft es auf jeden Fall erleichtern, die nationale Auseinanderentwicklung nach Erlangung der Unabhängigkeit zu überwinden.

MARCOS: Das gegenwärtige System verwischt die Klassenzugehörigkeit, wenn historische Veränderungen anstehen, und es tritt der Bürger oder das, was wir Zivilgesellschaft nennen, auf den Plan. Das ist ein gesellschaftlicher Akteur ohne definierte politische Militanz. Er könnte der wichtigste Akteur für den anstehenden Wandel sein, denn hat er sich erst einmal für progressive Veränderungen engagiert, handelt er kraft seiner Überzeugung und mit Vernunft.

AUTOR: Ich habe den Eindruck, daß du an *die gute Zivilgesellschaft* glaubst, so wie Rousseau oder die Anarchisten an den *guten Wilden* glaubten. Im Gehege der Zivilgesellschaft grasen allerdings die unterschiedlichsten Herden, und da kann es auch die verschiedensten reaktionären Gruppenbildungen geben, die sich allem gegenüber, was ihnen unbekannt erscheint oder sie erschreckt, abwehrend verhalten. Wie kannst du hoffen, nur den guten Teil dieser Zivilgesellschaft zu mobilisieren?

MARCOS: Das Problem besteht unserer Meinung nach nicht darin, daß solche Gruppenbildungen in der Gesellschaft möglich sind, sondern darin, daß es weder die Demokratie noch die Freiheit, noch die Gerechtigkeit gibt, damit alle Strömungen, die in der Gesellschaft latent vorhanden sind, offen hervortreten und einen politischen Raum beanspruchen können. Wenn es dem Finanzkapital paßt, daß faschistische Tendenzen in der Gesellschaft vorhanden sind, schafft es den nötigen Apparat, damit sie sich festigen. Keine andere Bewegung könnte dann vor der Mehrheit der Gesellschaft um diesen Raum kämpfen. Wir haben keine Angst vor faschistischen Tendenzen in der Zivilgesellschaft. Wir sagen: Wenn es für alle einen gleichen Zugang zu den Medien, zur Kommunikation mit den Menschen gibt, dann werden ganz gewiß die menschlichsten, die vernünftigsten, die gerechtesten, die freiesten und die demokratischsten Vorschläge über die anderen siegen. Es handelt sich nicht darum, sie zu verbieten, sondern darum, daß sie diesen Raum beanspruchen können, und dann kann dort entschieden werden. Nicht die Gewalt soll entscheiden, sondern die Vernunft.

AUTOR: Versetze dich einmal ins Innere der heutigen mexikanischen Gesellschaft. Da hast du das Establishment, das sich aus den herrschenden Sektoren, den real an der Macht befindlichen, zusammensetzt. Dazu kommt der mit ihnen paktierende Sektor, der die unmittelbarsten Begünstigungen erhält, und außerdem ein ganzes Netz einer Klientel auf allen sozialen Ebenen. Alle befinden sich in der Defensive vor einer kritischen Zivilgesellschaft, die das alles zerstören könnte. Und sie können über die Medien zuschlagen, denn sie haben den kulturellen Apparat zu ihrer Verfügung, alle Mittel der Repression.

MARCOS: Wie lange sollte das System das aufrechterhalten? Wie lange können sie weiter behaupten, daß die Indios und nicht die transnationale Macht eine Bedrohung für die Mittelschichten sind? Nicht auf ewig, und in diesem Sinne werden die Massenmedien, in Mexiko vor allem das Fernsehen, unter Druck gesetzt. Sie können nicht mehr alles ständig verbergen. Auch die Lüge verschleißt sich. Das Gespenst des kalten Krieges läßt sich nicht mehr verkaufen. Wie wollen sie heute noch sagen, daß das Gold Moskaus hinter allen Destabilisierungsversuchen steckt, wenn offensichtlich ist, daß die finanzielle und politische Stabilität eines Landes nicht in den Händen der Regierungen liegt, ebensowenig in den Bergen, in denen wir jetzt sind, sondern an den Wertpapierbörsen gehandelt wird, die außerhalb des Einflußbereiches der Regierungen sind. Da ist der Feind zu suchen. Die mexikanische Regierung hat nicht genug Rückhalt, um die zapatistische Bewegung militärisch zu zerschlagen. Sie kann die Menschen nicht davon überzeugen, daß wir der Feind sind, weil diese selbst sehen, daß der Feind woanders zu suchen ist.

AUTOR: Ihr könnt den beschleunigten Zerfall der PRI als politisches Gebilde für euch verbuchen. Die Rolle, die ihr der Zivilgesellschaft zubilligt, stellt etwas ganz Neues auf dem Markt der postrevolutionären Ideologien dar. Schließlich hat der Neoliberalismus auch die Zivilgesellschaft hofiert, um den Staat zu schwächen. Sprichst du auf Kuba von Zivilgesellschaft, zieht Castro die Pistole, denn er versteht darunter die Bürger, die nur auf den Fall der Einheitspartei warten, damit der nordamerikanische Imperialismus Einzug halten kann. Euer Konzept der Zivilgesellschaft ist originell, aber es birgt auch seine Gefahren. Inwieweit kann sich eine Zivilgesellschaft von innen heraus mobilisieren, oder braucht sie eine ... eine, hilf mir, mein Gedächtnis läßt mich im Stich.

MARCOS: Eine Avantgarde?

AUTOR: Ich habe nach einem noch mehr in Mißkredit geratenen Begriff als dem der Avantgarde gesucht. Ich hab's. Kritisches Bewußtsein. Personen, die sagen: Schau mal genau auf dies, das ist schlecht, achte mal genau auf das, so müßte das sein ... Personen, die sich auch dem unkontrollierten Voranschreiten des Liberalismus in den Weg stellten. Den Liberalismus interessiert die direkte Beziehung mit dem Konsumenten im Warenhaus. Welches externe Bewußtsein mobilisiert die kritische Zivilgesellschaft? Vielleicht das, was von den traditionellen linken Positionen, den kämpferischen gesellschaftlichen Bewegungen, den Berufsrevolutionären, die alle »Mairevolten« dieser Welt mitgemacht haben, übrigbleibt?

MARCOS: Die gesamte Fragestellung der Linken, aber auch der Rechten, und der Mitte, wo es sie gibt, ist in eine Krise geraten, weil das Subjekt, an das sie sich richtete, nicht mehr dem Subjekt ihrer Vorstellungen entspricht. Die theoretischen Formulierungen der traditionellen Linken waren nicht darauf vorbereitet, diesen historischen Augenblick zu erfassen, und niemand, auch nicht die Rechte, kann sagen, was in Zukunft geschehen wird. Wir haben es jetzt mit einer Klasse von Berufspolitikern zu tun, die sich immer mehr von ihrem Gesprächspartner, der Gesellschaft, entfernt. Es gibt bald zwei Realitäten, und wenn das Gespräch nicht stattfindet, wird die Geschichte Rechenschaft fordern. Auf brutale Art und Weise, und das gilt für alle Länder. Wir bemühen uns, die Kommunikationskanäle zu den herrschenden politischen Klassen aufzubauen, damit sie zur Kehrtwende gezwungen werden: Schaut uns an. Hier sind wir. Wenn die Klasse der Berufspolitiker diese Schieflage nicht zu korrigieren vermag, wird sie als solche von der Bildfläche verschwinden. Darin, meinen wir, liegt der Einsatz des Liberalismus: Sie verschwindet als solche, weil die politischen Klassen neu gestaltet werden müssen, die politischen Beziehungen dieser Berufspolitiker erneuert werden müssen. Darin liegt für die Gesellschaft auch eine Frage des Überlebens. Um welche Gesellschaft es sich auch handeln mag, sie kann nicht auf Dauer bestehen, wenn sie auf Kriterien der Homogenität aufbaut. Das Bild vom Arbeiter und vom Angestellten, die gleich gekleidet sind und gleich auftreten, ist eine Kopie des Musters vom amerikanischen Traum. Wir können es nicht oft genug wiederholen: Das ist nicht möglich, es gibt Unterschiede, nur werden sie nicht organisiert und nicht anerkannt. Du wirst keine Nation erleben, in der alle gleich sind, sondern so viele Nationen und so viele Konflikte, wie es Stadtviertel oder Häuser gibt.

AUTOR: In Gesellschaften mit einem so starken sozialen Entwicklungsschub wie den lateinamerikanischen ist vorhersehbar, daß der Zeitpunkt kommen muß, an dem so viel Ungleichheit nicht mehr auszuhalten ist. In anderen Gesellschaften, in denen sich die Ungleichheit besser verschleiern läßt, weil es bei Marks & Spencer Sonderangebote gibt oder du auf Schnäppchenjagd in den *Corte Inglés* oder die *Galeries Lafayette* gehst, kannst du dich der Illusion hingeben, daß du den gleichen Anzug von Ermengildo Zegna wie dein Chef trägst. In Europa und in den Vereinigten Staaten wirkt noch die soziale Verzauberung, funktioniert der Mechanismus der Zugehörigkeit zum amerikanischen oder zum europäischen Traum. Das ist in Lateinamerika anders, und ich sehe da sehr klar das repressive Potential des Systems. Wenn die hegemonialen Sektoren Angst bekommen, schlagen sie zu.

MARCOS: Wir sehen das ebenfalls so, aber was geschieht, wenn die schwachen Sektoren – und wer könnte schwächer als die Indios sein, die weder die Sprache noch den Diskurs, noch die materiellen Ressourcen handhaben – die hegemonialen Sektoren herausfordern und in eine Krise versetzen: Wozu dient dann der ganze Apparat, wenn du sie nicht in die Knie zwingen kannst? Du kannst eine gut bewaffnete Guerilla zerschlagen, aber ein paar schlecht bewaffnete Indios nicht. Warum nicht? Es handelt sich ganz offensichtlich um eine schlecht bewaffnete, schlecht trainierte, schlecht genährte Guerilla. Warum hat sie Erfolg?

AUTOR: Man muß sehen, mit welchem Zeichensystem diese Guerilla im Vergleich zu anderen Guerillabewegungen in Erscheinung getreten ist. Das System der Signale, die ihr aussendet, ist entwaffnend. Die Regierung kann nicht zum Sturmangriff ansetzen, weil ihr evidente Probleme zur Sprache bringt und nichts anderes wollt, als daß sie gelöst werden. Ihr wollt nicht an die Macht. In einem System wie dem lateinamerikanischen ist die Rolle des Gurus, die Rolle desjenigen, der die Sprache, den Code, beherrscht, äußerst wichtig. Ganz im Unterschied zu Europa. Nach Sartre gibt es keinen Anwärter auf den Oberguruposten. Der Nachfolger Sartres in einem neokapitalistischen Europa wäre der Präsident der Bundesbank, denn er ist es, der Verhaltensmuster prägt. Wenn wir noch in Begriffen von Nationalliteraturen sprechen, repräsentiert Vargas Llosa Peru, García Márquez Kolumbien, Sábato Argentinien, so wie Paz Mexiko repräsentiert hat. Die Rolle des Sprachgurus, des »grammatikalischen Affen« [in Anspielung auf das Buch von Octavio Paz, *El mono gramatical*; A. d.Ü.] ist sehr wichtig. Wie analysierst du den Trupp der Gurus und die Entwicklung ihrer Positionen gegenüber eurer Revolution im Rückblick auf die letzten Jahre?

MARCOS: Wir sind da bei der Frage der Beziehung zwischen Intellektuellen und der Macht angekommen. Offensichtlich ist eine bestimmte intellektuelle Elite um Octavio Paz, die einen Anspruch von Neutralität, Objektivität und Distanz zu allem vertreten hat, näher an den Machtapparat gerückt als alle anderen. Jedoch gibt es andere Gruppen von Intellektuellen, die sich durch die Ereignisse der letzten Zeit, den Zusammenbruch des sozialistischen Lagers, das Ende des Dritten Weltkriegs, wie wir ihn nennen, veranlaßt sehen, die Frage der linken Theorien neu zu stellen, und für sie sind wir eine Herausforderung. Denn unsere Aufgabe liegt darin, die Gesellschaft zu verstehen. Dabei lassen sich viele Dinge entdecken und Sympathien mit unserem Anliegen entwickeln. Der Sektor der *mandarins* fühlt sich bedroht, wenn sich das herrschende System bedroht fühlt, und hat es nicht einmal fertiggebracht, eine intelligente Kritik am Zapatismus zu üben. Glaub mir, wir haben Kritik erwartet, wir bräuchten sie, ich meine, wir haben sie sogar verdient.

Marcos spricht nicht viel mit den Augen, jedoch um so mehr mit den Händen, die die Ausdruckskraft eines Bildhauers haben, der die Luft modelliert. Die Hände und die in der Maske gefangenen Augen sind Bestandteil seines Codes. In *El Paliacate Rojo* (Das Rote Kauderwelsch), einem der Artikel Campbells in *La invención del Poder*, analysiert er diese nicht-verbale Sprache des zapatistischen Aufstands, diese gestische Sprache, die sich so sehr vom üblichen linken Redefluß unterscheidet. »Die Kommuniqués der EZLN und die Sprache des Subcomandante Marcos (in seinen Briefen und Interviews) veränderten die Spielregeln und Codes der Kommunikation und Interpretation, mit denen die Sender und Empfänger des politischen Wortes sich verständigten oder sich mißverstanden. Die Zapatisten füllten den nichtssagenden politischen Diskurs, der seit vielen Jahren zu einer Rhetorik von Worthülsen und Lügen verkommen war, wieder mit Inhalt. Sie haben bestätigt, daß nur das Wort, das die Wahrheit ausspricht und direkt ins kollektive Imaginäre trifft, eine wirkliche Macht der Kommunikation besitzt. Ihr Diskurs hat eine symbolische Struktur, wie es ein mir befreundeter Dichter ausdrückte, er hat einen direkten Bezug zum Mythos, und darum konnten weder die Intellektuellen noch die Politiker ihn richtig entziffern. Er ist von der christlichen Eschatologie des Heiligen Augustinus durchdrungen und beeinflußt vom *Popol Vuh*, dem *Chilam Balam* von Chumayel und den Toten von Juan Rulfo (der Tod als handelndes Subjekt, als verborgenes Subjekt). Er nutzt den Wechsel des sprechenden Subjekts, wie James Joyce es in seinem Roman macht: Vom Ich der Zapatisten erfolgt der Wechsel zum Ich des Marcos, ohne daß es einen festgelegten Sprecher gäbe. Das ist kein politischer, sondern ein literarischer Diskurs. Darum hat er die Schlange zum Klappern gebracht.« Ich weiß nicht genau, was die Klapperschlangen alles tun, aber die Antizapatisten haben aus der Position heraus, alles zu diskreditieren, was sie »ignorieren«, eine offene Verleumdungskampagne gestartet. »Hast du die erste Nummer von *Letras Libres* gelesen? Krauzes Artikel ist ein Angriff auf den Bischof Samuel Ruiz wegen seines sogenannten indianischen Fundamentalismus.« Er hat ihn gelesen, und ich habe ihm die Kopie einer in *Siempre* erschienenen Entgegnung von Javier Sicilia mitgebracht. Sicilia beginnt mit dem zeremoniellen Lob auf den Widersacher: »Die intellektuelle Größe von Octavio Paz hat in Enrique Krauze ihren hervorragendsten, wenn nicht gar einzigen Schüler gefunden, um das Beste des liberalen Denkens, das sich in den unvergeßlichen Zeitschriften *Plural* und *Vuelta* verkörperte, allen Widerständen zum Trotz lebendig zu erhalten.« Und schon beginnt der Einspruch: »Der gute liberale Wille von Krauze steht nicht zur Debatte, aber er gibt seine Urteile so naiv und leichtfertig ab, womit er nur denen neue Argumente liefert, die nicht die Demokratie, nicht einmal die repräsentative Demokratie, sondern die Lynchjustiz für Don Samuel, die militärische Lösung und die absolute Kontrolle der Macht wollen. Das gleiche gilt für einen Gutteil der mexikanischen Kirchenhierarchie, die sich mit den großen Konzernen zusammengetan hat, um den Besuch von Papst Johannes Paul II. in Mexiko in kommerziellem Stil aufzuziehen.« Jetzt kann Sicilia mit seiner Kritik nicht mehr an sich halten, weil der Artikel aus einer Position des Dogmatismus und liberalen Sektierertums und nicht aus der Sicht eines Historikers, der Krauze ja nun einmal ist, geschrieben sei und allein das Ziel verfolge, den prozapatistischen Bischof in Mißkredit zu bringen. Krauze habe wohl recht in dem, was er bejaht, aber unrecht in dem, was er verneint und verbirgt, urteilt Sicilia. Mariana blättert die Kopie des Artikels durch, und Marcos rahmt ihn strategisch ein, bevor er ihn liest.

MARCOS: Es fanden weniger Debatten statt, als notwendig gewesen wären. Sicilia ist zwar ein angesehener Schriftsteller, aber er befindet sich doch am Rande der wichtigsten Debatten. Er ist ein Intellektueller sui generis, und die Zeitschrift, in der er seinen Artikel publiziert, steht etwas im Abseits. Meiner Meinung nach wird gar keine offene kulturelle Debatte geführt, alles, was gesagt wird, ist vorhersehbar. Wir Zapatisten aber bräuchten eine offene Diskussion, das habe ich dir schon gesagt, selbst die Kritik brauchen wir. Vor zehn oder fünfzehn Jahren wurden freiere kulturelle Debatten geführt, selbst persönliche Kontroversen wurden offen ausgetragen. Jetzt beobachte ich einen gewissen vorauseilenden Gehorsam, es wird sehr darauf geachtet, was korrekt ist, und vorsichtig vermieden, was als unkorrekt gilt. Zu einem anderen Zeitpunkt wäre die Polemik viel heftiger verlaufen. Aber wer fühlt sich heute schon legitimiert, eine Polemik zu führen?

AUTOR: Sicilia verteidigt Samuel Ruiz leidenschaftlich.

MARCOS: Sicilia ist ein progressiver christlicher Schriftsteller. Die politische Diskussion hat an Lebendigkeit verloren, von der literarischen ganz zu schweigen. Die Literaturkritiker haben es fertiggebracht, daß keiner ihnen mehr Aufmerksamkeit schenkt. Alle sind kleine Diktatoren. In der Linie von Krauze und Co. fehlen die Argumente, und ganz generell zögert diese Art von Kritikern auch nicht mehr, auf Polizeiberichte zurückzugreifen und sich vor den Karren der PRI spannen zu lassen. Der intellektuelle Sektor stagniert in seiner Entwicklung und ist zu einer intelligenten Kritik nicht mehr fähig. Glaube mir, wir haben viele Flanken, an denen sie uns treffen könnten. Sie sind so erstarrt, daß sie keine eigenen Argumente mehr formulieren und nur die offiziellen Verleumdungen wiederholen. Egal, ob du eines ihrer Bücher liest, ein Fernsehprogramm siehst oder eine offizielle Rede hörst, alle sagen das gleiche. Diesem Sektor von Intellektuellen fällt es immer schwerer, Enthusiasmus bei der Verteidigung einer Staatsführung zu zeigen, deren eigene Staatsdiener keine Begeisterung mehr aufbringen können. Wenn jemand sich schämt, den mexikanischen Staat zu verteidigen, um nur ein Beispiel zu geben, dann sind es die Staatsfunktionäre selbst. Der regierungstreue intellektuelle Sektor ist bereit, die theoretische Argumentation gegen uns zu liefern, jedoch ohne Erfolg. Wie können sie ihre Argumentation angesichts der gesellschaftlichen Zerfallsprozesse und der Zerstörung des mexikanischen Nationalstaats aufrechterhalten? Ich weiß nicht, was an anderen Orten der Welt geschieht, aber bei uns bewirkte der Kampf der Zapatisten, daß sich der Korridor der Macht, den der intellektuelle Sektor auf und ab ging, immer mehr verengte, bis er einer Gratwanderung gleichkam. Da die Besessenheit der Intellektuellen darin besteht, immer im Mittelpunkt stehen zu wollen, balancieren sie so recht und schlecht auf des Messers Schneide und fallen schließlich auf die Staatsseite, auf die Seite der PRI.

AUTOR: Sie wagen es zu behaupten, mit dem Blutbad von Acteal sei eine Rechnung zwischen Ethnien beglichen worden.

MARCOS: Zwischen Ethnien und Familienangehörigen. Ein alter Mann, der außer sich geraten war, weil sie seinen Sohn getötet haben, bewaffnet und trainiert einen Trupp Paramilitärs, und so beginnt alles. Wenn sie nicht das Spiel der Regierung spielen, würden sie sich auf der Seite der Zapatisten, der Aufständischen, der Irreverenten wiederfinden, auf der Seite von Marcos, aber so weit wollen sie sich nicht festlegen. Jetzt ist es Mode, auf Abstand zum Zapatismus zu gehen, den Raum der Mitte neu zu ordnen.

AUTOR: Der Bruch, der durch die mexikanischen Gesellschaft geht, läßt sich nicht mehr vertuschen. Es gibt ein Vor und ein Nach dem zapatistischen Aufstand, und eure Bewegung scheint der Auslöser zu einer allgemeinen Krise des Systems zu sein. Es wurden Leute aus den eigenen Reihen umgebracht und die schrecklichsten Wirtschaftskorruptionsfälle der letzten Jahrzehnte aufgedeckt. Es ist, als hättet ihr einen unaufhaltsamen Prozeß der Selbstzerstörung ausgelöst.

MARCOS: Wir haben den Finger auf die Wunde gelegt.

AUTOR: Vielleicht wart ihr der erwartete Auslöser, der Stein, der den Zerrspiegel der mexikanischen Gesellschaft zersplitterte.

MARCOS: Wir waren das und mehr. Am ersten Januar 1994, als die

Menschen von uns erfuhren, bekannten sie sich zu uns oder stellten sich gegen uns. Aber es gab auch eine dritte Reaktion, die von Millionen Mexikanern, die den Bruch der Verzauberung nutzten, um sich endlich klarzuwerden, daß sie etwas anderes wollten. Für den Staat war es neu zu entdecken, daß es eine derart starke Opposition gab, die den Wandel auf die Tagesordnung setzte. Und wir entdeckten, daß die Welt nicht so einfach in Freunde und Feinde aufzuteilen ist, sondern auch andere Gruppen Dinge zur Sprache bringen, die man sich anhören muß. In jedem Fall war es unser Verdienst, daß wir innehielten und zuhörten. Wir hätten es auch nicht tun müssen, aber dann wäre die Geschichte anders verlaufen.

AUTOR: Im ersten Augenblick brüstete sich die Regierung, sie würde den Aufstand im Handumdrehen niederschlagen. Angesichts der Reaktion der mexikanischen Zivilgesellschaft und des internationalen Echos geht sie auf Verhandlungen ein, setzt aber gleichzeitig eine Operation des Kräftverschleißes in Gang.

MARCOS: Das ist die Antiguerilla-Strategie, die sie in Harvard oder an weniger feinen Orten gelernt haben. Aber wie sollten sie durch Zermürbung eine Bewegung besiegen können, die eine fünfhundertjährige Vorgeschichte besitzt? Erinnere dich, was wir in der *Ersten Erklärung* gesagt haben: Wir sind das Produkt von fünfhundert Jahren Ausbeutung.

AUTOR: In *Subcomandante Marcos: la genial impostura* wird die Sprache der *Ersten Erklärung* als ausgesprochen konventionell bezeichnet, aber das ist nicht so. Wenn man sie mit etwas vergleichen kann, dann mit einem Aufschrei im Stile des 19. Jahrhunderts. Sie hat nichts mit dem historischen Materialismus oder ähnlichem zu tun.

MARCOS: Das meine ich auch. Sie ist ein Aufruf ganz in der Art der Revolutionen des 19. Jahrhunderts.

AUTOR: Sie ist ein Protestschrei. In der Zweiten und in den folgenden Erklärungen finden wir den meiner Meinung nach großen neuen Beitrag der Zapatisten: die Einbeziehung der Zivilgesellschaft als das historische Subjekt, das eine Veränderung der politischen Handlungsweise und Zielsetzung einfordern und bewirken muß. Außerdem internationalisiert ihr euren Vorschlag und gebt der Forderung, wie das Vaterland, die Nation aussehen soll, eine substantielle Variante. Ein Indio hat es auf den Punkt gebracht, als er sagte: »Ich bin zu hundert Prozent

Indio und zu hundert Prozent Mexikaner.« Ihr wollt nichts mit dem Patriotismus gewisser sozialistischer Revolutionen zu tun haben. Die Menschen sind es, die die Nation, das Vaterland bilden, keine metaphysischen Abstraktionen. Auch zum Tod habt ihr ein anderes Verhältnis. Ihr laßt ihn zwar als Preis für eine gerechte Sache gelten, aber euer Kampfruf ist nicht etwa *Patria o muerte* oder *Socialismo o muerte*. Im internationalen Rahmen sagt ihr: Wir wollen nicht die Welt verändern, sondern den Wandel in Mexiko einleiten. Doch ihr organisiert die Treffen gegen den Neoliberalismus im intergalaktischen Maßstab und die Anklage gegen den Neoliberalismus als Todesboten im planetarischen Maßstab, das bedeutet eine gewisse Einordnung in die Globalität. Die indianischen Forderungen helfen, sich eine Vorstellung davon zu machen, wie die zukünftige und weltweite Reaktion der Globalisierten gegenüber den Globalisierenden sein wird. In der Vergangenheit war das die Reaktion des Kolonialisierten gegenüber der Kolonialmacht.

MARCOS: Wir sticheln schon manchmal über das *Patria o muerte*. Wir sagen eher: Leben für das Vaterland oder Sterben für die Freiheit. Klar läßt sich die zapatistische Bewegung nicht an anderer Stelle nachahmen, aber wir sind eine Herausforderung, und die Herausforderung ist sehr wohl extrapolierbar, in anderer Form, an anderen Orten. Wir haben uns dagegen gewehrt, eine Zapatistische Internationale zu gründen, die bereits die VII. oder die X. Internationale wäre. Nein, wir wollen keine Avantgarde sein. Die Dinge entwickeln sich besser, wenn die betroffenen Menschen ihren eigenen historischen Beitrag leisten und nicht, wenn man sich als neues weltweites Modell versteht. Schaffen wir Kommunikationsnetze, und setzen wir uns an einen Tisch, das ist alles!

AUTOR: Ihr habt ein unmittelbares, weithallendes Echo gefunden. Viele Jugendliche haben sich in Bewegung gesetzt und sind bis hierher gereist. Sie leben eine Zeitlang mit den Indios zusammen und kehren dann nach Europa oder in die Vereinigten Staaten oder nach Japan zurück. Dort integrieren sie sich in ein Netzwerk des kritischen Widerstands gegen ein politisches System, das im Norden seine Risse noch nicht so klar zeigt wie im Süden, beispielsweise in Mexiko. Die Frage ist, inwieweit sie hier ihre Batterien laden, um die neugewonnene Energie in ihre Länder zu tragen, oder ob sie sich darauf beschränken, ihr Selbstwertgefühl mit einem ethischen oder ästhetischen Alibi zu befriedigen.

MARCOS: Wir können nicht erklären, was einen jungen Japaner, Italiener, Spanier, Basken, Franzosen oder Deutschen bewegt, in eine indianische Gemeinschaft zu kommen. Wir können uns vorstellen, daß sie wissen und erfahren wollen, was wirklich passiert. Was diese Besuche bei uns bewirken, das allerdings wissen wir ganz genau. Sie bewirken bei den Dorfbewohnern, daß sie mit der fernen Welt, mit der globalisierten Welt in Berührung kommen. Es ist nicht die Welt der großen Unternehmen, des Finanzkapitals, sondern die Welt der Ausgeschlossenen, der Marginalisierten oder der Rebellen, um es auf andere Weise zu sagen. In diesem Sinne stehen wir uns von Angesicht zu Angesicht gegenüber, wie zwei nicht getrickste Spiegelbilder. Was für eine Synthese wird das ergeben?

AUTOR: Viele dieser Jugendlichen gehören zu der neuen Marginalität, die der Neoliberalismus geschaffen hat. Sie ist jedoch nicht vergleichbar mit dem verzweifelten Ausgeschlossensein in Afrika, Asien oder Lateinamerika. In manchen Fällen kann man sogar von einer gering subventionierten, aber immerhin subventionierten Marginalität sprechen. Bei uns begegnen sie einer Marginalität, die in keiner Weise unterstützt wird. Kann sich da nicht ein Gefühl der Ungerechtigkeit, der Kränkung, einschleichen?

MARCOS: Diese jungen Menschen, die zu uns kommen, sagen uns nicht, wie wir sein sollen. Sie kommen auch nicht, damit wir ihnen sagen, wie sie sein sollen. Sie leben mit uns zusammen, wir haben gemeinsame Erlebnisse, es gibt einen Erfahrungsaustausch, und dann fahren sie wieder weg. Wir wissen nicht genau, was das in ihnen bewirkt.

AUTOR: Ich kenne die Antwort, denn ich habe sie nach ihrer Rückkehr nach Spanien in Barcelona getroffen. Sie sind motiviert und werden politisch aktiv, weil sie die Realität des Neoliberalismus in verschiedenen Spiegeln reflektiert gesehen haben.

MARCOS: Ich kann dir sagen, was ihr Aufenthalt hier bewirkt: Er erweitert den Horizont unserer Gefährten, beseitigt die fundamentalistischen Tendenzen, das natürliche Ressentiment gegenüber der Hautfarbe, der Sprache, dem Aussehen. Es gibt eine andere Welt, und sie ist nicht notwendigerweise die feindliche ausbeuterische Welt, mit der wir konfrontiert sind und gegen die wir uns auflehnen. Es gibt eine solidarische, uns nahestehende Welt.

AUTOR: In einer eurer Erklärungen, ich glaube in der vom Januar 1995, sprecht ihr die Notwendigkeit aus, an den Wahlen teilzunehmen. Diesen Vorschlag haltet ihr aufrecht, aber wie? Mit einer bestehenden politischen Organisation, die zur Plattform eurer Forderungen wird, oder durch eine neue politische Organisation wie die *Frente Zapatista de Liberación Nacional*, die Nationale Zapatistische Befreiungsfront? Wie steht ihr heute zu dieser Frage? Noch dazu in einem Moment, in dem sich fast alle Guerillabewegungen in Lateinamerika ins politische Lager zurückbegeben.

MARCOS: Wir sagen zuallererst, daß Demokratie nicht nur aus freien Wahlen besteht, aber freie Wahlen nicht ausschließt. Weiter sagen wir, daß die parlamentarische Demokratie eine Reihe von Akteuren voraussetzt, daß sie notwendig ist und man für sie kämpfen muß. Die Demokratie beschränkt sich in einem demokratischen Land nicht darauf, allgemeine Wahlen abzuhalten. Sie hat es mit etwas Tiefergreifendem zu tun, und das ist die Beziehung zwischen Regierenden und Regierten. Hier liegt unser größter Einsatz. Es ist nicht der Einzug in die Stadt Mexiko. Die größte Herausforderung des Zapatismus besteht darin, daß er es für möglich hält, Politik zu machen, ohne die Macht ergreifen zu wollen. Wir sagen, das geht, und fragen: Welche Politik könnte man machen, wenn die Referenz der Machtübernahme fehlt, die der Bezugspunkt aller politischen Parteien ist. Darin liegt die Herausforderung. Wir haben einen Vorschlag, den wir im Kontakt mit den indianischen Gemeinden intuitiv erfaßt und umrissen haben. Regierungsprobleme können sehr wohl ohne die Beteiligung von Berufspolitikern gelöst werden. Im Falle der komplexeren Gesellschaft stellt sich die Frage, welche Art von Politik sich daraus ergeben wird. Man will uns nicht glauben. Wenn sie nicht an die Macht wollen, warum behalten sie dann ihre Waffen? Wenn sie nicht an die Macht wollen, was wollen sie dann? fragte Octavio Paz, die Verkörperung des Machtmenschen par excellence. Wir haben nicht rebelliert, um in das Spiel der politischen Machtbeziehungen einzutreten, ohne erst einmal zu werten, ob sie gut oder schlecht sind. Nein. Das Problem liegt greifbar nahe, im sozialen Bereich der Regierten, in der Beziehung, die die Regierenden mit den Regierten aufnehmen. Dazu äußerten wir uns in der *Vierten Erklärung aus dem Lakandonischen Urwald* vom ersten Januar 1996: »Wir streben eine neue Form der Politikausübung an, darum wollen wir auch eine neue politische Organisationsform schaffen.« Das alles setzt einen Entwicklungsprozeß voraus.

AUTOR: Die Fähigkeit zu einer fast symbolischen Druckausübung, die eine bewaffnete Organisation wie eure besitzt, dauert nicht ewig an. Es sei denn, euch gelingt ein quantitativer und qualitativer Sprung, der über den einer langwierigen ethischen Umerziehung der Gesellschaft hinausgeht. Habt ihr schon einen Vorschlag entworfen, wie ihn eine analoge, an der Macht befindliche konventionelle politische Organisation nicht leisten könnte, um diese neue Form einer demokratischen Beteiligung für alle, dieses Ziel einer Verfassung und Demokratie für alle zu erreichen?

MARCOS: Das wird dann zu erreichen sein, wenn gesellschaftliche Sektoren, gesellschaftliche und politische Bewegungen und wir zusammenkommen. Jeder Sektor allein wird sich und seine These nicht durchsetzen können. Eine Synthese ist erforderlich.

AUTOR: Aber unter welchen gesellschaftlichen und politischen Bedingungen wird das geschehen? Stell dir vor, die PRI, wenn auch sehr angeschlagen, gewinnt die nächsten Wahlen. Ihr müßt Haltung bewahren, und es droht euch ein ungeheurer Kräfteverschleiß.

MARCOS: Wir können dem standhalten, aber wir setzen ja nicht darauf, wer zuerst am Boden liegt. Unser Einsatz ist die Mobilisierung der Gesellschaft und die Schaffung eines neuen Raumes. Möglicherweise hält sich die PRI oder das System der Einparteienherrschaft weiter an der Macht. Der Name des Siegers kann sich ändern, aber alles bleibt beim alten. Wer dem nicht standhalten kann, ist das Land. Das politische, ökonomische und gesellschaftliche Projekt, das die herrschende Klasse durchzusetzen versucht, bedeutet das Ende der Nation.

AUTOR: Erinnere dich, daß die Sprache der PRI noch bis zur Ära Salinas genug Mehrdeutigkeit besaß, um sich weiter als Repräsentantin der mexikanischen Revolution darzustellen und das Image von der Partei einer revolutionären Nation aufrechtzuerhalten, auch wenn sie in der Praxis nichts mehr mit ihr gemein hatte. Salinas verkörperte erst die Modernisierung dieser Sprache, dann ihre Aufgabe. Ist sie noch immer so effizient, um die bestimmenden und in jedem Falle wieder der PRI zugehörigen gesellschaftlichen Schichten zu binden?

MARCOS: Jedenfalls nicht mehr für lange, denn die Legitimationskrise der PRI-Politiker wird immer stärker. Die Leute glauben ihnen nicht mehr. Sie können die Probleme nicht mehr lösen, und wenn sie es auch versuchen, keiner schenkt ihnen mehr Glauben. Was nutzt dir ein politischer Plan, wenn deine moralische Autorität kein Gewicht mehr hat. Wie groß und wie gut dein politisches Vorhaben auch sein mag: Wenn die Menschen dir nicht glauben und du keine moralische Autorität besitzt, um sie zu überzeugen, kannst du deinen Plan nicht ausführen. Darin liegt der Verschleiß, der bereits unübersehbar ist und der sie als politische Klasse verschwinden lassen wird. Der hauptsächliche Verschleiß vollzieht sich bei den Mitgliedern der politischen Führungsklasse selbst, darum liegen sie miteinander im Streit. Sie splittern sich auf, spalten sich, töten sich. Sie sind bis zum Äußersten gegangen. Unsere Gesellschaft ist nicht nur dem neoliberalen politischen Projekt gegenüber skeptisch, sondern gegenüber allen Projekten der Berufspolitiker.

AUTOR: Der Verfall des PRI-Systems zeigt sich klar und deutlich in dem Moment, in dem die zapatistische Bewegung an die Öffentlichkeit tritt, und diese innere Krise verhindert einen sofortigen militärischen Rundumschlag. Aber dann wird ein militärischer Absperrgürtel um euch herumgelegt, werden die indianischen Gemeinden massiv unter Druck gesetzt. Alle Mittel sind recht, um sie gegeneinander auszuspielen und zu spalten: Bestechung, Prostitution und Alkohol. Den Paramilitärs wird freie Hand gelassen, und die regierungstreuen Medien und Intellektuellen werden auf euch gehetzt. Den Intellektuellen, die der Regierung oder der Regierungspartei etwas verdanken, wird offenbar die Rechnung präsentiert: Sie sollen ihre Schulden in Naturalien bezahlen, Partei gegen euch ergreifen. Nach dem Massaker in Acteal sieht es ganz so aus, als ob der Zapatismus zu Tode getroffen ist, aber mit der Juli-Erklärung seid ihr wieder lebendig in unsere Vorstellungswelt getreten. Welche Bilanz würdest du ziehen? Wie sehr seid ihr getroffen?

MARCOS: Sie haben unserer Meinung nach mehr Schaden genommen haben als wir. Wir sind nur eine ihrer vielen Kampffronten, aber sie unsere einzige. Wir sind ein Problem für sie, und sie verbeißen sich in uns. Dabei haben sie wunde Stellen in der Ökonomie, der Außenpolitik, bei den Menschenrechten, in der sozialen Politik, in den Regierungsgeschäften. Sie haben viele offene Flanken, und eine davon ist der Zapatismus. Dagegen hat der Zapatismus nur eine Kampffront, die

Regierung. Wir fordern, daß sie das Abkommen von San Andrés erfüllt, womit eine Grundvoraussetzung für ein Ende der Kampfhandlungen erfüllt wäre. Sie greifen uns an, dann öffnet sich eine andere Flanke, eine weitere, und so gibt es ein ständiges Hin und Her. Ihr Diskurs stimmt nicht mehr mit der eigenen Praxis überein, er entleert sich immer mehr. Regelmäßig erklären sie uns für verschwunden, aber wir tauchen immer wieder auf. Ich sage nicht, daß das einfach ist. Ich will darauf hinaus, daß am Ende dieser Kosten-Nutzen-Rechnung ihre Verschleißerscheinungen größer sind als unsere, denn unsere Forderungen finden immer neue Ansprechpartner und immer neue Formen des Gesprächs und der Verständigung. Im November vorigen Jahres organisierten wir ein Treffen, zu dem noch mehr Mexikaner als zu dem großen internationalen Treffen von Aguascalientes im August 1994 gekommen sind. Nach der Behauptung, wir seien schon vernichtet, keiner würde mehr unserer Einladung folgen, haben wir uns mit dreitausend Menschen versammelt. Wenn wir unsere Fähigkeit, die Menschen zu mobilisieren, verloren haben, wenn wir liquidiert sind, warum folgen dann immer noch so viele unserer Einladung? Wir haben uns einen Platz geschaffen, wir fordern diesen Platz ein, und ihr helft uns dabei.

AUTOR: Es beginnt ein neues Jahr, und es scheint, als wäre die mexikanische Politik mit nur einem einzigen Spielzeug beschäftigt. *Proceso* publiziert eine ausgezeichnete Sondernummer über den Zapatismus, und *Letras Libres* macht in ihrer ersten Nummer, und wie es heißt, auch in der zweiten, den Zapatismus zum Thema. Das ist kurios. Es ist, als ob sie zugeben würden, daß ihr der einzige Stein seid, der den Zerrspiegel der Wirklichkeit getroffen hat, und daß es keine kritische Alternative zum Zapatismus gibt. Nicht einmal der *Cardenismo*, die politische Bewegung des Cuautémoc Cárdenas, erschreckt oder beschäftigt sie dermaßen.

MARCOS: Die politischen Fragestellungen des Zapatismus sind wie die Stacheln eines Igels. Wo du auch hinfaßt, stechen sie. Wie sollte sich eine politische Partei das zapatistische Programm zu eigen machen, wenn einer dieser Stacheln, der besonders piekt, die Kritik an den Berufspolitikern, unabhängig von ihrer politischen Position, ist. In diesem Sinne sind wir sehr unbequem für sie, sehr schwer zu handhaben. Die Menschen hingegen nähern sich uns, sie nehmen, soweit sie Zugang zu uns haben, unsere Botschaft auf. Wir wollen am Aufbau dieses neuen

Beziehungsgeflechts arbeiten, und ich sage nicht, daß es schon morgen oder in dem jetzigen Wahlprozeß vorhanden ist. Es handelt sich um einen langen Entwicklungsprozeß zwischen Regierenden und Regierten, und der Raum, den wir schaffen wollen, gehört nicht nur uns, sondern auch anderen politischen Vorschlägen, die der Gesellschaft Programme für die Belange der Menschen unterbreiten. Dabei sollte es die gleichen Bedingungen und die gleichen Möglichkeiten für alle geben. Wir sehen das mit großer Hoffnung, aber wir verstehen auch, daß wir nicht handhabbar sind. Manchmal nähert man sich uns, umarmt uns und verletzt uns noch während der Umarmung, aber der Prozeß des Aufbaus eines neuen politischen Projekts ist nicht aufzuhalten. Seine Stärke ist, daß es immer neue Ansprechpartner findet und sich im Hin und Zurück der Kommunikation gestaltet. Neue Ideen und neue Organisationsformen beginnen sich aufzubauen.

AUTOR: Werden sie ausreichen, um den melancholischen Eindruck der Jahrhundertwende zu ersetzen? Die Linke scheint sich heute aus verschiedenen Schiffbrüchen zusammenzusetzen, und es ist, als ob die Schiffbrüchigen, die wie Robinson an einen Strand gelangt sind, versuchten, sich aus den Überresten des Schiffes eine eigene kleine Hütte zu bauen. Eine Bewegung wie die eure verlangt eine neue Lektüre, eine offene Lektüre, wobei jeder Schiffbrüchige anders vorgeht. Die Frage ist: Entwerft ihr einen neuen politischen Aktionsplan, oder bleibt ihr beim Entwurf eines Wallfahrtsortes, an dem ihr die letzten Romantiker des Lakandonischen Urwalds empfangt?

MARCOS: Es gibt ein reales Bemühen zu begreifen, was wir sind. Das bedeutet eine komplexe Anstrengung, denn nicht einmal wir selbst verstehen, was wir sind. Wir können nicht einfach von uns behaupten, wir seien einfach wundervoll, sympathisch und so weiter, aber schlecht werden wir auch nicht von uns sprechen. Die Ereignisse überstürzen sich, und das erschwert einen kritischen oder selbstkritischen Abstand. Es muß sicher einige Zeit vergehen, um mit der nötigen Distanz und Gelassenheit einschätzen zu können, was der Zapatismus und was diese Zeitspanne nicht nur für Mexiko, sondern für einen bestimmten Sektor der internationalen Linken bedeutet hat. Wir sehen, daß die politische Klasse im internationalen Maßstab durch den Schiffbruch der Linken, aber auch den der Rechten bestimmt ist. Der politischen Klasse in ihrer Gesamtheit steht das Wasser bis zum Halse.

AUTOR: Das sozialistische Paradigma ist in einer Krise und das kapitalistische Paradigma auch.

MARCOS: Genau wie das Paradigma des Staatsmannes. Wer war der letzte, international anerkannte Staatsmann? Der letzte, Clinton, hat Probleme wegen *fellatio*. Früher war man generell der Auffassung, daß ein Staatsmann, ob er nun links oder rechts stand, zur Weltgeschichte gehörte, eben weil er ein Staatsmann ist. Diese Art von Staatsmännern gibt es nicht mehr. Die politische Klasse ist jetzt durch das Management ersetzt. Wenn du sagst, daß nach de Gaulle und nach Sartre der tatsächliche Guru heute in Europa der Präsident der Bundesbank ist, so reflektiert das nur diesen Verlust des spezifischen Gewichts des Politikers.

AUTOR: Vielleicht sind die beiden einzigen, die noch den Anspruch haben, die Schwelle des Jahrhunderts mit der Statur eines Superstaatsmannes zu überschreiten, Castro und der Papst. Ihre Begegnung in Havanna war so etwas wie die Inszenierung einer Jahrhundertbilanz: Die beiden Erben der geistigen Auseinandersetzung des 20. Jahrhunderts treffen aufeinander.

MARCOS: Ja, aber die politischen Klassen bringen eben keine Männer dieser Größenordnung mehr hervor.

AUTOR: Zum Teil, weil der Markt sich weigern würde, das zu konsumieren. Der Markt ist den Führerfiguren gegenüber skeptischer geworden und hat nur noch den Konsumenten, den Wähler im Blickfeld. Dieser verlangt einen Politiker *light*, den er benutzen und den er verjagen kann, wann er will, und wenn nicht, verwandelt er ihn in einen Delegierten für bestimmte Institutionen. Einen Politiker zum Benutzen und Wegwerfen. Man wird sich immer stärker bewußt, daß dieser Politiker nicht mehr das Sagen hat, daß die Entscheidungszentren anderswo sind.

MARCOS: Sie halten sich für die Belagerer, obwohl sie selbst die Belagerten sind und plötzlich eine verzweifelte Repression vom Zaune brechen können.

AUTOR: Ja, sie verfügen über mehr Flugzeuge, mehr Panzer und eine größere Kriegsausrüstung, aber bisher hat noch keine soziale Klasse oder soziale Führungsschicht die Macht abgegeben, ohne zu versuchen, den Gegner zu vernichten.

Seit einer Weile ist ein Flugzeug weit entfernt am fast wolkenlosen Himmel auszumachen, jetzt fliegt es tiefer. Noch verfügt es über genügend Helligkeit in dem leichten Grauschleier der Abenddämmerung, um uns auszumachen, und Mariana schaltet sich zum ersten Mal in die Unterhaltung ein.
MARIANA: Das Flugzeug.

Es ist eine Offensichtlichkeit, aber auch eine Bedrohung, die Marcos wahrnimmt. Oben am Himmel lauert das Auge des Staates, und wir gehen friedlich auseinander, ohne einen Schuß abzugeben. Wird morgen ein neuer Tag sein? Er ähnelt dem vorhergehenden, was die Zeit des Wartens betrifft, eine bleierne Zeit. Ich verkürze sie durch Gespräche mit den Beobachtern, mit der *comadrona* und den sie umgebenden weiblichen Geschöpfen, das heißt ihre Tochter, ihre Enkelin, ihre frisch geborene Urenkelin, die in einer Holzwiege liegt. Wir verhandeln über zwei Hühner, damit die jungen Leute wenigstens an einem Tag einmal Proteine zu sich nehmen. Der Graphiker und der Drucker begleiten mich zum Fluß hinunter, wo ich mir das Bad eines Kanaken wie auf dem Bild von Gauguin gönne. *Woher kommen wir? Wer sind wir? Wohin gehen wir?* Vom frischen jungfräulichen Wasser her verfolge ich die Rückkehr der Gruppen von Bauern und Italienern, die kleine solidarische Elektrostationen bauen. Ich esse mit den Beobachtern, die mir weiter die Wohltat ihrer Diskretion antun. Die Italiener singen ihre anarchistischen Kampflieder. Guiomar und ich haben einiges von unseren Vorräten, die wir aus San Cristóbal mitgebracht haben, zum »Bankett« beigesteuert. Ich vermisse einen Käse und verstehe jetzt das plötzliche Interesse eines der herumstreunenden Hunde, der in der Hütte nach einem weiteren wunderbaren Fund wie einem Käse, von dem er sich noch immer das Maul leckt, herumschnuppert. Ich überdenke noch einmal mein Gespräch mit Marcos und überlege mir die weitere Strategie für ein nächstes Treffen. Es regnet, und ich fürchte, daß der Regen den Rückweg von gestern abend unmöglich macht, aber der Wasserfall hört auf, und überall kommen kleine Kinder wie Schnecken hervor. Sie tragen ihre Bonsai-Brüderchen auf dem Rücken, dunkelhäutige tragbare Kinder, die die Welt mit ihren riesengroßen Augen verschlingen. Augen, die das Schwert der Konquistadoren und die Verachtung und Furcht der Kreolen in sich aufgenommen haben.

Ich erinnere mich an den Kommentar des Generalsekretärs der PSOE, Almunia, der nach seinem Besuch in Mexiko den Aufstand der Zapatisten und die ausländischen Beobachter herunterspielte. Revolutionstouristen nannte er sie. Ich würde gern an einer Begegnung zwischen diesem pasteurisierten, PRI-klittenden Sozialismus und der Realität hier, dieser Müllhalde der Moderne, teilnehmen. Ich würde nur zu gerne sehen, wie Felipe González sich eine Wollmaske über den Kopf zieht und mit Marcos ein Gespräch führt. Denn das unbestreitbare Ansehen von Felipe González würde sicher zu einem dialektischen Streit zwischen der pragmatischen Vernunft und der nicht minder pragmatischen Poetik von Marcos und dem Zapatismus führen. Es wird schneller dunkel als gestern, stockdunkel, als ob ein Regen der Finsternis aus den dichten Wolken herabfiele. Als ich schon nicht mehr auf ein Treffen zu hoffen wage, kommt der vermummte Kapitän, und wir wiederholen den gleichen Weg im Schein der Laternen, bis wir in der tiefen Dunkelheit zu einer Aufschüttung in der Talsohle kommen, wo in einem Unterstand aus Holzbrettern und Zweigen Marcos, Mariana und zwei neue Maskierte im Licht der Kerzen auf uns warten. Diese stellen sich als zwei bekannte Führer des Zapatismus heraus: Kommandant Tacho und Major Moisés.

Metaphern, Metaphern, Metaphern

Kerzenlicht und das Geräusch des Aufnahmegeräts, das Marcos genau wie am Vortag mit der Aufmerksamkeit eines Tonmeisters überwacht, bis es sicher scheint, daß die Technik uns nicht im Stich läßt. Ich habe es eilig, wer weiß, ob ein weiteres Treffen möglich ist, und komme ohne Umschweife zur Sache. Uns vereinen die Masken und das Dunkel der Nacht.

AUTOR: Gestern sind wir in unserem Gespräch über die Brücke gegangen, die den Lakandonischen Urwald mit dem Dschungel der Zivilgesellschaft verbindet, und haben gesehen, wie wichtig sie für die anstehenden Veränderungen in den politischen Beziehungen ist. Durch den verzerrten Spiegel der Wirklichkeit hindurchgehen, hinter den Spiegel sehen: Du verwendest häufig diese Metapher aus *Alice im Wunderland*; und du ergänzt sie um die Notwendigkeit, das Spiegelbild zu verändern, das Blendwerk zu lassen. Wie interpretierst du das, durch den Spiegel hindurchzugehen?

MARCOS: Unsere Meinung ist, daß die linken Organisationen oder Bewegungen, die Veränderung anstreben, nach einer Etappe der Kritik in eine weitere der Umbildung treten. Heutzutage ist die internationale Linke damit beschäftigt, ihre Rechnung mit der Vergangenheit zu begleichen, sich neu zu situieren, nachdem man ihr eine Niederlage verkauft hat, die es so gar nicht gibt. Es war die Niederlage des sowjetischen Lagers, das ist aber nicht gleichbedeutend mit einer Niederlage der gesamten internationalen Linken, innerhalb derer es große Unterschiede gibt. Die Linke muß eine kritische Position dem Neoliberalismus gegenüber einnehmen und gleichzeitig eine Alternative aufbauen. Darum heißt es, durch den Spiegel zu treten, einen Vorschlag zu unterbreiten, die kritische oder interkritische Position, wie man sie auch nennen kann, zu überwinden und eine Alternative vorzuschlagen. Das würde bedeuten, durch den Spiegel hindurchzugehen, ihn zu zerbrechen, ihn in ein Fenster zu verwandeln, durch das wir nach vorn schauen können.

AUTOR: Was du gerade gesagt hast, führt uns zur sprachlichen Seite, zur offensichtlichen Neuheit deiner, eurer Sprache. Sowohl der mit euch sympathisierende Monsiváis als auch Maite Rico und de la Grange, wirkliche *terminators*, beurteilen die Sprache, die ihr zu Anfang benutzt habt, eher als den konventionellen Diskurs einer Guerillabewegung sozialistischen Charakters. Aber dann kritisierten dich die Indios: »Deine Sprache klingt hart«, was nichts anderes heißen wollte als: Wir verstehen dich nicht. Darum veränderst du deine Sprache. Ist es deine persönliche Entscheidung oder eine kollektive? Wie waren die Reaktionen, als aus der historisch-materialistischen Larve der metaphorische Schmetterling schlüpfte? Wie vollzog sich diese Metamorphose?

In Erwartung seiner Antwort lasse ich die Erklärungen der Zapatistischen Befreiungsarmee vor meinen Augen Revue passieren und halte mir Anrede und Ausdrucksweise der *Fünften Erklärung*, dem ersten Lebenszeichen nach dem Massaker von Acteal, vor Augen. Sie wendet sich nicht an die Genossen und Genossinnen oder Kameraden, sondern an die »Brüder und Schwestern«: »Dieses Haus voller Schmerzen und Leid ist nicht unser. So hat es der gestrichen, der uns bestiehlt und uns betrügt ...« Diese Zeilen erinnern an das Gedicht von Miguel Hernández, *Pintada está mi casa* (Gestrichen ist mein Haus), das er nach Ende des Bürgerkriegs im Gefängnis schrieb, kurz bevor er starb: »Gestrichen ist mein Haus / mit der Farbe des Elends und der großen Not...« Weiter geht es in der *Fünften Erklärung*: »Dieses Land des Todes und der Angst gehört uns nicht. Unser Weg ist nicht der des Krieges. Nicht der Verrat noch das Vergessen haben Platz auf unserem Weg. Unser sind nicht der leere Boden und der hohle Himmel.« Wann beschloß Marcos die Hundertgradwende zur revolutionären Poetik?

MARCOS: Das ist kein Entschluß, der einem von der Vernunft diktiert wird. Niemand versteht uns? Folglich müssen wir unsere Sprache ändern. Im Falle der ursprünglichen Kerngruppe, die die Zapatistische Befreiungsarmee begründete, handelt es sich um eine Frage des Überlebens. Wenn es uns nicht gelingt, mit den indianischen Gemeinden, mit den Einheimischen in Kontakt zu treten, können wir nicht überleben. Rein materiell schon, indem wir wilde Tiere jagen und eine absurde revolutionäre Endogamie praktizieren. Aber nicht nur aus logistischen, sondern auch aus politischen Gründen ist es erforderlich, mit den Menschen um uns herum in Kontakt zu treten, weil wir schließlich eine revolutionäre Bewegung mit ihnen aufbauen wollen. Bei unseren ersten Versuchen stießen wir jedoch gegen eine Wand. Um zu überleben, müssen wir unsere Sprache in einen anderen Code übersetzen. Dieser neue Code entsteht aus einem Kommen und Gehen, in einer Interaktion von unten nach oben. Ich will damit sagen, daß er nicht von den Guerilleros, sondern von den Indios stammt, die sich uns nach und nach anschließen. Aus der Begegnung ergibt sich die Synthese. Unsere ersten Kontakte knüpfen wir mit den politisiertesten, den bewußtesten Indios, von denen heute viele zu den führenden Köpfen der Bewegung gehören. Die Sprache, die sich unten herausbildet, wird zurückgeworfen, baut sich weiter unten auf, breitet sich aus, wird wieder zurückgeworfen, reflektiert nach oben. In diesem Prozeß zeigen sich die Resultate einer politischen Sprache, einer kulturellen Sprache, und auch der politischen Beziehungen im Guerillakern selbst, der die Zapatistische Befreiungsarmee begründet, das heißt auf der professionellen Seite, bei den Berufssoldaten, den regulären Soldaten der EZLN.

AUTOR: Wenn du als Sprecher eurer Bewegung auftrittst und dich an ein externes Publikum wendest, sprichst du dann genauso wie mit der Guerillaführung oder den Angehörigen der EZLN?

MARCOS: Nein. Es ist etwas anderes, ob du nach innen oder nach außen sprichst. Nach außen zu sprechen ist schwieriger, weil du die Sprache oder den Code der Gemeinschaften übersetzen mußt, um ihn für die Kommunikation verständlich zu machen. Darum bemühen wir uns um eine Sprache mit der internationalen und eine mit der nationalen Gemeinschaft, um eine Sprache mit den Politikern und eine andere mit der Zivilgesellschaft. Dabei versuchen wir aber immer, unserer internen Sprache treu zu bleiben.

AUTOR: Die Metaphern kommen euch zuvor. Das Dorf *La Realidad*, »Die Wirklichkeit«, hieß schon so, bevor ihr hierhergekommen seid. Das erinnert mich an Shangri-la.

MARCOS: Die Geschichte der indianischen Gemeinschaften selbst ist reich an Metaphern und Symbolen. Wir haben sie nur aufgegriffen und einbezogen.

AUTOR: Als ihr mit den indianischen Gemeinschaften in Verbindung getreten seid, half euch die Basisarbeit der Katechistenbewegung. Generell nimmt die Vatikankirche eine antiprogressive und antiliberale Haltung gegenüber der Moderne ein. Antiliberal in dem Sinne, daß sie sich gegen alles stellt, was ihr für den Schutz des Seelenheils abträglich erscheint. Die Befreiungstheologie hingegen verurteilt den Liberalismus um der Verteidigung einer übergeordneten, moderneren und dringlicheren Sache willen, und das ist die Verteidigung der Unterdrückten, der Verlierer. Du hast gesagt: »Wir müssen uns ohne Theologie befreien.« Wie ist das zu verstehen? Der Beitrag der Basiskirche ist nicht außer acht zu lassen: ihr Bemühen, Bewußtsein zu wecken, Aufklärungsarbeit zu leisten, der indianischen Bewegung eine Identität zu geben und in der Folge eine weltliche Lektüre ihrer Geschichte einzuführen.

MARCOS: Da gibt es einiges richtigzustellen. Erstens die Behauptung, daß wir uns mit der Kirche zusammentaten, bevor wir in den Untergrund gingen. So lautet die Version derjenigen, die die Diözese von San Cristóbal in die Guerillabewegung mit hineinziehen wollen. Nach den ersten Kontakten mit den bewußtesten Indios, der alte Antonio könnte dafür als Prototyp gelten, fanden wir weitere Anhänger in den indianischen Gemeinden, und hier war die Basisarbeit der Kirche präsent. Die Diözese von San Cristóbal hatte mitgeholfen, daß die Indios ihre eigenen Organisationen gründen konnten, um ihre Forderungen durchzusetzen. Ich habe niemals behauptet, wir wollten uns ohne Theologie befreien. Das habe ich niemals gesagt und werde es auch nicht tun. Wir haben gesagt, daß eine bewaffnete Bewegung in einem so komplexen Panorama wie dem von Chiapas gefährlich nahe an den Fundamentalismus herankommen könnte, wenn sie sich mit einem religiösen Bekenntnis vermischt. Das Bündnis zwischen einer Armee und einer Religion läuft Gefahr, Feinde nicht in erster Linie durch die politische Position, sondern durch das religiöse Bekenntnis auf den Plan zu rufen. Darum konnten wir weder unseren politischen Vorschlag noch unsere politisch-militärische Organisation auf der Grundlage religiöser Glaubensvorstellungen aufbauen, weil das Ganze sonst den Charakter eines Heiligen Krieges hätte annehmen können. Wir haben auf diese Gefahr auch in den Gemeinschaften hingewiesen. Wir respektieren die von der Kirche geschaffenen Strukturen, doch unsere Arbeit hat nichts mit religiöser oder mit Sozialarbeit zu tun. Sie besteht in der politischen Organisation. Die Beziehungen mit der Kirche, insbesondere mit der Diözese, liefen parallel und gewannen einen größeren Abstand, als die Frage des bewaffneten Kampfes näherrückte. Es ist offensichtlich, daß die Diozöse den Gebrauch von Waffen nicht gutheißen kann. Als die Gemeinden für den bewaffneten Kampf stimmten, war die Position der Kirche deutlich: Wir sind damit nicht einverstanden. Sie werden uns massakrieren. Es wird ein großes Blutbad geben. Wir werden verlieren, seht nur, was in Mittelamerika geschehen ist. Wir jedoch waren zuversichtlich, daß wir Erfolg haben würden, daß das Land zu Bewußtsein über das gelangte, was vor sich ging, und daß es der indianischen Bewegung zugute käme.

AUTOR: Kommen wir zur Sprache zurück. Ihr verändert eure Sprache, indem ihr die indianischen Metaphern und ihre symbolische Aussagekraft aufgreift. Du fügst dem ungewöhnliche Sprachbilder und Wortspiele hinzu und schaffst eine Art sprachlichen Synkretismus. Diese Situation ist neu, darum frage ich: Welche neue Lesart schlagt ihr vor?

MARCOS: Wir wollen dem Wort einen anderen Gebrauch geben, nicht über den hinaus, den es bereits hat, sondern den verlorenen Gebrauch wiedergewinnen. Die Sprache ist in der Politik, und vor allem in der mexikanischen Politik, zum leeren Gerede verkommen. Begriffe wie Vaterland, Nation, Revolution, Wandel, soziale Gerechtigkeit, Freiheit, Demokratie sind nur noch Worthülsen. Darum haben wir uns vorgenommen, diese Worte in einen neuen Zusammenhang zu stellen. An offene alte Fragen zu erinnern, an offene Rechnungen, und die Menschen aufzurufen, an den Punkten anzusetzen, auf die wir hinweisen. Wir denken nicht etwa, die Sprache könne eine Revolution bewirken, aber sie kann sehr wohl zum Nachdenken anregen, Bewußtsein über Vorgänge schaffen. Wenn wir Begriffe wie Vaterland, Demokratie, Freiheit und Gerechtigkeit, die im Diskurs der Macht und in jedem konventionellen politischen Diskurs verwendet werden, neu gebrauchen, dann in der Bedeutung, die sie in den indianischen Gemeinschaften haben, die von der Zapatistischen Befreiungsarmee unterstützt werden. Es entsteht ein neuer Bedeutungsinhalt. Wie du gesagt hast, ergibt sich ein gewisser Synkretismus zwischen der urbanen und der indianischen Sprache. Das ist ein Ausdruck dafür, wie Veränderungen in die Wege geleitet werden können, ohne daß bereits ein alternativer Entwurf für das Land oder für die Gesellschaft fertig auf dem Tisch vorliegen muß.

Unser Programm ist kein Regierungsprogramm, sondern ein Vorschlag für Veränderungen. Wie das Land aussehen wird? Es wird das Produkt der Begegnung zwischen allen diesen Kräften sein, unter Anerkennung des Umstandes, daß sich der eine von dem anderen unterscheidet und daß der eine wie der andere einen Platz beansprucht. Diesen Raum gilt es zu schaffen, erst dann ist eine Revolution möglich. Machen wir eine Revolution, um den Raum zu schaffen, der die Revolution möglich macht.

AUTOR: Ihr habt jedenfalls eine alternative revolutionäre Poetik geschaffen. Neue Codes zur Interpretation einer neuen Situation. Ihr habt eure politischen Vorschläge, manchmal auch die Beschreibung einer Situation, in Fabeln gekleidet. Das ständige Tragen der Maske und das Spiel mit dem Konzept der Maske erzielen eine Mehrdeutigkeit auf der Ausdrucksebene. Die Maske ist anfangs ein Schutz, damit ihr nicht identifiziert werden könnt, aber ab einem bestimmten Augenblick zählt das nicht mehr. Die Maske wird zur Metapher. Die Gesellschaft ist maskiert, und eure Maske zwingt sie, sich mit der eigenen Maskierung zu konfrontieren.

MARCOS: Genau, die Maske ist als Symbol nicht zu einem bestimmten Zweck geschaffen worden, sondern sie ist ein Produkt des Kampfes. Das Symbol der Zapatisten ist nicht die Waffe, nicht der Dschungel oder die Berge, es ist die Maske ... Wenn man zu uns sagt oder uns kritisiert: Warum tragt ihr eine Maske? Warum versteckt ihr euch? Einen Augenblick bitte. Niemand hat uns beachtet, als wir mit unverhülltem Gesicht herumliefen. Jetzt sieht man uns, weil unser Gesicht vermummt ist. Und wenn wir schon von Masken reden, dann wollen wir doch einmal sehen, was die politische Klasse des Landes verbirgt und was sie in der Öffentlichkeit zeigt. Vergleichen wir doch einmal die Größe und Bedeutung ihrer und unserer Maske.

AUTOR: Ich habe den Eindruck, daß du sehr auf das Feedback achtest, auf das Echo, das ihr auslöst. Angefangen damit, daß ihr euren Vorschlag und eure Sprache aus der messianischen Strenge eines avantgardistischen revolutionären Anliegens herauslöst und verändert. Der Bogen spannt sich von der Maske als Selbstschutz zur Maske als Spiegelung der doppelten Wahrheit sowohl der Regierungspartei PRI als auch des Herrschaftssystems allgemein.

MARCOS: Genau. Was geschieht vor 1994 in den Bergen, als wir in Kontakt mit den indianischen Gemeinschaften treten wollen? Wir unterbreiten ihnen unseren politischen Vorschlag, verändern ihn, wir lernen es, zu hören und zu sprechen. In dem Moment, in dem wir vor die Öffentlichkeit treten, machen wir es genauso: Wir rufen an der Tür, weisen auf diesen und auf jenen Punkt hin, sagen, dies nützt etwas, und jenes nützt nichts. Wir wollen uns verständlich machen. Darum verändern wir uns ständig, ohne vom Kern der Sache abzurücken.

AUTOR: Du hattest einen großen Auftritt, als du nach den sogenannten Enthüllungen über deine Identität durch Zedillo vor den versammelten Zapatisten ausriefst: Wollt ihr, daß ich mir die Maske abnehme?, und alle antworteten: Nein, nimm sie nicht ab! Der sichtbare Beweis, daß die Menschen den Sinn der Maske verstanden haben.

MARCOS: Daß nicht mehr wichtig war, was die Maske verbirgt, sondern was sie symbolisiert.

AUTOR: Du hast mir schon erklärt, daß eure sprachlichen und symbolischen Muster das Resultat einer Interaktion zwischen der urbanen, der akademischen und der indianischen Sprache waren. Auf dich wurden bereits viele Metaphern gemünzt. Ich nenne nur eine: »Augenblicksmythos«. Fast alle Mythen der zweiten Jahrhunderthälfte sind als Momentaufnahme entstanden, das reine Werk der Medien. Kein Vergleich zu den Mythen der Antike, die Generationen brauchten, um sich zu festigen. Nun ist für mich die Rolle des augenblicklichen Mythos eine der Grundlagen für den Erfolg des zapatistischen Anliegens. Der Mythos ist als symbolische Referenz zum Gebrauch und Verbrauch bestimmt. Die Menschen haben das Bedürfnis, Marilyn Monroe oder Kurt Cobain in Mythen zu verwandeln, und wenn ein revolutionärer Vorschlag den Durchbruch auf dem Markt der Mythen schafft, so ist das nur ein Beweis dafür, daß er ein notwendiges Produkt ist. Ich benutze bewußt die Sprache des *marketing*, mit der die Markwirtschaft selbst ihre Kultur, Politik und Wahrheit des Marktes rechtfertigt. Es ist, als würde die Banalität der Postmoderne wie ein Bumerang wirken. Der Che wurde als *maudit*, als der Verlierer, mythologisiert und konsumiert. Dafür wurde selbst das Risiko in Kauf genommen, daß er nach seinem Tod wie ein König auf den Thron gehoben wird. Die Bourgeoisie verwandelte ihn in ein Poster, das sie überall, sogar auf der Toilette, hängen haben kann. Dich müssen sie als einen lästigen Medienkonkurrenten akzeptieren.

MARCOS: Und daher das Drängen der Rechten und der rechten Intellektuellen, der Maske einen Namen zu geben, egal welchen. Gegen die Maske können wir nicht ankämpfen, geben wir ihr also einen Vor- und Zunamen.

AUTOR: Sie werfen dir vor, daß du nicht tot wie der Che bist. Wie gut steht doch Elektra die Trauer!

MARCOS: Ihr Vorwurf lautet: Wenn er so revolutionär ist, warum stirbt er dann nicht im Kampf? Sie können uns nicht verzeihen, daß wir am Leben sind.

AUTOR: Das erinnert ein wenig daran, wie die europäische Rechte versucht, die linken Parteien zu disqualifizieren, weil sie nicht genügend links seien. Sie appelliert an die Linken, nicht mehr die linken Parteien zu wählen, weil sie gar nicht mehr links seien. Die zapatistische Revolution wurde als postmodern eingestuft, allein schon wegen des Zeitpunkts, nehme ich an. Sie wurde wegen ihres kulturellen und sprachlichen Synkretismus als eine Revolution nach der Revolution bezeichnet. Ihr nehmt eine kritische Lektüre der Wirklichkeit vor und unterbreitet den Vorschlag einer kritischen Lektüre der Welt aus der Sicht einer indianischen Kosmogonie. Darum hat man dich »postmodern« genannt. Der Zapatismus kann auch als der konstruktive Vormarsch eines neuen Fortschrittsdenkens, das nach dem Ende des postmodernen Interregnums den Diskurs einer anderen Moderne wieder aufnimmt, betrachtet werden.

MARCOS: Für das uniformierende Projekt des Neoliberalismus bedeutet der Zapatismus die Herausforderung des Neuen, das nur schwer in bestehende Kategorien einzuordnen ist. Der Neoliberalismus ist nichts anderes als der erneuerte, der veränderte Liberalismus. Der Zapatismus ist der Neozapatismus, der veränderte Zapatismus. In diesem Sinne katalogisieren sie uns als postmodern. Aber diese Versuche, uns in eine bestimmte Schublade zu stecken, stellen ihre Vergeblichkeit immer wieder selbst unter Beweis. Wir entziehen uns dem Schubladendenken. Wir sind so schwer zu fassen, daß wir uns nicht einmal selbst erklären können. Unter anderem deswegen, und das ist grundlegend, weil wir eine Bewegung sind, weil wir uns ständig verändern. Wir verfolgen einen Grundkurs, in diese Richtung bewegen wir uns, kommen und gehen, je nachdem, wie wir aufgenommen werden.

AUTOR: Die große Wirkung eures neuen Vorschlags rührt zu einem guten Teil daher, daß die Figur Marcos, die ein Kollektiv repräsentiert, der Sprecher eines Kollektivs ist, Dinge zu sagen wagt, die vorher niemand auf so ironisch kühne Art und Weise zu sagen wagte. Du führst eine Distanz ein zwischen dem, was du glaubst, und dem, was du sagst. Diese Distanz heißt Ironie. Das hat es in der politischen Sprache noch nicht gegeben. Im Gegenteil, die Politiker vermitteln beim Sprechen stets den Anschein einer starken Selbstsicherheit. Ein ironischer Ton würde eher den Eindruck erwecken, als fordertest du die Menschen auf zu zweifeln. Du schlägst eine Interaktion in diesem Sinne vor, und das hat es im politischen Code bis jetzt noch nicht gegeben. Hinzu kommt, daß in eurem Fall Waffen mit im Spiel sind, was alles noch mehr kompliziert. Es ist wie eine systematische Übung: Du machst einen Vorschlag, und wenn sich die Verzauberung der konventionellen Kommunikation eingestellt hat, brichst du sie durch Ironie. Dadurch regst du zum Nachdenken an, öffnest ein anderes Fenster, eine andere Dimension.

MARCOS: Wir brauchen diese Rückkoppelung, wir brauchen die Empfänger. Wir werden nicht müde zu betonen, daß wir nicht eine Linie festlegen, der man zu folgen hat. Wir wollen eine andere Art, Politik zu machen, eine andere Form, Macht auszuüben. Wir suchen keine Gefolgsleute, sondern Gesprächspartner, weil wir unser Ziel nicht allein erreichen. Wichtig ist in diesem Zusammenhang, das Bild vom *Caudillo* oder Führer ständig in Frage zu stellen. Wenn wir uns nicht selber in Frage stellen, besteht die Gefahr, daß wir eine Sekte begründen, die sehr offen oder sehr eng gefaßt sein kann, aber auf keinen Fall die Probleme löst.

AUTOR: Ob es den Menschen gefällt, zu zweifeln? Es gibt immer weniger Nuancen. Fast alle haben sich an die akustische Sicherheit gewöhnt, daran, das zu hören, was sie hören wollen, die Bestätigung des eigenen Kriteriums. Was man nicht zu hören gewohnt ist, wird zurückgewiesen, weil man es nicht versteht oder weil man sich angegriffen fühlt.

MARCOS: Wir setzen auf das Gegenteil. Die akustische Sicherheit des Gewohnten bewirkt Akzeptanz oder Ablehnung, aber so abgenutzt, wie der politische Diskurs bereits ist, produziert sie nur Verdrossenheit. Die Tatsache also, daß wir Wahrheiten aussprechen oder etwas, das wir als Wahrheit empfinden, wird seine Wirkung zeigen, selbst wenn wir uns darauf beschränken, Zweifel zu wecken. Der Verschleiß des offiziellen Diskurses tritt noch offener zutage. Für den Moment verzeichnen wir Erfolge, weil wir Feedback erhalten. Seit 1993 oder schon vorher basierten die Beziehungen der EZLN mit ihrem gesellschaftlichen Umfeld auf den Prinzipien des Dialogs, des Austausches, der Befragung. In Form einer Befragung haben wir über den bewaffneten Kampf entschieden, durch Abstimmung wird über die Führungspositionen und über die organisatorische Leitung entschieden. Der Entwicklungsprozeß geht weiter, und wir beraten uns weiter, stimmen darüber ab, wie wir in der Folge vorzugehen haben. Am wichtigsten ist uns die Kommunikation mit den Menschen, zu wissen, was sie denken. Aus dem Dialog, dem Austausch der Ideen, der Befragung beginnen sich die Dinge aufzubauen. Als erstes Resultat haben wir feststellen können, wie viele so wie wir fordern, daß die Differenz anerkannt, der Raum für die unterschiedlichsten Initiativen geschaffen, die Kreativität gefördert werden muß. Auch wenn die Fahnen die gleichen sind, muß nicht zwangsläufig eine Fahne, die Fahne der Freiheit zum Beispiel, nur eine einzige Form des Kampfes für die Freiheit hervorbringen. Es gibt viele Formen, sie zu benennen, viele Formen, für sie zu kämpfen, und viele Formen, sie zu verteidigen.

AUTOR: In jedem kreativen Prozeß – im literarischen wie im politischen, falls die Politik kreativ ist – verwandelt sich das Subjekt in eine öffentliche Figur. Sie bedingt in der Literatur wie in der Politik eine bestimmte Sicht der Wirklichkeit. Lenin zum Beispiel war ein Revolutionsführer und eine öffentliche Figur, genauso Castro, der Che oder Mandela, und auch auf dich trifft das zu. Je nach ihren Eigenheiten verändert sich der Vorschlag zur Schaffung einer anderen Wirklichkeit. Ich kann mir zum Beispiel nicht vorstellen, daß Fidel so sprechen könnte wie du.

MARCOS: Wenn er es täte, würden sie ihn erschießen.

AUTOR: Wer erschießt Castro? Genausowenig kann ich mir vorstellen, daß er sich selbst umbringt. Er ist in seinem selbstgeschaffenen Code gefangen und unfähig, aus ihm herauszutreten. Deiner erlaubt es dir, denn du hast generell die kontinuierliche Bewegung gewählt, die Beteiligung und Einbeziehung der Menschen. Dein Blick ist ein unkontrollierter, du hast kein Gesicht. Hier könnte der Schlüssel für euer

Überleben verborgen sein. Kalfon, der eine Che-Biographie geschrieben hat, vergleicht dich mit dem Che und sagt: Guevara war der verborgene Revolutionär, seine Wirkung beruhte darauf, daß er sich im verborgenen hielt, daß niemand wußte, wie er war und wo er war. Marcos' Erfolg liegt in seiner Medienpräsenz. In unserer Gesellschaft schützt dich die Tatsache, daß du im Fernsehen zu sehen bist. So können sie dich nicht an einer dunklen Ecke umbringen. Sie müßten dich am Set töten.

MARCOS: Ich finde es besser, wenn sie mich nicht töten, nicht einmal am Set. Es macht mehr Spaß zu leben. Natürlich ist uns klar, in welchem Ausmaß Marcos eine öffentliche Figur ist. Ich spreche aus der Maske heraus, aus dem Innern der Maske, mit der Zeit wird immer mehr vorausgesetzt, was sich hinter der Maske verbirgt. Die Maske ist wichtig, weil sie die Notwendigkeit der Ausnahme versinnbildlicht. Es würde mir jedoch nichts ausmachen, wenn jemand sagte, du selbst zum Beispiel, ich sehe gut aus, ich sei sympathisch. Alles, was du tun kannst, um mein Image zu verbessern, ist willkommen.

AUTOR: Ich werde es verbessern, soweit es möglich ist.

MARCOS: Manchmal ist es für eine Bewegung von Nutzen, wenn es eine öffentliche Figur gibt, manchmal wiederum nicht. Sie kann zur Zielscheibe der Angriffe werden oder aber das Medium sein, durch das die Bewegung zu verstehen ist. Glaube mir, auch wenn wir weder die Distanz noch die Objektivität besitzen, um diese Figur zu sanktionieren, hinter dieser Maske steckt der Subcomandante Marcos.

AUTOR: Bei so mancher Gelegenheit mußtest du dich bereits vor übertriebenen Mysthifizierungen verteidigen. Du bist nicht der Tarzan des Urwalds, schon gar nicht der Tarzan des Lakandonischen Urwalds. Es gibt eine gewisse Neigung des Bilderkonsumenten, dich in das Schema des romantischen Helden zu pressen, als wärest du der Maskierte aus den Comics der vierziger und fünfziger Jahre. *The Phantom* von Lee Falk und Sy Barry beispielsweise, mit aller Magie und Faszination ausgestattet, die eine Maske auslösen kann. Findest du es notwendig, diese Konsumentenhaltung zu entmysthifizieren, ihr entgegenzuwirken, oder willst du sie als zusätzlichen Wert zulassen?

MARCOS: Wir haben diese Gefahr von Anfang an gesehen und versuchen, uns und den anderen das Warum der Marcosfigur zu erklären. Gerade haben wir gesagt, daß Marcos mit dem Rahmen eines Fensters verglichen werden kann. Wir haben die Zivilgesellschaft eingeladen, einen Blick in die indianische Welt zu werfen und in die indianischen Gemeinschaften, in die Welt draußen zu blicken. Wir waren uns natürlich der Gefahr bewußt, daß manche nur auf den Rahmen sehen würden, nicht aber durch das Fenster hindurch. Wenn wir nach fünf Jahren Bilanz ziehen, dann kommen wir zu dem Schluß, daß weniger Menschen bei dem Rahmen, beim Mythos, bei der Figur stehengeblieben sind. Die meisten haben den politischen Hintergrund zur Kenntnis genommen, die Welt der Ungerechtigkeit, in der die indianischen Gemeinschaften leben, den Rassismus, den sie erleiden. Wenn einige immer noch nur den Rahmen anstarren, dann entzieht sich das unserem Willen. Sagen wir, die Figur ist etwas undiszipliniert, nicht wie dein Carvalho, den du nach deinem Gutdünken handhaben kannst. Marcos ist ziemlich rebellisch und respektlos, doch sicher kann man durch ihn viel von der indianischen Lebenswelt in Mexiko und den wichtigsten politischen Problemstellungen und Vorschlägen verstehen. Ich bin sicher, daß die Menschen, die im Laufe der letzten fünf Jahre wegen der Figur Marcos hierhergekommen sind, den Kontakt zu unserer Bewegung gefunden und in unserer Bewegung viele Dinge begriffen haben. Das trifft vor allem auf die Friedenscamper zu. Die große Mehrheit fühlt sich mit der Bewegung solidarisch, versucht sie zu verstehen, ihr etwas zu geben und etwas von ihr mit auf den Weg zu nehmen.

Marcos blättert die Seiten durch, auf denen ich ein Fragengerüst skizziert habe.

MARCOS: Heute sieht dein Spickzettel ganz anders aus. Gestern war er mit der Maschine geschrieben, heute mit der Hand.

AUTOR: Ja, heute morgen, um sieben Uhr in der Früh, um genauer zu sein. Aber sorge dich nicht, selbst die Interviews haben ein Ende.

MARCOS: Wir haben alle Zeit, die wir brauchen. Mach dir darüber keine Gedanken.

AUTOR: Hier, das Stichwort »akustische Sicherheit«. Diesen Begriff habe ich aus Sloterdijks Buch *Im selben Boot.* Deine Feinde wären dir für einen klassischen revolutionären Diskurs dankbar gewesen. Dann hätten sie sagen können: Da haben wir die postmarxistische Nostalgie, er ist ein Erbe der links-konservativen Tradition und ähnliches mehr.

Nun müssen sie lernen, dir zuzuhören, und das irritiert sie sehr. Wie es sie irritiert, daß du in gewissem Sinne ein Verräter deiner Sippe bist, die etablierten Intellektuellen, die direkte oder indirekte Klientel der PRI, verraten hast. In der letzten Zeit greifen diese euch nicht mit Argumenten an, sondern kratzen an eurem Image. Samuel Ruiz wird in einem überraschenden Vergleich mit Las Casas als sektiererischer Indigenist hingestellt. Es ist, als würde Las Casas weiterhin ein Ärgernis für die Kreolen darstellen, so wie er es seinerzeit für die Konquistadoren war. Die Grundlinie des Buches *Subcomandante Marcos: la genial impostura* ist der Vorwurf, daß du mit Geburtsnamen nicht Marcos heißt, und nicht konsequent der Bestimmung Rafael Guilléns, einem Universitätsabsolventen und Möbelhändlerssohn aus Tampico, gefolgt bist. Eine kindliche Empörung. Wenn man dir Hochstapelei vorwerfen könnte, dann in Hinsicht auf die Erwartungen, die diese gesellschaftliche Klasse in dich gesetzt hatte. Aber du hast dich nicht unter falschem Namen ausgegeben, um dir durch Betrug etwas zu erschleichen. Du hast eine andere Identität angenommen.

MARCOS: Tatsächlich besteht der Vorwurf und die Irritation dieses Sektors darin, daß Marcos nicht so ist, wie sie es sich wünschen, um ihn unter Beschuß zu nehmen. Er entzieht sich ihren Angriffen. Wenn wir ihn nicht angreifen können, wie er ist, so sagen sie, dann schaffen wir ein Bild, durch das er verletzbar wird. Schaffen wir einen Marcos, wie wir ihn brauchen, einen Revolutionär mit allen schrecklichen Eigenschaften, die man sich bei einem Revolutionär nur vorstellen kann: radikal, stur, autoritär und schematisch. Wir brauchen den Leuten nur zu sagen, er betreibt Hochstapelei, während der wirkliche Marcos ein ganz anderer ist. Ihr Problem besteht darin, daß der Marcos, den sie brauchen, nicht demjenigen entspricht, mit dem du jetzt redest.

AUTOR: Füge dem noch die Bosheit, die Frustration, das schlechte Gewissen, das falsche Bewußtsein der ehemaligen Linken hinzu, die eine besondere Irritation denen gegenüber an den Tag legt, die sich weiter als Linke bezeichnen. Nein, so geht das nicht. Sie haben die Linke aufgegeben, meinen sie, und kämen nicht darauf, daß die Linke sie aufgegeben hat.

MARCOS: Außerdem verzeihen sie uns nicht, daß wir durch die Hintertür die Welt der Literatur betreten haben. Wir haben nicht die akademische Stufenleiter erklommen, um gelesen zu werden, aber siehe da, wir werden gelesen. Sie ertragen es nicht, wenn wir so unerwartete literarische Bezüge wie zu *Juan de Mairena* von Machado herstellen. War Juan de Mairena nicht ein Liberaler? Warum zitiert ihn dann dieser mit einem wollenen Gesichtsschutz verkleidete Revolutionär?

AUTOR: Da du Mairena erwähnst. Das Inventar der Spanier, die du zitierst, ergibt eine Collage, die für postmoderne Kulturkritiker wie geschaffen scheint: Serrat, Sabina, Ana Belén, Aute, García Lorca, Machado, Miguel de Hernández, Pili und Mili, Marisol, Bosé, Felipe González, und als wäre das wenig, sprichst du auch noch von Mario Conde, Perote und dem Anwalt Santaolalla. Als ob du einen heißen Draht zu Spanien hättest.

MARCOS: Wie kommt es, daß du diesen Text kennst? Ach ja, ich habe ihn nach Barcelona zur Weltausstellung geschickt.

AUTOR: Damit jemand im Lakandonischen Urwald weiß, wer Perote oder Santaollala ist, muß er eine besondere Satellitenschüssel besitzen. Auch Wolinsky kennst du, ein guter Freund von mir. Eine große Flughafenliebe. Du hast Wolinsky porträtiert, und er hat dir eine paar Seiten in *Charlie Hebdo* gewidmet.

MARCOS: Ja, ich habe sie gesehen. Sehr schöne Zeichnungen.

AUTOR: Ich kann mir lebhaft vorstellen, wie verwirrend es ist, daß du ständig so unerwartete Referenzen benutzt, die eine akustische und visuelle Unsicherheit hervorrufen. Darum geraten sie außer Fassung und nennen dich einen Hochstapler. Weil du nicht als Revolutionär geboren bist, bist du ein Betrüger. Obwohl du in Wirklichkeit nichts anderes gemacht hast, als dein kritisches Interpretationsraster auf die veränderte Realität anzuwenden. Sie nehmen dir übel, daß du dich als Revolutionär modernisiert hast.

MARCOS: Daß ich nicht der Revolutionär bin, für den sie mich halten wollen.

AUTOR: Ein stereotyper, leicht durch Schüsse, Worte und Schweigen verwundbarer Revolutionär. Darum unternehmen sie alle Anstrengungen, seine Statue über deinem Medienleichnam zu errichten. Das gilt besonders für die extremen Linken, die heute zum Establishment gehören, die ins Haus von Papa zurückkehren können und sagen, ich war links bis in die siebziger Jahre und noch ein wenig später, aber jetzt ist damit Schluß. Ich bin nicht wie Marcos, der sich genau wie Peter Pan weigert, erwachsen zu werden.

MARCOS: Ja, sicher liegt hier der Angelpunkt der Vorwürfe, die die intellektuellen Rechten gegen mich erheben.

AUTOR: Ich habe deine Erzählungen gelesen. Sie sind didaktisch und versuchen, etwas zu erklären. Immer kommen sie zu einer Schlußfolgerung, und das geschieht auf einer Fabulierreise. Aber sie haben auch literarische Ambitionen, vielleicht weil du der Meinung bist, daß man einen literarischen Anspruch vertreten muß, um didaktisch zu sein.

MARCOS: Nein, die Wahrheit ist, daß sich die Sprache in eine Obsession verwandelt, besonders wenn du explizite, funktionelle Botschaften vermitteln möchtest und suchst, wie du sie am besten formulieren kannst. Manchmal hast du Glück, manchmal Pech. Du kommst immer wieder auf den gleichen Gedanken zurück. Da ist die Fabel die geeignete Form, um uns verständlich zu machen. Das wichtigste Ziel, das wir mit den Erzählungen, mit den politischen Botschaften, die sie übermitteln, verfolgen, besteht jedoch darin, zum Nachdenken anzuregen: Da liegt der Hase im Pfeffer. Wir wollen nicht unbedingt gleich Antworten geben, sondern vielmehr Fragen provozieren.

AUTOR: Sie sind ein offenes Werk.

MARCOS: Genau. Aber alle, auch die literarischen Erzählungen, wenn man sie denn als literarisch bezeichnen kann, besitzen einen politischen Inhalt, eine politische Aussage, eine politische Position. Wir versuchen, uns verständlich zu machen, darum suchen wir nach den geeigneten Worten, stellen sie immer wieder neu aneinander, neu zusammen. Darum springen wir von der indianischen zur urbanen Sprache, vermischen die Ironie, die erzählerischen Elemente und die Personen wie die bereits genannten, von Carvalho bis Sabina.

AUTOR: Nicht zu vergessen solch memorable Figuren wie der alte Antonio oder Durito, der Käfer, der der Charlie Brown des Lakandonischen Urwalds sein könnte. Durito scheint mir der ausdauerndste zu sein, nicht nur, weil er meine Bücher liest, wie aus einer deiner Erzählungen hervorgeht, sondern weil er dir erlaubt, vieles mit der größten Freiheit zu sagen. Wer wird einem Käfer die Worte auf die Waagschale legen? Wie bist du auf diese Idee gekommen?

MARCOS: Es ging darum, durch ein Insekt, das niederste Tier überhaupt, die Verhältnisse auf den Kopf zu stellen. Durito bestimmt, wo es langgeht, er stellt die Dinge in Frage. Der Subcomandante oder der Kapitän, sie sind Sancho Pansa. Wir hatten nicht mit dem großen Erfolg von Durito gerechnet. Wer hätte ahnen können, daß er in so viele Sprachen übersetzt wird. Der Gedanke war, sich über die Art und Weise, wie Diskurse geschaffen werden, lustig zu machen. Der Subcomandante hört einem Käfer zu, der auf der biologischen Stufenleiter ganz unten steht, einem Käfer, der Kotkügelchen schleppt, winzige Teilchen der Kuhfladen zusammenträgt, sie vor sich herrollt und aufhäuft.

AUTOR: Wenn du so weitermachst, wirst du ihn in einen heiligen Käfer des Lakandonischen Urwalds verwandeln, wie den in Ägypten, der bereits heilig ist. Dann kommt bald ein Geschäftsmann auf die Idee, Duritoamulette auf den Markt zu bringen.

MARCOS: Mal sehen, ob wir Zapatisten ihm zuvorkommen.

AUTOR: In einigen deiner Geschichten, beispielsweise in *La espada, la piedra y el agua* (Das Schwert, der Stein und das Wasser), steckt hinter der metaphorischen Intention eine konkrete Bezugnahme zu eurer eigenen Strategie.

MARCOS: Wir mußten zeigen, daß die Februaroffensive 1995 militärisch gesehen unnütz war, und den Leuten die Gründe für unser Vorgehen erklären. Die Regierung startet eine große militärische Offensive gegen uns, die militärische Operation bricht los, aber die zapatistische Armee stellt sich nicht, sie zieht sich zurück. Aus welchem Grund? Warum stellen sich die Zapatisten nicht dem Angriff, wenn die materielle Kriegsausrüstung vorhanden ist?

Die Kerzen sind bald heruntergebrannt, doch Guiomar kramt aus ihrer bodenlos erscheinenden Tasche eine Lampe hervor, die den Urwald in das dämmerlichtige Dekor eines Low-budget-Films taucht, in dem Trauer tragende Maskierte und ein Herr aus Barcelona, der eben mal vorbeischaute, mitspielen. Marcos fährt mit der Erklärung seiner Erzählstrategie fort.

MARCOS: Wir mußten beweisen, was diese Militäroffensive für uns bedeutete und warum wir uns so und nicht anders verhielten. Wir wollten erklären, daß wir auf eine fünfhundert Jahre alte militärische Taktik zurückgegriffen haben. Es galt, flexibel sein, den Schlag abzuwarten und darauf zu setzen, daß die Zeit zu unseren Gunsten verginge, wie es ja tatsächlich der Fall war. Wer vor Ort ist, wer sich nicht von der Stelle rührt, der siegt. Wir werden siegen, weil wir nicht von der Stelle rücken. Die militärische Offensive begann, machte einen Riesenlärm, aber keinen Schaden. Das wollten wir sagen.

AUTOR: Die Frage der Beziehungen zwischen Politik, Moral und Effizienz, d.h. die pragmatischen Fragestellungen der Politik, stehen in einem engen Zusammenhang mit den Diktaten des Markts. Es geht bei jedem konventionellen politischen Bemühen in der herrschenden Kultur immer darum, Publikum und Stimmen zu gewinnen. In eurem Vorstoß verzichtet ihr nicht auf den Markt. Der Bürger, die Zivilgesellschaft, werden wie Konsumenten politischer Praktiken behandelt, darum sind sie gefordert, auch als Konsumenten klarsichtig zu sein.

MARCOS: Wir handeln nicht mit einem Produkt. Wir versuchen, die Aufmerksamkeit darauf zu lenken, wie Politik betrieben wird. Unser Vorschlag ist ethischer Natur: Jetzt ist die Politik ein Feilschen und Schachern. Wollen wir das? Oder wollen wir etwas anderes? Wenn wir eine andere Politik wollen, müssen wir dafür sorgen, daß die Prinzipien der Ethik neue Beachtung finden. Wir treten nicht als Konkurrenz auf dem Markt auf, wir feilschen nicht um Wähler oder um Gefolgsleute. Wer das tut, drückt sich vorweislich in einer affirmativen Sprache aus: So sind die Dinge, Punktum! Wir aber stellen Fragen, säen Zweifel, weil wir Gesprächspartner suchen.

AUTOR: Ihr könnt keine Politik vorschlagen, die nicht effizient ist. Ein weitverbreitetes Motto der Rechten, und auch die Linke ist ihm nicht abgeneigt, lautet: Hauptsache, die Dinge funktionieren. Was kann man dagegen tun?

MARCOS: Wir wollen die Menschen dazu bringen, genau hinzuschauen, nicht so sehr auf das zu achten, was man ihnen sagt, sondern darauf, was wirklich passiert. Wollen wir das wirklich?, sollen sie sich fragen. Seht, welchen Widerspruch es zwischen dem gibt, was gezeigt wird, und dem, was im verborgenen bleibt. Seht, das dient zu nichts, aber wer das bezahlen muß, sind wir selbst. Das Problem liegt nicht so sehr darin, daß gelogen wird, sondern in den Folgen. Das gesamte Land, alle gesellschaftlichen Sektoren, alle Bürger, wie du es auch immer nennen magst, werden die Simulation bezahlen, wie sie bereits die Kosten, die die Simulation des Salinas-Systems verursacht hat, bezahlen. Wir werden eines Tages für die Kosten der Simulation Zedillos aufkommen, und so immer weiter. Es führt kein Weg aus dem Tunnel.

Wenn diese Politik der Simulation weiter betrieben wird, werden wir immer zu hören bekommen: Später, später, später werden die Dinge besser, nur noch ein paar Jährchen Geduld. Noch fünfhundert Jahre? Das ist nicht der Weg, sagen zumindest wir. Welcher ist es dann? Wir wissen es nicht, deswegen laden wir alle ein, ihn mit uns zu suchen. Darum geht es in dem Gespräch, das wir mit der Gesellschaft eingeleitet haben. Die Effizienz der Politik, die wir vorschlagen, hängt von diesem Dialog ab. Wir gehen dabei von dem Spiegel aus, der die Ineffizienz der gegenwärtigen Politik zeigt. Sie ist so unberechenbar wie die Stabilität der Wertpapierbörse in der Welt. An dem einen Tag ist alles stabil, am nächsten gibt es einen Börsenkrach in einem Land, der die ganze Welt erschüttert.

AUTOR: Vor allem die Dritte Welt, wie es gerade geschehen ist. Die Krise hat sich vor allem auf den *Mercosur* ausgewirkt.

MARCOS: Ja, der Vorteil der globalisierten Welt besteht darin, daß ein Land der Dritten Welt zusammenbricht und die Länder der Ersten Welt in Mitleidenschaft zieht.

AUTOR: Sprechen wir von Spiegeln. Du berufst dich auf *Alice im Wunderland* wie der Che auf das Buch von Ho Chi Minh über seine Guerillaerfahrungen. Lewis Carroll war der Auffassung, daß die Wörter einen Herrn besitzen, und wir wissen sehr wohl, daß die Wörter ihren Sinn verlieren können, je nachdem, wie ihre Besitzer sie verwenden. Wir brauchten Jahrzehnte, um Begriffe wie Sozialismus, Kommunismus, Demokratie in einer Bedeutung zurückzugewinnen, die sie durch den Gebrauch, den ihre Besitzer von ihnen machten, verloren hatten. Du benutzt die Metapher des Spiegels, aber es gibt eine andere Parabel, die mir auch sehr bezeichnend erscheint. Du sagst, Alice müsse den Weg zurückgehen, um die Herzkönigin zu erreichen: »Wir müssen in die Vergangenheit zurückkehren, um voranzukommen und besser zu sein.« Was soll das heißen? Ein anderes Verhältnis zur Vergangenheit zu gewinnen oder ist es die leninistische Devise, daß man einen Schritt zurückgehen muß, um zwei Schritte vorwärts gehen zu können?

MARCOS: Es heißt zweierlei. Wir können das Rad der Geschichte nicht zurückdrehen, weder durch unsere Nostalgie noch durch unsere Reue. Die Rechte sieht nostalgisch in die Vergangenheit zurück: Früher waren wir größer, früher hatten wir mehr Macht, konnten wir dies und jenes tun. Die Linke ist von Reue beherrscht: Wir haben dieses und jenes getan, wir werden es nicht wieder tun. Sicher ist es richtig, zurückzuschauen, um wieder das aufzugreifen, was wir waren. Ohne sich auf die Brust zu schlagen, aber auch nicht ganz ohne ein Gefühl der Befriedigung. Ich will sagen, daß wir nur dann die Zukunft aufbauen können, die wir uns wünschen, wer auch immer die Herzkönigin sein mag, wenn wir lernen, uns umzuschauen, nach hinten zu schauen, um unsere Vergangenheit als Linke zu begreifen. Wir müssen die Bilanz aus der linken Vergangenheit in der Welt ziehen und dann vorwärts gehen.

AUTOR: Es gilt zu beweisen, daß die Linke weiter notwendig ist und zu einer neuen Fortschrittsidee beiträgt.

MARCOS: Ohne ein linkes Projekt wäre die Welt sterbenslangweilig.

AUTOR: Die Linke hat auch schreckliche Welten erbaut.

MARCOS: Du meinst, die Rechte kann sympathischer sein?

AUTOR: Zumindest garantiert sie dir, daß auch in San Cristóbal de las Casas eine Armani-Boutique eröffnet wird, und sorgt für eine Minderheit, die ihre Kunden sind. Die Linke ist weiter notwendig, weil sie als einzige bereit ist, sich für eine Veränderung der Dinge einzusetzen. Jedoch muß sie eine gewisse Unschuld wiedergewinnen. Gut wäre eine Mischung von notwendiger Linken und einer neuen Unschuld, so wie es die der Kommunisten des 19. Jahrhunderts gewesen sein mag. Sie müßte selbstkritisch alles aufarbeiten, was sie falsch gemacht hat, alle Grausamkeiten und unberechtigte Gewalt.

MARCOS: Genau da liegt unser Ansatzpunkt. Aber nicht nur als linke Bewegung, sondern auch als ethische. Du kannst nicht nur mit einem Gefühl der Reue oder der Nostalgie auf die Vergangenheit zurückschauen, du mußt der Selbstanalyse ihr spezifisches Gewicht geben.

AUTOR: Ihr seid zu einem Spiegel geworden, der uns die Schuldhaftigkeit des Systems vor Augen hält. Ihr habt seine Logik durchbrochen. Es war am glücklichen Ende der Moderne angelangt: Überlieferte Produktionsweisen, vitale, marginale und laterale Praktiken, die sich in der Geschichte verankert hatten, waren also keine zu berücksichtigenden Faktoren mehr. Jetzt ist die Lesart ganz anders: Es muß für alle ein Platz in der Globalisierung gefunden werden, indem man ihre Rechte, darunter das Recht auf Differenz, respektiert.

MARCOS: Daher das Bemühen des kritischen Sektors von Intellektuellen, zu verstehen, was vor sich geht. Die linke Theorie ließ über lange Zeit die Differenz außer acht: Der Kapitalismus war notwendig, um den Feudalismus zu überwinden und den Weg zum Sozialismus zu bereiten, alles übrige waren marginale Geräusche von Marginalisierten. Wir müssen alle diese Fragen neu stellen. Die Linke denkt kritisch, wenn sie in der Opposition ist, wenn sie jedoch an die Macht kommt, vergißt sie ihr kritisches Denken. Auch für diesen Sektor gilt unser Vorschlag, das ethische Paradigma zu verändern.

AUTOR: Wenn die Linke an der Macht ist, funktionieren die Mechanismen ihrer Wirklichkeitsbeziehungen immer eingeschränkter. Im Falle eines Einparteiensystems kommen sie fast vollständig zum Erliegen. Die Einheitspartei legte sich die Wahrheit immer mehr nach Maßgabe der etablierten Macht zurecht und erneuerte ihre Führungsriege so, daß sie sich immer ähnlicher sah, bis sie praktisch geklont war. Nach siebzig Jahren war nichts mehr von dem übriggeblieben, was sie einmal zu sein vorgaben. So erklärt es sich, daß um acht Uhr morgens das Exekutivkomitee der Kommunistischen Partei der UDSSR aus lauter Kommunisten bestand, um neun Uhr jedoch der eine sich als Anhänger des Zaren entpuppte, der andere als Christdemokrat und wieder ein anderer als Demokratischer Christ ... Da war etwas geschehen.

MARCOS: Es war schon vorher etwas geschehen.

AUTOR: Sie haben es nicht gemerkt, als sie aufhörten, Kommunisten zu sein. Aber laß uns vom Indio als Metapher zu den realen indischen Gemeinschaften übergehen. Ihr verwendet nicht gern den Begriff *Indigenismo*, weil es einer dieser von »den anderen« geschaffenen Begriffe ist. Einer dieser Begriffe, die einen Herren haben. In meinem Gespräch mit Rigoberta verspürte ich bei ihr eine gewisse Abwehr gegenüber den Anthropologen, als ob sie an dem falschen Verständnis der Dinge mit schuld hätten. Ihr zufolge haben die Anthropologen ein verfälschtes Bild der indianischen Welt geschaffen. Ich glaube, daß es zwei Arten von Anthropologen gibt: Diejenigen, die ein falsches Bild geschaffen haben, die so taten, als ob sie Schmetterlinge oder Insekten sammelten, aber auch diejenigen, die die Aufmerksamkeit auf die Differenz lenkten.

MARCOS: Sagen wir einmal, es gibt zwei Tendenzen. Das Aufkommen des Zapatismus hat den Anthropologen den Rücken gestärkt, die versuchen, den Dingen auf den Grund zu gehen, sie zu verstehen, und nicht sie zu konstruieren, hypothetische Gebäude zu errichten. Die Anthropologen, die den Indio wie einen seltenen Schmetterling behandeln, schaffen eine künstliche Wirklichkeit, so wie sie für den Stoffwechsel des Systems, in touristischen wie kulturellen Begriffen gesprochen, verdaulich ist.

AUTOR: Man kann sich folgendes zynisches Spiel des Systems vorstellen: Lassen wir einfach so und so viele Gruppen von Anthropologen die Indios beobachten, die im Amazonasgebiet verbleiben, aber wir roden immer mehr Land, brennen weiter den Regenwald ab. In diesem doppelten Spiel ist eine doppelte Wahrheit enthalten, aber fünfzig Jahre später gibt es keinen Wald und keine Indios mehr. Die herrschende Klasse instrumentalisiert die Rolle der Anthropologie und das Recht auf Differenz, um zu verbergen, daß sie ihr Werk der Zerstörung und der Globalisierung nach altem Muster fortsetzt.

MARCOS: Dagegen müssen wir uns wehren. Es reicht nicht aus, wenn sie unser Anderssein anerkennen. Sie müssen den Raum, in dem wir leben, und die Entscheidungen, die wir über ihn treffen, anerkennen. Was nützt es, wenn sie sagen: Die Zapatisten sind Indios, und wir erkennen ihre Rechte an, aber in diesem Gebiet liegt Erdöl, also weg mit ihnen. Mit der Zerstörung des Lebensraums zerstören sie auch die indianischen Gemeinden.

AUTOR: Die Indianische Bewegung stellt innerhalb der voranschreitenden Globalisierung die Logik des Systems und seine Muster in Frage. Diese wurden von der herrschenden Klasse geschaffen, das heißt, den Globalisierern, aber der Globalisierte wird sich immer klarer, um welch ungleiches Spiel es sich handelt. Es gibt Globalisierer und Globalisierte, wie es zuvor den Imperialismus und die durch den Imperialismus Unterdrückten gab, den Kolonialherren und die Kolonisierten. Welches reale Kräfteverhältnis kann sich hier einstellen? Wie kann man dem Imperialismus oder dem Globalisierenden drohen, wie kann man ihn von seinen Plänen abbringen oder in seinem Kurs korrigieren? In der Vergangenheit schlug die Bewegung der nichtpaktgebundenen Staaten eine Linie des Kampfes gegen die imperiale Hegemonie vor, allerdings unter der Voraussetzung, daß die Länder der Dritten Welt einen Linkskurs einschlagen. Davon bleibt nichts mehr übrig.

MARCOS: Heute ist nicht mehr an eine zentrale Instanz, die eine Antwort auf alles parat hat, zu denken. Unser Reichtum besteht in der

Unterschiedlichkeit des Widerstands. Darum muß ein weitgespanntes Netz des Widerstands und der neuen Vorschläge geknüpft werden. Es gibt keine zentrale Instanz, die die Fäden einer einzigen weltumspannenden Widerstandsbewegung zusammenhält, aber es baut sich nach und nach ein Netzwerk auf, das vibriert, wenn der Widerstand an einer Stelle aktiv wird oder wenn es an einer anderen Stelle angegriffen wird. Solche Reaktionen sind mit der Finanzwelt vergleichbar, sie erzittert, wenn die Börse ins Wanken gerät. Es ist unser Vorteil, daß es weder einen vorgefaßten Plan noch eine zentrale Instanz gibt, die die einzelnen Teile des Netzes zu vereinheitlichen sucht. Unsere Instrumente sind die Kommunikation, der Dialog und der Erfahrungsaustausch. Eine grundlegende Rolle bei der Schaffung dieses Netzwerks spielte die kybernetische Kommunikation.

Die Anspielung auf die in der Vergangenheit geführten Widerstandskämpfe bringt mich auf Enrique Dussel, Professor für Philosophie und Literatur an der UNAM. Er publizierte im Juli 1994 in *Viento del Sur* einen Artikel über den Chiapas-Aufstand und stellte ihn in eine Traditionslinie sowohl mit den früheren indianischen Aufständen als auch mit den gescheiterten Versuchen der Ureinwohner, in einen Dialog mit den Konquistadoren und später auch mit ihren Erben, den Kreolen, zu treten. Dussel vergleicht die Sprache der Ersten Erklärung aus dem Lakandonischen Urwald, die in vielen Dingen Frantz Fanons *Les damnés de la terre* (Die Verdammten dieser Erde) ähnelt, mit der Sprache, in der sich der Neozapatismus auszudrücken begann, als er das Feedback der mexikanischen Zivilgesellschaft in sich aufnahm und verarbeitete. Das geschah in der »semantischen Phase der Revolution«, so bezeichnet sie Hermann Bellinghausen treffend in seinem am 7. Februar 1994 in *La Jornada* erschienenen Artikel. Diese semantische Phase hebt auch Javier Elorriaga in seinem Geleitwort zu einem Sammelband zapatistischer Erklärungen hervor, wenn er daran erinnert, wie die Erste Erklärung die mexikanische Zivilgesellschaft aufhorchen ließ, wie sie lernte, zu hören und sich darauf einzustellen begann, eine neue Sprache zu verdauen: »Die Methoden kann man in Frage stellen, aber niemals die Sache selbst … Unser Prinzip lautet: Gehorchendes Befehlen … Alles für alle, nichts für uns … Wir sind Soldaten, weil wir wollen, daß es eines Tages keine Soldaten mehr zu geben braucht …« Eine neue

Sprache für einen neuen ethischen Code. Dussel konzentriert sich auf die Besonderheiten der *ethischen* Sprache der neuen Zapatisten als den Erben des gedemütigten indianischen Gedächtnisses und der revolutionären Spontaneität Emiliano Zapatas. Er erinnert an die nicht vorhandene Achtung der spanischen Konquistadoren vor der Eingeborenenkultur. Das ist in dem Versuch dreier tezcocanischer Abgesandter versinnbildlicht, mit den spanischen Kriegern in Verhandlungen zu treten, indem sie ihnen ihren Kodex zeigten, worauf sie als Antwort mit dem Schwert angegriffen wurden. Einer von ihnen wurde von den auf sie gehetzten Hunden zu Tode gebissen. Die Konquistadoren nahmen die Daseinsberechtigung des anderen, des *Amerindio*, nicht im mindesten zur Kenntnis. Sie waren in den meisten Fällen Analphabeten, gewissenlos und roh, aber verkörperten in ihrem Auftreten die bewaffnete »Moderne«. Mit der Patenschaft, die Las Casas über die Indios übernahm, verbesserte sich die Situation keineswegs. Las Casas wurde in Chiapas von den etablierten Spaniern angefeindet, die mit Argwohn den Versuch des Paters sahen, ihnen ihre Pfründe durch Predigten wegzunehmen. Aus dieser langen Kette von Erniedrigungen, erst durch den Eindringling und Eroberer, dann durch die Erben seiner hegemonialen Macht, die Kreolen oder Ladinos, rührt die ethische Bedeutung des neuen emanzipatorischen Wissens, den die Chiapas-Rebellion 1994 an den Tag brachte. Dussel zufolge lassen sich drei ethische Grundkriterien des neozapatistischen Programms ausmachen. Das erste ist die Forderung nach Achtung der indianischen Würde und damit verbunden die Anerkennung ihrer Existenz und Eigenschaft als Personen: »Mit dem ersten Grundsatz der Würde des ethischen Subjekts ist der folgende verbunden, nämlich daß die notwendigen Bedingungen für die Reproduktion des Lebens erfüllt sind, denn die menschliche Existenz ist die eines körperlichen Wesens. Das Thema der Armut und des Elends beinhaltet im Grunde nichts anderes als die fehlende Möglichkeit oder Unmöglichkeit der Indios, ihr Leben zu reproduzieren.« Das dritte ethische Grundkriterium ist die Gemeinschaft selbst, denn jedes Tun, das eine ethische Gültigkeit anstrebt, muß solidarisch sein. Die Gemeinschaft ist der Angelpunkt der Maya-Demokratie, das Wir steht über dem Ich, der angeblichen persönlichen Würde eines Individuums. Die Erklärungen der EZLN, unterstreicht Dussel, gehen von der Maya-Gedächtniskultur aus, um ihren Forderungen nach Freiheit, Gerechtigkeit und Demokratie in der Gegenwart eine neue Bedeutung zu verleihen: »Chiapas ist eine tiefgründige, aus der Tiefe der Geschichte kommende ethische Interpretation der gesamten Modere. Sie berührt Lateinamerika in seiner Substanz, aber auch Europa, weil sie an den Völkermord des 16. Jahrhunderts erinnert, an den ersten ›Holocaust der Moderne‹: 15 Millionen getötete Ureinwohner, 14 Millionen verschacherte afrikanische Sklaven ... Das sind ethische Grundsituationen, die an ein solidarisches Mitgefühl mit den Unterdrückten, den Armen und den Ausgeschlossenen appellieren.« In dem am 2. Februar 1994 in *La Jornada* erschienenen Aufruf der Zapatisten heißt es: »Die Wahrheit, die den Worten der Ältesten unter den Alten unserer Dörfer auf Schritt und Tritt folgte, war nicht nur die Wahrheit des Schmerzes und des Todes. In den Worten der Ältesten der Alten nistete stets die Hoffnung unserer Geschichte ... Wir begruben die Angst neben unseren Toten aus früheren Zeiten, brachten unsere Stimme den Mächtigen zu Gehör und luden uns unsere Wahrheit auf, um sie in der Erde, in der die Lüge herrscht, auszusäen. In die Stadt zogen wir, mit unseren Toten auf den Schultern, um sie den blinden Augen unserer Mitbürger, den guten wie den schlechten, den Weisen wie den Unwissenden, den Mächtigen wie den Armen entgegenzuhalten.« Dussel beendet seinen Artikel mit der Feststellung, daß wir es hier mit einer politischen Bewegung zu tun haben, die einer Ethnie, einem Volk, einem auf diesem Kontinent entstandenen gemeinschaftlichen Gebilde Ausdruck verleiht: dem *Cemanahuac* der Azteken genau so wie dem *Abia Yala* der Kumas oder dem *Tehuantisuyo* der Inkas. »Wir Weißen und Mestizen, die mit großen Preisen geehrten Dichter und die Intellektuellen mit Universitätsdiplom müssen noch eine Menge an Kultur, Schönheit und Dichtung lernen, um auf der Höhe der ›Ältesten der Alten‹ in Chiapas zu sein. Möge uns die Geschichte unsere Ignoranz und unseren Hochmut verzeihen!«

Unmögliches Verzeihen. In der Vergangenheit vergibt die Geschichte nicht. Was die Zukunft betrifft, steht die Frage im Raum, ob die Geschichte nicht schon beendet, d. h. abgeschlossen ist, damit es eben keine Schuldigen gibt. Solche Reflexionen wie die von Dussel sind ein Beweis für die nachhaltige Auswirkung, die der zapatistische Aufstand in der »semantischen Phase des Konflikts«, in der Ausrichtung der EZLN und der FZLN auf die konstitutiven Elemente einer kulturellen Revolution hatte. Ich kehre zu dem Thema zurück, das wir auf dem Tisch liegen haben, auf dem die Kerzen mit der Nacht und der Abendkälte kämpfen, und an dem Marcos, an seiner Pfeife ziehend, so geisterhaft dasitzt wie seine Gefährten.

AUTOR: Man könnte also auch sagen, daß im Unterschied zur bewaffneten Revolution ein neues Antriebselement in der Suche nach einer kulturellen Anbindung liegt, ein neuer Bewußtseinszustand geschaffen wird und neue Initiativen und Aktionen entstehen, sich eine Massenbewegung herausbildet. Eine kulturelle Revolution.

MARCOS: Ins Militärische übertragen könnte man es sich so vorstellen. Wenn es einen einzigen großen Block des Widerstands gibt, mußt du die Befehlszentrale ausmachen, sie angreifen und zerstören. Damit hast du alles zerschlagen. Wenn es nicht nur eine Befehlszentrale, sondern viele Widerstände gibt, mußt du gegen alle kämpfen, was bedeutet, daß du deine Kräfte zersplitterst. Du kannst deine Kräfte alle auf einen Ort richten, auch wenn du es mit einem gestreuten Widerstand zu tun hast, aber wenn dieser lokale Widerstand Wirkungen auf andere erzielt, kannst du deine Kräfte nicht mehr auf einen einzigen Punkt konzentrieren, weil sie vom einen auf den anderen überspringen. Die gleichen Instrumente, die das Kapital benutzte, um einen großen Markt aufzubauen, werden jetzt von den anderen eingesetzt, um Netzwerke des Widerstands aufzubauen. Dieses erzittert, wenn man es berührt, und gibt seine Schwingungen weiter, so daß es immer schwieriger, ich will nicht sagen unmöglich wird, die traditionellen Methoden anzuwenden, um einen Widerstand zu vernichten.

AUTOR: Du, ein Guerillero, der natürlich bewaffnet ist, hast harsche Kritik an der militärischen Logik geübt. Wie läßt es sich mit diesem Widerspruch leben? Eines Tages wird man dich degradieren, und dann wirst du nur noch Unteroffizier sein.

MARCOS: Es gibt keinen niedereren Grad als den des Subcomandante, wir haben die Pyramide auf den Kopf gestellt.

AUTOR: Weil eine Guerillagruppe zum ersten Mal so klarsichtig die militärischen Gepflogenheiten kritisiert hat.

MARCOS: Die EZLN ist beileibe keine klassische Guerillaarmee. Bei uns spielt wie gesagt die Kultur eine große Rolle. Dich haben wir in den Bergen kennengelernt, nicht in einer Buchhandlung oder in einem

Café und auch nicht auf einer Konferenz. Hier im Dschungel, durch Carvalho.

AUTOR: Dazu fällt mir eine Anekdote ein. Man erzählt sich, daß Lara vom Planeta-Verlag, in dem auch meine Carvalho-Reihe erscheint, die Idee hatte, eine Ladung Bücher an Fallschirmen über dem Dschungel abzuwerfen, anstatt sie in Amerika zu verkaufen. So wollte er erreichen, daß man ihm Geld für den Export von Büchern zur Verfügung stellt. Eine dieser vom Himmel gefallenen Sendungen sei auch auf euch niedergegangen. Du hast dich über den Mythos des bewaffneten Propheten oder des unbewaffneten Propheten hinweggesetzt und bist ein Medienprophet geworden. Du bist ganz offensichtlich mehr ein Medien- als ein bewaffneter Prophet.

MARCOS: Wir hüten uns, das Bild eines Propheten abzugeben, denn wir weisen nicht auf Dinge hin, die in der Zukunft eintreten werden, sondern auf das, was gerade geschieht. Dabei zeigen wir nur auf die Spitze eines Eisberges, der gerade aufzuragen beginnt. Es hat sich nicht die weite Ebene aufgetan, die man uns nach Ende des kalten Krieges versprochen hatte. Die Welt ist voller Höhen und Tiefen. Wir sind eines dieser Gefälle, und es gibt viele andere, da muß man sich nur umblicken. Wir müssen akzeptieren und uns darüber verständigen, daß die Welt voller Höhen und Tiefen ist, im Gegensatz zu der Fata Morgana, die die Internationale der Rechten uns vorspiegelt. Was die Massenkommunikationsmittel betrifft, die heute die wichtigste Waffe sind – oder etwa nicht?, so haben wir es geschafft, uns heimlich in das Gebäude der Macht einzuschleichen. Wir haben uns diese Waffe, die in ihren Diensten stand, angeeignet und sie in die umgekehrte Richtung gelenkt. Ihr Vorteil ist, sie tötet nicht, zerstört nicht, sondern spricht, erklärt, zeigt und verbindet.

AUTOR: Wenn du kritisiert wirst, daß du auf die Mittel der Theatralisierung, der Inszenierung zurückgreifst und dich selbst inszenierst, so halte ich das für zutreffend, außerdem sind das gültige Mittel. Wer den anderen ein Angebot historischen Verhaltens macht, die Rolle des *Mediums* übernimmt, kommt ohne Theatralisierung gar nicht aus. Der Professor inszeniert sich, wenn er eine Vorlesung hält, und auch die Person, die mit einer anderen kommuniziert, inszeniert sich, weil sie das Beste geben will, um zu überzeugen. Theatralisierung ist nicht an und für sich negativ.

MARCOS: Nein, wir sehen darin auch ein Erbe unseres Kontakts mit den indianischen Gemeinschaften. Die Verwendung vielfältigster Symbole im kollektiven Leben bedeutet in der einen oder der anderen Form eine Darstellung. Die Versammlungen und Zusammenkünfte, die gemeinschaftlichen religiösen Zeremonien und auch die Hochzeiten kann man als Inszenierung, Theatralisierung, ansehen.

AUTOR: Theatralisierung darf auf keinen Fall als Täuschung verstanden werden.

MARCOS: Auf keinen Fall, sondern als eine Interaktion in der Darstellung, wobei wir das Wort Darstellung, Repräsentation, in dem Sinne verwenden, einer Identität Ausdruck zu verleihen. Nur um dir ein Beispiel zu geben: Die Hochzeit in einer Gemeinschaft beinhaltet eine ganze Reihe sehr komplexer Zeichen. Angefangen damit, wie sich das Paar kennenlernt, wie der eine um den anderen wirbt, die Hochzeitszeremonie, die Aufnahme des Paares in die Gemeinschaft. Die religiöse Zeremonie, die sportlichen und die militärischen Zeremonien haben sich über lange Jahre entwickelt, bis sie ihre Form angenommen haben.

AUTOR: Dazu etwas Persönliches. Du hast in einem Brief an mich von einem Quartett gesprochen: Carvalho, Capirucho, Capirote und du. Wer sind Capirucho und Capirote?

MARCOS: Stimmt, ich habe dir vorgeschlagen, ob wir nicht zusammen einen Fernkrimi schreiben. Capirucho und Capirote sind Olivio und Marcelo, zwei Jungen von vier oder fünf Jahren. Sie selber haben beschlossen: Ich bin der Sergeant Capirucho, und der andere ist der Cabo Capirote. Ich arbeite bereits an der Figur, die keine Bücher verbrennt wie Carvalho.

AUTOR: Da will ich dich gar nicht weiter über deine Zukunftspläne befragen, denn es ist offensichtlich, daß du in Konkurrenz mit mir treten wirst. Soweit die Literatur. Aber halten wir die Gegenwart fest, die manchmal der Realität ähnelt oder umgekehrt. Kürzlich hat der Papst Mexiko besucht. Er tritt in allen Medien auf, weil er der fünfte Evangelist sein will. Nach Frei Betto besteht das Problem des Papstes darin, daß er die Hoffnung hegte, nach dem Zusammenbruch des Kommunismus würde die neue katholische Spiritualität wieder in der ganzen Welt ihre Vormachtstellung erlangen. Aber schau nur, was passiert ist, sagte Frei Betto zu mir. Vorher haben nur die spanischen und brasilianischen Priester geheiratet, jetzt heiraten auch die polnischen. Aus diesem Grunde hat der Papst seine Bemühungen um die Evangelisierung der Welt verstärkt. Darum auch sein Treffen mit Fidel Castro. Sie sind beide zu einer sehr ähnlichen Lesart des Neoliberalismus gelangt. Inwiefern hältst du es für möglich, dieses religiöse Element in die kulturelle Revolution, von der wir vorher sprachen, in die Position, die der Globalisierte dem Globalisierenden gegenüber einnimmt, einzubeziehen? Oder muß man definitiv die weltliche von der religiösen Lesart der Situation trennen?

MARCOS: Gewiß sollte man den Unterschied klar hervorheben, aber auch sehen, daß die Kirche große Anstrengungen unternimmt, um sich an eine Welt anzupassen, die sich mit zunehmender Geschwindigkeit verändert. Der Liberalismus hat nicht nur sein Kommen, sondern auch sein Ende angekündigt. Die Kirche muß eine Antwort darauf finden, sie bewegt sich zwischen der Anerkennung einer neuen Realität, der Globalität, und der Verurteilung der sozialen Kosten, die sie mit sich bringt. Einschließlich der Tatsache, daß am Ende der Rechnung das Verschwinden des Neoliberalismus steht. Nicht nur die Katholische Kirche, alle großen politischen Organisationen, nationale wie internationale, sehen diese Perspektive. Sogar in den großen Entscheidungszentralen des Finanzkapitals wird gesagt, daß das, was wir hervorgebracht haben, nicht lange so andauern wird. Wir schaffen eine immer stärkere, immer unumstößlichere Instabilität, so daß wir uns jetzt schon darauf einstellen müssen, was kommen wird. Wir müssen voraussehen und planen. Jetzt kommen bereits Kritiken am Neoliberalismus vom Internationalen Währungsfonds und von Personen, von denen es selbst die Liberalen nicht für möglich gehalten hätten.

Der Besuch des Papstes, der zweite in Mexiko, wühlte das soziale Gewissen eines Landes auf, in dem die tiefreligiöse Theatralität des Volkes – die so weit geht, daß Gläubige auf blutig gerissenen Knien bis zur Kathedrale von Guadalupe rutschen –, der Laizismus des mexikanischen Staates und eine wenig ins Gewicht fallende katholischen Intelligenz nebeneinander bestehen. Es ist nicht verwunderlich, daß in dem herrschenden Klima vor der Ankunft des Papstes ironische Reaktionen auf den kommerziellen Rummel rund um den Papstbesuch laut wurden und eine nicht ganz gesunde Neugierde darüber herrschte, wie der Papst sich wohl zum Konflikt zwischen Staat und Zapatismus äußern, und welche Worte er über die anhaltenden Menschenrechtsverletzungen in Mexiko finden würde. Mexiko steht nach den Angaben von Amnesty International, von *Human Rights Watch*, der Pastoren für den Frieden und der Internationalen Menschenrechtskommission ganz oben auf der Liste der Länder, die ständig die Menschenrechte verletzen. Sie sind so gravierend, daß Vorbereitungen zur Einberufung eines Internationalen Chiapas-Tribunals nach dem Vorbild des Russell-Tribunals getroffen werden. Sartre charakterisierte das Russell-Tribunal seinerzeit als »ein Gericht ohne Richter. Der Richter wird schließlich die Gesellschaft sein, die menschliche Gemeinschaft, die Völker.« Im März 1999 veröffentlichte Amnesty International einen neuerlichen Bericht über Mexiko unter dem Titel *México, bajo la sombra de la impunidad* (Mexiko im Schatten der Straffreiheit), in dem es auf die zunehmenden Foltermethoden, Standhinrichtungen, Verschleppungen und willkürlichen Festnahmen hinweist, obwohl die Regierung 1986 und 1991 Reformen durchgeführt und besonders die Folter unter Strafe gestellt hatte. Die fortschreitende Militarisierung von Teilen des Landes, um den Drogenhandel und die Guerilla zu bekämpfen, hat dazu geführt, daß sich die Willkürakte von Polizei, Streitkräften und paramilitärischen Gruppen erschreckend mehren, während die garantierte Autonomie der richterlichen Gewalt nur noch eingeschränkt gilt. Außer der massiven Verletzung der Menschenrechte beobachtet Amnesty auch die verstärkte Verfolgung von Menschenrechtsverteidigern, ja sogar bewaffnete Überfälle von Paramilitärs auf die Bischöfe Vera und Samuel Ruiz. Bischof Samuel Ruiz erhält ständig Morddrohungen, und auch die ausländischen Beobachter werden unter Druck gesetzt.

Würde der Papst sich dazu äußern? Würde er nur etwas der Form halber sagen oder mit dem gleichen Nachdruck sprechen, mit dem er sich für die Einhaltung der Menschenrechte in den ehemaligen sozialistischen Ländern eingesetzt hatte? Schallplatten, Bücher und eine ganze Flut von Bildern überschwemmten den mexikanischen Markt mit so bezeichnenden Titeln wie *Voces del paraíso* (Stimmen aus dem Paradies) und *Un concierto en el cielo* (Ein Konzert im Himmel). Die Zeitungen befrachten Schlagzeilen wie diese: »Madonna und Michael Jackson – Zwerge im Angesicht von Johannes Paul II.« Der Papstbesuch als kommerzielles Massenspektakel. Den »Ehrengästen«, egal ob aus Politik oder Kultur, wurde Geld für den Transport abverlangt, und die

Presseakkreditierung kostete dreihundert Dollar. Pepsi-Cola kam allen anderen Getränkegesellschaften zuvor und stellte drei große Werbebildschirme an den verkehrsreichsten Stellen in der Nähe der Kathedrale von Guadalupe auf, obwohl es nicht erlaubt ist, Erfrischungsgetränke im näheren Umkreis der Jungfrau zu verkaufen. Der Medienrummel um den Papstbesuch hatte Monsiváis schon beim ersten Besuch zu dem Kommentar veranlaßt, er sei wohl ebensosehr auf die Einschaltquoten von Televisa zurückzuführen, während Joaquín Meyer angesichts aller geschalteten Medien von Ämterschacher sprach: »Es ist ein Riesengeschäft, das von den großen Unternehmen – sie sind in ihrem Element – und einer Handvoll Katholiken im Staats- oder Kirchendienst, Millionäre von Christo Gnaden oder nicht, aufgezogen wurde. Diese aber sind als Christen im Unterschied zu den Unternehmern im Unrecht und gar nicht weit davon entfernt, dem Beispiel Simon des Magiers zu folgen. Es scheint sogar, daß die ursprüngliche Idee der Kommerzialisierung von ihnen und nicht von den Geschäftsleuten stammt. Sie inspirierten sich am Beispiel der Fernsehprediger und ihrem Pionier, Billy Graham. So konnte es u. a. dazu kommen, daß Tausende von Klebebildchen der Jungfrau von Guadalupe von der Masse mit Füßen getreten wurden, Tausende von Heiligenbildchen, die aus den Pommes-frites-Tüten fielen. Das hat nichts mit der päpstlichen Botschaft zu tun, die von der ersten bis zur letzten Enzyklika ausnahmslos den Materialismus, den Kommunismus und die weltweite Kommerzialisierung verurteilt.

Die Bilanz von vier Tagen Papstbesuch ergab im touristischen Bereich einen Gewinn von 600 Millionen Pesos. Im ethischen und politischen, oder nennen wir es geistigen Bereich, verwies der Papst auf die unbedingte Einhaltung der Menschenrechte, obwohl er den Eindruck vermittelte, daß er sich strikt an das Drehbuch hielt und den Kapitalismus sowie den Neoliberalismus in ähnlichen Begriffen verurteilte, wie er sie schon ein Jahr zuvor auf Kuba verwendet hatte. Doch die mexikanischen Kommentatoren zeigten sich nicht so kooperativ wie die kubanischen und erinnerten den Papst daran, es sei eine Sache zu predigen, aber eine andere, tatsächliche Veränderungen im Verhalten der politischen und wirtschaftlichen Machthaber zu bewirken. Horacio Labastida gemahnte den Papst an den wiederholten Irrtum in seinen Predigten, daß das Leid des Menschen und der Lateinamerikaner auf das falsche Verhalten der Regierung und der Multimillionäre zurückzuführen, sei und sich alles zum Guten kehren würde, wenn die Bösen nur in sich gingen. Zweitausend Jahre der gleiche christliche Diskurs, und die Bösen scheren sich nicht darum, während der Impuls, zum religiösen Glauben zurückzukehren, eher wie ein Versuch aussieht, angesichts einer unbefriedigenden Gegenwart auf eine frühere Entwicklungsstufe zurückzufallen.

Was Chiapas betrifft, so war die Regierung sehr bemüht, das Thema weder in den offiziellen Diskursen noch im Programm der Gespräche zwischen Zedillo und dem Papst auftauchen zu lassen. Das ging so weit, daß Samuel Ruiz vorsorglich darauf aufmerksam machte, welch ein großer Fehler es wäre, diese Frage auszuklammern, so daß der Papst keine andere Wahl hatte, als den Dialog mit den Indios in den großen nationalen Dialog miteinzubeziehen und neben der unausweichlichen Erwähnung der einheitstiftenden Mestizaje auch dem indianischen Problem ein paar Worte zu widmen. Die COCOPA nutzte den päpstlichen Hinweis, um auf die Regierung und die EZLN Druck auszuüben, die unterbrochenen Gespräche wieder aufzunehmen. Luis Hernández Navarro erinnerte an die Radikalität des neuen indianischen Kampfes und daran, daß nicht alles über die »Indianische Theologie« von Samuel Ruiz zu erklären sei: »Ein Teil der neuen indianischen Führung vertritt die Auffassung, daß die Evangelisierung einen *Ethnozid* darstelle, denn sie vergreife sich an der Weltsicht, den Glaubensvorstellungen, den Lebens- und Organisationsformen der Völker.« Er erinnerte daran, daß eine Gruppe Indios während des Papstbesuchs 1985 in Peru dem Papst die Bibel zurückgab, weil sie in fünf Jahrhunderten nicht das gegebene Versprechen von Liebe, Frieden und Gerechtigkeit eingelöst habe: »Nehmen Sie bitte Ihre Bibel, und geben Sie sie unseren Unterdrückern zurück.« Hernández schätzt andererseits das Werk der Theologie der Befreiung oder der Indianischen Theologie, um den katholischen *Ethnozid* der Vergangenheit zu kompensieren, als sehr positiv ein und weist darauf hin, daß der aktivste Teil der Kirche die Starrheit der lateinamerikanischen Politiker im Hinblick auf die indianische Befreiungsbewegung überwunden hat: »Die Mehrheit der lateinamerikanischen Politiker ist weiterhin in einer Sicht der Beziehung Staat–Nation verankert, die aus dem 19. Jahrhundert stammt.«

Nach Abreise des Papstes blieb in Mexiko das übliche Gefühl

zurück, das auf die Besuche des Wirbelsturms Woytila folgt. Marcos jedoch verschmäht keinen Verbündeten, der mitwirken könnte, die große Frage nach der Rolle der Ethik in der Politik gegenüber dem Diktat der Ökonomie zu stellen. Ich erinnere ihn daran, daß auch jemand wie Soros in Davos den Vorschlag einer ethischen Revolution unterbreitete, zum großen Erstaunen von allen.

MARCOS: Auch Kissinger hat gesagt: Aufgepaßt, so können wir mit dem wilden Kapitalismus nicht weitermachen. Wie hätte man das von einem Politiker wie Kissinger erwarten können? Es sind Veränderungen im Gang. Die Mächtigen merken, wie die Welt, die sie aufgebaut haben, zerfällt und sie Gefahr laufen, mit ihr unterzugehen. Sie müssen Abstand nehmen und neue Vorschläge ins Auge fassen.

AUTOR: In Lateinamerika geht ein großer Teil der Kirche, die Basiskirche, die Christen für den Sozialismus und die Befreiungstheologen, ganz klar in diese Richtung. Aber inwiefern bedeutet das nicht auch, von einer traditionellen linken Kultur ausgehend, die wir geerbt haben, eine Niederlage der Vernunft? Wir, die Ururenkel der Vernunft, müssen uns zum Ende des zweiten Milleniums fragen, wie weit wir uns für einen Vorschlag aufgeschlossen zeigen, der ethisch-religiöse Werte, die auf einer verkündeten Wahrheit beruhen, mit einbezieht. Wir müssen das vielleicht als ein kleineres Übel ansehen, wenn es dem Ziel dient, die soziale Gerechtigkeit und Freiheit zu fördern.

MARCOS: In Frage gestellt werden muß der Diskurs von der einzigen Vernunft, sei sie religiös, moralisch oder humanistisch. Man kann nicht weiter annehmen, daß es nur eine einzige Vernunft gibt, die allen auferlegt werden muß, weder als Erklärung für das Diesseits noch für das Jenseits. Wir gehen über diese Problemstellung hinaus, weil das Problem kein religiöses ist, sondern weil man anerkennen muß, daß es die Vernunft nur in der Pluralität gibt, und sie muß man suchen und artikulieren.

AUTOR: Leider besitze ich keinen ausgeprägten Sinn für verkündete Wahrheiten, weder für die christliche, die neoliberale noch die marxistische, als sie noch den Charakter einer verkündeten Wahrheit hatte. Aber man muß Formen des Zusammenlebens finden. Anerkanntermaßen hat die Katholische Kirche, das religiöse Unternehmen, das noch immer die Hegemonie in Lateinamerika besitzt, nach den letzten

Statistiken der CELAM immerhin vierzig Millionen Gläubige in den letzten Jahrzehnten verloren. Sie sind zur Evangelischen Kirche oder zu den Sekten neuer Designer-Religionen abgewandert. Die vatikanische Hierarchie beginnt das sehr klar zu sehen. Angesichts dieses enormen Verlusts ihres Marktanteils verändert sie ihre Sprache und ihre Position. Es handelt sich nicht mehr um eine persönliche Herausforderung des Papstes, obwohl er sich gleichsam als fünften Evangelisten betrachtet, sondern um die Institution Kirche überhaupt. Vielleicht könnte man ja diese möglicherweise erneuerte Kirche als Reisegefährtin bei der ethischen und kulturellen Revolution akzeptieren, aber nur als Reisegefährtin, wir sollten nicht etwa einer ethischen Theokratie entgegengehen.

MARCOS: Nicht nur die Kirche, auch die Medien, das Fernsehen, sind herausgefordert. Alle versuchen, sich den offensichtlichen Veränderungen anzupassen, denn sie merken, daß sie nicht so wie früher ankommen oder akzeptiert werden.

AUTOR: Ich werde dich frei in der freien Natur zurücklassen, will aber vorher noch kurz auf einen Artikel zu sprechen kommen, den ich vor kurzem las. Er hat den Titel *Chiapas, lástima* (Chiapas, ein Jammer), und in ihm wird folgendes behauptet: Jetzt gibt es trotz der anfänglichen guten Perspektiven nach dem Aufkommen eurer Bewegung mehr Armut als zuvor; die Zapatistische Armee ist militärisch eingekreist, so daß sie sich nicht weiterentwickeln kann; die Spaltung der Gemeinschaften ist stärker geworden; die PRI ist so zerrüttet, daß der Staatsbankrott eine vollendete Tatsache ist. Dadurch ist ein Gefühl der Leere, fast eines Abgrundes entstanden. Was sagst du zu dieser Bilanz?

MARCOS: Wir haben Kenntnis von diesen Befürchtungen und haben auf sie in einem Brief geantwortet, in dem wir auf die Tatsachen hinweisen: Die indianische Bevölkerung in der Konfliktzone ist nicht ärmer als vor 1994. Ärmer als vor 1994 ist die gesamte mexikanische Bevölkerung und zwar durch die Folgen des ökonomischen Modells. Das ist keine Konsequenz der zapatistischen Erhebung. Es ist sogar so, daß die Gemeinschaften das Wenige, über das sie verfügen, nur deswegen haben, weil sie organisiert sind, denn auch die nicht zapatistischen Gemeinschaften erhalten nicht die versprochene Hilfe von seiten der Regierung, weil sie zum größten Teil unterschlagen wird. Der bürokratische Apparat ist ein Trichter, in den viel Geld fließt, aber es wandert in die Taschen der Funktionäre. Nur tröpfchenweise gelangt Hilfe in die indianischen Gemeinschaften. Der Unterschied zwischen einer zapatistischen und einer nicht-zapatistischen Gemeinschaft besteht darin, daß die zapatistische Gemeinschaft weiß, ihre Armut hat Zukunft. Sie setzt auf den Widerstand, um emanzipatorische Ziele zu erkämpfen, während die andere Armut resigniert. Obwohl die Regierung den Gemeinschaften das Blaue vom Himmel versprach, wenn sie sich nur von uns ferne hielten, bekamen sie so gut wie nichts. So sieht die Wirklichkeit aus.

Über die Wirklichkeit der Armut in Lateinamerika und in Mexiko im besonderen sind in der Nummer vom November 1998 der Zeitschrift *Expansión* die folgenden Daten nachzulesen: Mexiko belegt den 49. Platz in der globalen Entwicklung der Menschheit, in den Sozialausgaben liegt es im lateinamerikanischen Verhältnis auf Platz 13, der prozentuale Anteil der Bevölkerung, der mit weniger als einem Dollar täglich auskommen muß, beträgt in Mexiko 15 und in Lateinamerika 24 Prozent, der Anteil der Bevölkerung unter der Armutsschwelle beträgt 26 Millionen, die Bevölkerung ohne Trinkwasser umfaßt 17 Prozent, die Bevölkerung ohne Gesundheitsfürsorge 7 Prozent, die Bevölkerung ohne Schulbildung in Mexiko 33 und in Lateinamerika 31 Prozent, es fehlen 7 Millionen Wohnungen, 3,5 Millionen Haushalte waren 1996 ohne den geringsten Fleischkonsum, an Unterernährung sterben täglich 350 Menschen, der Anteil der Minderjährigen mit Zeichen von Unterernährung beträgt in Chiapas 44, in Oaxaca 43 und in Yucatán 37 Prozent, der Prozentsatz der Unterernährung als Ursache für die Kindersterblichkeit ist 5 Prozent, der Anteil der über 12jährigen, die im informellen Sektor arbeiten, 36 Prozent.

Im Januar 1999 war in der Zeitung *Reforma* ein Brief von Frau Guadalupe Loaeza abgedruckt, in dem sie Zweifel an den positiven Ergebnissen der zapatistischen Bewegung äußert. Marcos antwortet auf die Frage, ob es den indianischen Gemeinschaften nicht sogar schlechter ginge als vorher, daß es ihnen nicht schlechter ginge, sondern daß sie unter dem gleichen Mangel wie vorher litten: »Wir haben weiter keine Schulen, keine Lehrer, Krankenhäuser, Ärzte, Medikamente, angemessene Preise für unsere Produkte, gute Nahrungsmittel in ausreichendem Maße, würdigen Wohnraum, alles ist genau wie vor 1994.« Der

Zapatismus habe im Rahmen seiner Möglichkeiten versucht, einige dieser Mängel zu beheben: »Wir haben jetzt Dinge, die wir vorher nicht hatten, und das ist sehr wenig im Verhältnis zu unseren Bedürfnissen. Aber der Unterschied zwischen dem Mangel früher und dem jetzigen ist, daß es vorher niemanden interessierte, ob wir das unbedingte Minimum zum Leben hatten oder nicht.«

Was die Zapatisten verloren haben, ist die Verzweiflung, die Bitterkeit, die Resignation. Die Armut der indianischen Gemeinschaften ist reicher als andere Armutszustände, denn hinzugekommen ist die Hoffnung. Wenn die Zapatisten nicht rebelliert hätten, dann würde es auch diesen Brief nicht geben, in dem eine Bürgerin ihre Zweifel anmeldet. Wenn man der zapatistischen Bewegung ein Ende setzt, dann müßte man auch die Ursachen, die sie hervorgerufen haben, beseitigen, und wenn Marcos zum Schuldigen dafür gestempelt wird, den autonomen indianischen Gemeinschaften gehe es jetzt schlechter, sollte man ihn dann auch für den Zustand der nicht-zapatistischen Gemeinschaften verantwortlich machen? Wenn die Zapatisten eine militärische Gefahr darstellen, die laut Briefschreiberin in Minutenschnelle beendet sein könnte, warum hat die Regierung dann sechstausend Soldaten in der Region stationiert und läßt die Terrorakte der paramilitärischen Banden ungehindert zu? Die Gegenfragen, die Marcos aufwirft, enthüllen die Verfänglichkeit der angemeldeten Zweifel. Marcos beendet seinen Brief mit den Worten, er wolle sie nicht für den Zapatismus rekrutieren, aber sehr wohl dafür, daß sie sich für den Frieden einsetzt damit sich ein Geschehen wie das von Acteal nicht wiederholt: »Das klingt wie ein Wahlspruch? Nein, das ist es nicht, Madame. Es ist etwas, um das man nicht umhinkommt: eine Pflicht.«

Zur Frage, ob es den indianischen Gemeinschaften nach der Erhebung besser oder schlechter gehe, frage ich Marcos, was die Regierung getan hat, um die Gemeinschaften dem Zapatismus abzuwerben. Marcos wendet sich manchmal, Zustimmung erheischend, an Moisés oder Tacho, aber wenn es sich um etwas Spielerisches handelt, wendet er sich mit den Augen an Mariana. Dann entsteht ein doppelt stummer Dialog, weil beide maskiert sind.

AUTOR: Die Regierung versucht, mit Subventionen die Gemeinschaften für sich zu gewinnen, damit sie sich ihrer Sicht der Wirklichkeit anschließen. Sie versorgt sie mit Nahrungsmitteln, um den Unterschied zu den anderen Gemeinschaften hervorzukehren, die die staatliche Hilfe verschmähen.

MARCOS: Die Hilfe kommt nicht an. Sie verbleibt beim Gouverneur, beim Assistenten des Gouverneurs und so weiter. Die nicht-zapatistischen Gemeinschaften sind genauso arm, auch sie haben keine Schulen, keine Krankenhäuser, kein gutes Land, denn es handelt sich um ein strukturelles Problem.

AUTOR: Das zweite Argument bezieht sich auf die militärische Umzingelung der zapatistischen Armee.

MARCOS: Das ist eine Frage der militärischen Auffassung. Wer so argumentiert, begreift die EZLN als eine klassische Guerilla. Wenn sie sich in einem Gebiet festgesetzt hat und ihre militärischen Aktionen nicht auf andere Gebiete erweitert, so kann das nur heißen, daß sie dazu nicht in der Lage ist. Tatsächlich ist die zapatistische Armee eine politisch-militärische Organisation, vor allem eine politische. In diesem Sinne hat sich die EZLN viel weiter ausgedehnt, als sie es sich vorstellen, und wenn sie keine bewaffneten Aktionen unternimmt, dann nicht deswegen, weil sie nicht die Stärke dazu hat, sondern weil das nicht ihre gegenwärtige Herausforderung ist. Der militärische Zeitpunkt war bereits gegeben, jetzt ist die Politik gefragt. Wir dürfen nicht mit dem Leben der Gefährten spielen, nur um militärische Stärke zu demonstrieren. Das wäre ziemlich unverantwortlich.

AUTOR: Ihr seid umzingelt, aber ihr habt ein politisches System im Belagerungszustand aufgebaut. Darauf zielt die dritte im Brief geäußerte Sorge: Ihr habt das politische Ökosystem in Mexiko weiter verschlechtert, weil der Zerfall des PRI-Systems durch euch endgültig geworden ist.

MARCOS: Wenn überhaupt, wird sich die PRI unter immer größeren Schwierigkeiten an der Macht halten und spaltet sich weiter auf, nicht nur als Partei selbst, sondern in ihrer Eigenschaft als System einer einzigen Regierungspartei. Um die innere Stabilität aufrechtzuerhalten, sieht sie sich zu immer weiteren Zugeständnissen gezwungen, und um der externen Stabilität wegen macht sie auch nach außen laufend Zugeständnisse. Weder die PRI noch das Einparteiensystem sind in Mexiko noch das, was sie vor zehn Jahren waren. Das ist gut für das Land, und zu diesem Umbruch hat unter anderem die EZLN beigetragen.

AUTOR: Es ist symptomatisch, daß sich die gesamte politisch-kulturelle Debatte um den Zapatismus dreht.

MARCOS: So verhält es sich schon seit fünf Jahren, und damals hat man uns bereits für tot erklärt.

AUTOR: Die Regierung und das Establishment im allgemeinen führen gegen euch einen schmutzigen Krieg von niedriger Intensität, wie man heute eine Zermürbungsstrategie zu nennen pflegt. Es handelt sich darum, eure Präsenz in den Medien zu beschneiden, zu verhindern, daß ihr weiter eure großen Versammlungen einberuft, den Beistand der freiwilligen Helfer zu erschweren und die Zivilgesellschaft zu spalten. Wie lange soll das gehen, und wie lange werdet ihr dem standhalten können? Vielleicht bilden die Präsidentschaftswahlen im Jahre 2000 die Grenze? Wenn die PRI gewinnt, muß sie das Saldo übernehmen, es begleichen und weitermachen. Sollte sie verlieren, bricht das Kartenhaus zusammen. Unter welchen Umständen kann sich die PRI weiter an der Macht halten? Sicher muß man mit der Angst der Menschen vor jeglicher Veränderung rechnen und auch mit dem fortschreitenden Verschleiß eures Auftretens in den Medien. Rechne dazu noch die Ermüdungserscheinungen der Zivilgesellschaft. Ich weiß nicht, wer geschrieben hat, und ich weiß auch nicht, ob als eine Art Epitaph, Chiapas sei eine kulturelle Bewegung, die sich der Staatslogik entziehe.

MARCOS: Der Feind macht seine Arbeit. Er hat versucht, unsere Bewegung sofort zu zerschlagen, aber weil das nicht möglich war, setzt er auf den Faktor Zeit. Wir setzen auch auf die Zeit und machen uns auf den Moment gefaßt, an dem sie uns zum Schweigen bringen. Unsere Waffe ist die Kommunikation. Die Mächtigen versuchen, alles und alle zu kaufen, um zu verhindern, daß wir in der Öffentlichkeit erscheinen. Sie können uns dadurch vernichten, indem sie uns integrieren, denn besiegen können sie uns nicht einmal, wenn sie uns töten. Dann würden sie uns höchstens in ein Symbol verwandeln, was vielleicht alles noch viel komplizierter machen könnte.

AUTOR: Sollte die PRI die Wahlen verlieren, könnte eine Möglichkeit darin bestehen, daß ihr eine eigene politische Kraft bildet, die die Zapatistische Befreiungsarmee repräsentiert. Eine andere Möglichkeit wäre, sich einer bereits bestehenden Partei anzuschließen, zum Beispiel der Partei von Cárdenas.

MARCOS: Das ist ein prinzipielles Problem, welche Politik betrieben werden soll, und zwar unabhängig davon, ob sie die Rechte oder die Linke macht. Es ist eine Frage der Machtausübung. Sie hängt unmittelbar von den Möglichkeiten ab, wie die Bürger in die Politik eingreifen können, es geht um die reale Partizipation. Wir setzen nicht darauf, welche politische Kraft gewinnt, die PRD, die PRI, die PAN, noch eine andere Partei oder eine Koalition, sondern daß eine breit gefächerte Bürgerbewegung entsteht. Sie sollte so pluralistisch wie nur möglich, so tolerant wie nur möglich sein, und sie sollte jede politische Kraft, die ihr Regierungsprogramm vorschlägt und die Regierungsgeschäfte übernehmen will, dazu bringen, es in Übereinstimmung mit dem Willen der Mehrheit zu tun. Wir werden keine politische Kraft organisieren, die um die Machtübernahme kämpft, sondern wollen eine Umkehrung der Machtverhältnisse in die Wege leiten. Darin liegt unsere Herausforderung. Uns wird gesagt, das ginge nicht. Es sei nicht denkbar, daß jemand eine politische Revolution anstrebt, aber nicht die Machtübernahme. So ist es aber, denn wir wollen die Machtausübung umkehren. Darum gilt unsere Herausforderung nicht dem Jahr 2000.

AUTOR: Ihr sprecht oft vom »gehorchenden Befehlen«. Das müßten die neuen Machthaber tun?

MARCOS: Genau das schlagen wir vor. Unser Horizont ist nicht 2000, und es sind auch nicht die Wahlen im Jahre 2006, wir richten uns nicht nach dem Wahlkalender der politischen Parteien.

AUTOR: Im Vordergrund steht das Unmittelbare, Mexiko, aber es ist schon merkwürdig, welche große internationale Wirkung ihr erzielt habt. Trotz der Hindernisse, die die Regierung allen in den Weg legt, die zu euch kommen wollen, reisen junge Menschen aller postlinken Strömungen an. Ihr seid wie eine Einladung für die neuen Marginalisierten, sich nicht nur aus dem hegemonischen Diskurs ausgeschlossen zu fühlen.

MARCOS: Ja, die wichtigste Komponente dieser Beziehungen ist, daß sie nicht kommen, um uns zu sagen, wie wir etwas zu machen haben, noch wir ihnen Vorschriften machen, was sie tun sollen. Die Friedenscamps sind ein Ort der Begegnung, nicht der Verträge. Wir wollen keine Vereinbarungen treffen, um unser politisches Denken auf eine Linie zu bringen. Ihr seid, wie ihr seid, wir sind, wie wir sind, wir respektieren uns, wir verstehen uns, wir kommen, geben, empfangen und gehen. Das gilt nicht nur für diejenigen, die hierherkommen, sondern auch für die anderen Sektoren, die mit uns solidarisch sind. Es fragt sich ja auch, wer die Möglichkeit hat, hierherzukommen. Ich bin sicher, daß Gruppen in Europa, aber ebenso in den Vereinigten Staaten und Lateinamerika, die mit dem Zapatismus in seiner umfassendsten Bedeutung sympathisieren, sich uns auch in der Ferne nahe fühlen – nicht nur Menschen mit erklärter politischer Militanz, sondern engagierte Menschen, die keine definierte politische Zugehörigkeit oder Tendenz haben.

AUTOR: Welche Position haben die Herren der Spiegel bezogen, die von der Linken bleiben? Ich meine D'Alema, González, Blair, Mitterrand, bevor er starb? Habt ihr Gespräche mit ihnen führen können, direkt oder indirekt? Oder bleibt es bei der Komplizität dieser ganz auf die Politik des Möglichen setzenden Linken mit der PRI, wie es sich während des Besuchs Almunias in Mexiko deutlich gezeigt hatte?

MARCOS: Sie engagieren sich nicht, und außerdem stellen sie dir Bedingungen. Gut, ich rede mit dir, aber bürde mir nicht auch noch diese Marginalisierten auf, diese objektiv maximalistische Linke. Die Linken hingegen, die zu uns kommen und uns helfen, haben uns nie Bedingungen gestellt. In einigen Fällen, beispielsweise Italien, konnten wir eine Beziehung gegenseitigen Respekts aufbauen, ohne daß man uns Bedingungen für unser Gespräch mit anderen sozialen und politischen Gruppen stellte oder wir Bedingungen stellten. Wer mit uns zusammenarbeitet, sind die Mitglieder der Basisorganisationen, der sozialistischen wie der kommunistischen.

AUTOR: Ein Gespräch zwischen Felipe González und dir über die pragmatische Vernunft wäre unbeschreiblich. Ich biete mich an, das Tonband zu bedienen. Sobald ich ihn sehe, schlage ich es ihm vor … Gut, jetzt will ich mit dem folgenden Bild schließen. Es wurde gesagt, Chiapas sei eine kulturelle Bewegung, die sich der Logik des mexikanischen Staates entzieht. Sollte sie nur das sein? Wie du weißt, sind die Resümees historischer Epochen in den Enzyklopädien gefährlich verkürzt und ungerecht.

MARCOS: Nun gut: Wir werden siegen. Daran gibt es keinen Zweifel.

AUTOR: Auf der ganzen Linie siegen? Zwischen dem Ganzen und dem Nichts liegt ein weites Gebiet.

MARCOS: Nein, siegen heißt siegen, denn auch wenn wir verlieren, gewinnen wir. Ich will damit sagen, daß der Vorschlag des Zapatismus so weit gefaßt ist, daß er gewinnt, auch wenn er verliert. Auf dem Spiel steht das Grundproblem unserer Bewegung: Wir müssen uns als eine vom Staat unabhängige Bewegung bewahren, uns nicht von der Logik des Staates absorbieren lassen. Bis jetzt haben wir Widerstand geleistet, aber es besteht die Gefahr der Absorbtion. Wir müssen jedoch Widerstand leisten, wenn wir etwas in die Geschichte einbringen wollen. Jedem Jahr, das vergeht, und glaube mir, das Jahr 1998 war nicht sehr einfach, sehen wir mit mehr Optimismus entgegen. Vielleicht kehren wir ja wieder zurück, und es gelingt uns, erneut den Kontakt herzustellen, wir sprechen andere Menschen an, geeignetere Menschen mit besseren Möglichkeiten. Dann können viele unserer Forderungen erfüllt werden, gewiß nicht sofort, aber es könnte der Weg zu ihrer Erfüllung gefunden werden. Unser Hauptanliegen verfolgt zwei Linien: Die eine ist die neue Form, wie Politik gemacht werden soll, und die andere, den Raum in Mexiko zu schaffen, damit eine demokratische Revolution möglich wird. Sie rückt nach und nach näher, immer mehr Menschen sind bereit, sich dafür einzusetzen, denn die Utopie beginnt, ihren idealistischen, ihren unwirklichen oder immateriellen Charakter zu verlieren. Sie beginnt, sich in den kleinen Taten und den kleinen Kontakten, die sich aufbauen, zu konkretisieren. Eine davon, über die ich ein wenig ausführlicher spechen möchte, ist die *Consulta*, zu der wir am 21. März aufgerufen haben.

Die Handzettel mit den Fragen, die im ganzen Land verteilt werden, sind eine Einladung an alle Mexikaner, an der *Gran Consulta Nacional*, der Großen Nationalen Befragung, am Sonntag, dem 21. März, teilzunehmen. Sie steht unter dem Motto »Für die Achtung der Rechte der indianischen Völker und für das Ende des Ausrottungsfeldzuges« und appelliert an alle: »Deine Teilnahme ist wichtig für das Wohl unseres Volkes und für die Zukunft unserer Kinder.« Man muß mit *Ja*, *Nein* oder *Ich weiß nicht* auf vier Fragen antworten, die ein klares Ja von einem verlangen: »Bist du dafür, daß die indianischen Rechte in ihrer Nachhaltigkeit und ihrem Reichtum in das nationale Projekt aufgenommen werden und aktiven Anteil am Aufbau eines neuen Mexiko haben? Bist du dafür, daß die indianischen Rechte gemäß dem Abkommen von San Andrés in der mexikanischen Verfassung festgeschrieben werden und dem Gesetzesvorschlag der COCOPA des Nationalkongresses entsprechend anerkannt werden? Bist du dafür, daß wir den wirklichen Frieden auf dem Wege des Dialogs erreichen, das Land entmilitarisiert wird und die Soldaten in ihre Quartiere zurückkehren, wie es die Verfassung und die Gesetze vorschreiben? Bist du dafür, daß sich das Volk organisiert und die Regierung zum »gehorchenden Befehlen« in allen Bereichen des nationalen Lebens auffordert?

AUTOR: Wem könnte es einfallen, mit Nein zu antworten? Die Unbekannte liegt darin, wie viele Menschen teilnehmen. Es wird wie eine Zerreißprobe eurer Fähigkeit sein, die Zivilgesellschaft zu mobilisieren.

MARCOS: Wir versuchen in dieser neuen Form Politik zu betreiben, über die indianische Problematik hinauszugehen. Eine Anerkennung der indianischen Rechte ist fällig, das ist wie eine offene Rechnung, die das Land noch nicht beglichen hat. Aber es gibt auch das Problem, wie die Politik ausgeübt wird. Wir möchten beim Entwurf dieser neuen Politik mithelfen, einer Politik, die die Menschen ständig mit einbezieht. Dann werden die großen Entscheidungen über Fragen, die das Land angehen, die die Geschichte mitbestimmen, im größtmöglichen Konsens getroffen. Sie werden uns nicht von einer kleinen Schar Erleuchteter auferlegt, egal, welcher politischen Gruppierung sie angehören mögen. Diese wechselt sowieso alle sechs Jahre, wobei dann meistens einer den anderen ins Gefängnis wirft, je nachdem, wer gerade an der Reihe ist.

AUTOR: Aber das verlangt von euch große historische Geduld. Die kubanischen Revolutionäre brauchten drei Jahre, um sich von der Sierra Madre an die Macht vorzukämpfen. Da das nicht euer Ziel ist, dauert die Reise länger und kann sich noch sehr hinziehen. Seid ihr darauf vorbereitet?

MARCOS: Wir sind darauf vorbereitet. Wir waren nicht auf einen schnellen Sieg vorbereitet, das wäre ein Riesenproblem gewesen. Wir lebten zehn Jahre in den Bergen, um den Januar 1994 vorzubereiten, aber wir verfügen über die jahrhundertealte indianische Tradition des Widerstands. Sie hielt den jeweiligen Waffen ihrer Zeit stand, den ausgeklügelsten Ausrottungsfeldzügen ihrer Zeit. Wir können warten.

AUTOR: Mal sehen, ob es euch etwa einfällt, das gleiche zu machen wie bei der letzten großen indianischen Offensive des 19. Jahrhunderts.

Die Mayas hielten Mérida besetzt, aber als die Zeit der Ernte anbrach, gaben sie ihre Belagerung auf und kehrten auf ihre Felder zurück, um den Mais einzuholen. So hatten sie ihre Option verloren.

MARCOS: Denk daran, wir sind am 1. Januar 1994 zurückgekehrt.

AUTOR: Dann müßt ihr unbedingt dafür sorgen, daß die letzte Schlacht nicht gerade in die Erntezeit fällt.

MARCOS: Um die letzten Details müssen wir uns noch kümmern. Praktisch entscheidet sich der Aufstand folgendermaßen: Das Komitee führt eine Diskussion, und die Ernte entscheidet über das Datum. Aber worum es sich schließlich und endlich handelt, ist dieses Wieder- und noch einmal Wiederkommen, bis es schließlich nicht mehr notwendig ist, wiederzukommen, weil man bereits da ist. Wieviel Zeit wir dafür brauchen, beunruhigt uns nicht. Wir müssen nur dafür sorgen, daß es keine Simulation ist, sonst wäre es Betrug an den Menschen, und das Rad der Geschichte würde sich wieder zurückdrehen. Wir müßten dann wieder zurückkommen, und das wird immer schwieriger werden.

Nach Sartre und Octavio Paz

Bei abgeschaltetem Tonband bittet mich Marcos, als Fürsprecher für die Initiativen und Foren der Intellektuellen und engagierten Bürger aufzutreten, die in Europa das Bild des Zapatismus verbreiten. Dann läuft das Band wieder, weil Marcos jetzt von mir wissen möchte, was ich über die Intellektuellen und die Macht denke. Vergeblich beharre ich darauf, daß ich hier derjenige bin, der die Fragen stellt, aber schließlich füge ich mich seiner nächtlichen Geduld und fasse zusammen, woran zu denken ich mich erinnere. Vielleicht aber teile ich ihm auch mit, was ich denke, ohne mich zu erinnern.

AUTOR: Alles hängt sehr vom System der Begünstigungen ab, das eine Gesellschaft hervorbringt. In einer Gesellschaft wie der mexikanischen, in der man den angesehensten Intellektuellen sechshundert Millionen Pesos auf die Hand geben kann, damit sie ein kulturelles Unternehmen auf die Beine stellen, ist die Frage der Intellektuellen und die der Macht natürlich sehr eng miteinander verknüpft. Äußerst positiv erscheint mir, daß es noch Überreste romantischer Verhaltensweisen bei Intellektuellen gibt, die sich diesen Mechanismen entziehen oder sich zwar ins System einordnen, jedoch bereit sind, soziale Verantwortung zu übernehmen. Nach dem Übermaß an staatlicher Intervention ist es logisch, wie es jetzt ja geschieht, darauf zu drängen, daß der Diskurs der Intellektuellen nicht instrumentalisiert werden darf. Aber ihre Mitarbeit darf immerhin in Anspruch genommen werden, wenn man sie zu sechshundert Millionen Pesos pro Kopf kauft. Normalerweise sucht die Linke in demokratischen Ländern das Bündnis mit dem Intellektuellen zwei Wochen vor den Wahlen, damit der Wohlklang seines Namens dem Kandidaten zugute kommt. Der Intellektuelle jedoch als kontinuierlicher Beobachter des politischen Geschehens ist nicht so gern gesehen. Die Macht mißtraut seiner kritischen Analyse, weil sie in ihr immer ein »Wenn und Aber« vermutet und sie ihr stets voller Hintergründigkeiten und Spitzfindigkeiten erscheint. Wenn es dir gutgeht, räumst du dem Intellektuellen einen Platz neben dir ein, damit er auf dem Foto erscheint. So hat es Felipe González mit Mario Vargas Llosa gemacht. Auf dem nächsten Foto siehst du Vargas Llosa neben einem anderen, Aznar. In Spanien war unsere Mitarbeit zwei Wochen vor den Wahlen erwünscht. Vorher, als diese Politiker noch in der Illegalität waren, suchten sie unsere Unterstützung, um wieder auf der Bildfläche zu erscheinen. Sie konnten sich selbst nicht zeigen, also machten wir die Arbeit für sie. Wir setzten unsere Unterschrift unter dieses und gegen jenes. Es konnte aber auch vorkommen, daß sich organische Intellektuelle nach dem Verständnis Gramscis herausbildeten. Gramsci begriff jede politische Bewegung als interaktive Begegnung zwischen Menschen mit verschiedenen Tätigkeiten und einer effektiven Arbeitsteilung, wobei es ihn besonders interessierte, wie dadurch die Partei bereichert werden konnte. Aber die Teilung existiert weiter, das Spiel der Instrumentalisierung zwischen der Partei, die für das Programm zuständig ist, und dem Parteienapparat läuft weiter. Nach Sartres Tod ist die intellektuelle Spezies »Guru« ausgestorben. Allerdings kann man ihr Verschwinden nicht allzusehr feiern, denn an ihre Stelle ist die Spezies Finanzier getreten: Sie gibt jetzt die kulturellen Muster vor. Sartre ist durch Soros ersetzt worden. In Lateinamerika hingegen hat sich die Führungsrolle des Gurus noch eine Weile fortgesetzt, obwohl der Tod von Octavio Paz vielleicht endgültig den Untergang des Propheten besiegelt hat. Der Kulturkonsument wird immer wählerischer und neigt immer weniger zur Mythenbildung. Er vertraut weniger auf den Guru als auf seine eigenen analytischen Fähigkeiten. Es wäre der Mühe wert, die Annäherung zwischen Intellektuellen und sozialen Bewegungen zu fördern, und dabei könnte euer Beitrag sehr von Nutzen sein.

MARCOS: Die Reihen der organischen Intellektuellen, die sich um die Macht scharen, lichten sich immer mehr, das können wir deutlich beobachten. Es herrscht immer weniger Zustimmung unter den Begünstigten, und es werden immer mehr Zweifel laut. Mit großer Aufmerksamkeit verfolgen wir die Künstler, die an ihrem Engagement festhalten. Ich denke bei Spanien nicht nur an Rafael Alberti und seinen langen Weg des Widerstands, sondern auch an Popsänger wie Joaquín Sabina, der mit seinen Songs und seinem ganzen Auftreten gegen alles und jeden revoltiert. Manuel Serrat ist ungeachtet seiner Riesenerfolge weiter in alternativen humanistischen Bewegungen aktiv. Über Ana Belén haben wir bereits gesprochen. Sie hat gerade ein Album mit vertonten Gedichten von Federico García Lorca herausgebracht, das kannst du als Werbung in *El País* bringen. Marisol macht gar keine Platten mehr, was ist nur los? Ich singe immer noch *La vida es una Tómbola.*

Marcos singt *Das Leben ist eine Lotterie* mitten im Lakandonischen Urwald, ganz leise, damit es die Flugzeuge, die Panzer, die Paramilitärs und auch Durito nicht hören, wer weiß, was Durito sagen würde: »*La vida es una tómbola, tómbola, tómbola ...*« Als Marcos zur Genüge bewiesen hat, daß er sich an ein Lied und an eine Marisol aus den Kinderzeiten erinnern kann, bedauert er, daß Pili und Mili keine Filme mehr machen.

AUTOR: Deine Kenntnisse unserer Populärkultur sind einfach maßlos.

MARCOS: *Dos pistolas gemelas* (Zwei Zwillingspistolen), ein Film mit Pili und Mili.

AUTOR: Daß du dich an Pili und Mili erinnerst, geht zu weit.

Ich insistiere, Marcos jedoch fällt ein weiterer Name ein, fast fleht er mich um Nachsicht für seine Mythen an.

MARCOS: Joselito.

AUTOR: Marisol hat wirklich eine interessante Stimme, aber Joselito ist eine pathetische Figur. Er ist niemals erwachsen geworden.

MARCOS: Macht José Sacristán immer noch Filme?

AUTOR: Ja, er ist ziemlich militant.

MARCOS: Du erinnerst dich an den Film *Asignatura Pendiente* (Das Examensfach)? Phantastisch die Frau, mit der er damals ging. Entsinnst du dich, wie sie hieß?

AUTOR: Das Mädchen im Film, oder alle hübschen Mädchen, die Sacristáns Freundinnen waren? Er hat wirklich einen guten Geschmack.

MARCOS: Seine Ehefrau im Film fand ich viel hübscher als seine Geliebte, aber beide sind hinreißende Schauspielerinnen.

AUTOR: Sacristán hatte so viele Frauen im wirklichen Leben, daß ich sie alle durcheinanderbringe. Ich habe ihn sehr um eine argentinische Freundin beneidet, Benedetto hieß sie, die fand ich wunderschön. Aber du sprichst von Künstlern eines bestimmten Alters, zwischen vierzig und fünfzig, die einem Jahrgang angehörten, der sich an einen neuen gesellschaftlichen Adressaten wenden wollte. Sie setzten die Tradition fort, der zufolge ein Künstler sich befreien könne, wenn er sich mit seiner Kunst an die Massen wendet und sich den Diensten des bürgerlichen Kunden entzieht. Trotz ihrer großen Publikumserfolge und ihres hohen Lebensstandards verfolgen sie weiter den Traum von der Emanzipation durch das Wort. Wie der Architekt, der in einer bestimmten Zeit ernsthaft glaubte, die Architektur könne den Städtebau weiterbringen, indem sie den sozialen Wohnungsbau entwickelte. Die nachfolgende Generation ist ausgesprochen narzistisch, hat aber auch ein feines Gespür für ihre eigene Zerbrechlichkeit. Sie ist sich nicht mehr so sicher wie wir, daß beharrlich weitermachen auch siegen heißt. Das verleiht ihr einen gewissen marginalen Status, sie läßt sich nicht vollkommen vom System vereinnahmen. Die Jüngeren sind noch voll und ganz damit beschäftigt, sich überhaupt erst einen Namen zu machen. Heute ist es mehr als offensichtlich, wie unfähig das System ist, die Innovationen, das Neue zu übernehmen, so daß die Idee einer Avantgarde selbst, einer politischen wie einer künstlerischen, keinen Sinn mehr hat. Sie wird nicht mehr als Wert notiert. Darum müßte die Frage ganz neu gestellt werden, meine ich, und dahin gehen auch die Überlegungen zumindest einiger Intellektueller in Spanien. Weil wir stark arbeitsteilig leben: Du bist Architekt, du bist Rechtsanwalt, du bist dieses, du bist jenes, und weil du dein Wissen einem Kunden, der das Establishment verkörpert, anbieten mußt, wäre es gut, wenn du mindestens einen Teil deines Wissens und deiner Zeit für emanzipatorische Zwecke verwenden würdest. Du könntest einen Teil deiner Fähigkeiten für dein politisch-soziales Engagement verwenden und neben deinem täglichen Broterwerb etwas für einen bestimmten gesellschaftlichen Sektor tun. Das gilt für den Künstler genau wie für den Schriftsteller. Diese neue Linie ist noch nicht genügend entwickelt. Aus einer maximalistischen Sicht hätten wir das früher, in den sechziger und siebziger Jahren, als den Ausstieg aus unserer Klasse betrachtet: Verlaß deine soziale Klasse, und geh in die Fabrik arbeiten. Dieses Credo wäre heute zu nichts nutze. Das schlechte Gewissen der Gesellschaft hingegen, von ihren Fähigkeiten, solche soziale Verantwortung in praktische Aktivitäten umzusetzen, so wenig Gebrauch zu machen, existiert. Es müßte also als ein mobilisierender Faktor genutzt werden, um die Avantgarde der zivilen Gesellschaft zu aktivieren.

MARCOS: Besteht in dieser Hinsicht Hoffnung oder nicht?

AUTOR: Was fehlt, ist das handelnde Subjekt. Was macht denn die Linke im institutionalisierten Europa? Sie gewinnt die Wahlen und rückt immer mehr in die Mitte. Hör dir an, was D'Alema oder andere sagen, der Hauptkampf müsse an der kulturellen Front geführt werden. Von wegen. Sie sagen das, aber dabei bleibt es. Kulturkampf beinhaltet Wertehierarchie, und wenn du bereits Bündnisse eingegangen bist, damit dich ein so breites Spektrum wie nur möglich wählt, verzichtest du auf einen tiefgreifenden Kulturkampf. Ab und an zeigt es sich, daß du links bist, beispielsweise, wenn du ein Einwanderungsgesetz vorschlägst, das offener ist und mit den Migrationsbewegungen von Süd nach Nord sensibler umgeht, als es die Rechte vorschlagen würde. Gut, das ist doch wohl das Mindeste, was man verlangen kann. Das Problem liegt darin, daß die institutionalisierte Linke nicht die Kultur der Emanzipation auf die Tagesordnung gesetzt hat. Sie ist ein Thema der Konversation, der Diskussion und in einigen Fällen der Nostalgie für Intellektuelle und Künstler. Sie empfinden keine Nostalgie für die Vergangenheit, höchstens für das, was sie tun könnten, aber nicht tun. Wenn man sie also um ein Bild oder einen Text für diese oder jene gute Sache bittet, erklären sie sich gern bereit.

MARCOS: Aber davon einmal abgesehen. Es gibt Momente, in denen im täglichen Leben etwas haften bleibt. Hier in Mexiko zum Beispiel lernen wir durch die Lieder von Serrat immer besser León Felipe, Antonio Machado und Miguel de Cervantes kennen. Sabina kommt immer besser an. Wir in den Bergen hören Sabina in einem kleinen Radiosender aus Puebla: »*... Que nos dieron, las once, la una, las dos y las tres ...*«

Der Subcomandante summt einen der beliebtesten Songs von Joaquín Sabina, dem er einmal in einem Brief von seinem jugendlichen Liebeskummer und seinem Wunsch erzählt hatte, ein Lied zu schreiben, um ein Mädchen zu verführen. Er fragte darum bei Joaquín an, ob er ihm nicht zu seinem Text die Musik schreiben könne. Es war Stoff für einen Bolero, einen Bolero im ironischen Ton, dessen mögliche Titel, so Marcos, lauten könnten: *Canción para una muchacha que está demasiado lejos* (Lied für ein Mädchen in unerreichbarer Ferne) oder *Un dolor de muelas para ella* (Zahnschmerzen ihretwegen) oder *Un dolor de muelas, Sabina, la larga distancia, una muchacha y el Sup* (Zahnschmerzen, Sabina, unerreichbare Ferne, ein Mädchen und der Sup). Sabina nahm den Brief wörtlich und versprach im Sommer 1998, als er in Mexiko war, ein Lied für Marcos zu machen, Fito Páez werde dazu die Musik schreiben. Übers Jahr war es fertig.

Der Sup – wie auch Sabina ihn nennt – kommt jetzt wieder auf Ana Belén zu sprechen, die er von Kassetten her kennt, auf Víctor Manuel, auf einen, der Ríos heißt… Ríos?… Und wie noch?

AUTOR: Miguel Ríos ist der älteste Rockstar, wenigstens von Spanien.

MARCOS: Durch diese Rock- und Popmusiker filtert sich eine andere Kultur, eine andere Art von Protest. Sie bewegen etwas, ich weiß nicht, was sie bewegen, aber sie begeistern auf jeden Fall ein Massenpublikum. Wir sind nicht mehr in der Zeit von Marisol oder Pili und Mili, aber…

AUTOR: Gut, aber denk an die Marisol in ihrer Phase des politischen Engagements, als sie mit Gades zusammenlebte und ganz andere Töne in ihren Liedern anschlug. Die Frau hat Stimme. Sie hat ein Album mit Liedern herausgebracht, die sie selbst gesammelt hat, Lieder von der Straße, von Prostituierten…

MARCOS: Das kenne ich gar nicht. Aber lenk mich nicht ab: Das Leben ist eine Lotterie.

AUTOR: Das ist nicht schlecht, wenn du dich darauf einläßt, ist es nicht schlecht. Mir gefällt auch besonders gut ein Song von Serrat in der Version von Marisol: *Tu nombre me sabe a hierba* (Dein Name hat den Duft frischer Kräuter). Die Künstler, von denen wir sprechen, gehören noch einer alten, sozial engagierten Kultur an. Jetzt ist Manuel Chao im Kommen. Er ist der Sohn eines Freundes von mir, Ramón Chao, ein galizischer Romancier, der seit vielen Jahren in Paris lebt. Mit ihm habe ich in den sechziger und siebziger Jahren in *Triunfo* zusammengearbeitet. Sein Sohn ist fest entschlossen, mit seiner Musik einen Kulturkampf zu führen.

MARCOS: Er hat gerade eine neue CD herausgebracht, *Clandestino* (Illegal).

AUTOR: Ja, ich habe davon gehört. Klar, er kommt aus einer Familie, in der soziales Engagement Tradition hat.

MARCOS: Seine Musik kommt gut an, in Mexiko wird er immer beliebter.

In Spanien, erzähle ich Marcos, ist Manuel Chao auch sehr erfolgreich, aber in Frankreich ist seine Musik bereits ein Massenphänomen. Chao hat mit seinem Bruder ein Duo gegründet, *Mano Negra*, nach einer anarchistischen Gruppe, die im vorigen Jahrhundert in Südspanien operierte. *Clandestino* ist eine romantische Ballade über das Gefühl der Revolte in der globalen Welterfahrung. Es ist gut, daß die Jungen groß herauskommen. Jede Generation sieht die nachfolgende mit einem gewissen Pessimismus und fragt sich, wie sie es wohl schaffen wird. Wenn du dir die jungen Leute ansiehst, die hierherkommen und hier mithelfen, das berührt einen. Ihre Fähigkeit zur Großzügigkeit, zur Neugierde, zum kritischen Denken. Sie sind bereit, das Leben kritisch zu hinterfragen. Wie gut, daß dieser Menschenschlag überlebt hat. Wer in den Zeiten großer sozialer Auseinandersetzungen, Klassenkämpfe und Widerstandskämpfe gelebt hat, der hat die Moral der Geschichte klar vor Augen. Wer aber in der Scheiße des *dolce far niente* der bürgerlichen Kultur groß geworden ist, hat es viel schwerer, ein soziales Bewußtsein zu entwickeln. Marcos möchte jetzt von etwas anderem sprechen.

MARCOS: Wechseln wir das Thema. Du hast natürlich als Journalist und Schriftsteller ein Interesse am Zapatismus, aber wie siehst du ihn als politischer Essayist? Ich habe dich als Krimiautor und als politischen Analysten kennengelernt, aber später entdeckt, daß es kein literarisches Genre gibt, in dem du dich nicht versucht hättest. Du schreibst Gedichte, Essays, Erzählungen, Romane ... und politische Essays. Ich finde das *Panfleto desde el planeta de los simios* phantastisch. Wie siehst du uns innerhalb dieser Globalisierungsgeschichte?

AUTOR: Vielleicht beurteile ich euch eher aus der Sicht der Postmoderne. Wenn ich mir die letzten Lebensjahre der Moderne genau ansehe, merke ich sehr deutlich, wie nahe ich den Positionen eines

Adolfo Sánchez Vázquez, den ihr bei euch habt, stehe. Er sieht die Postmoderne als ein Interregnum zwischen zwei Etappen der Moderne. Man hat sie Postmoderne genannt, weil man jedes kulturelle Phänomen mit einem Etikett versehen muß, damit man es besser verkaufen kann. Und die Postmoderne bringt in der Tat eine ganze Industrie hervor: Experten, Kongresse, Symposien, alles, was du willst. Es bildet sich aber gegenwärtig ein Bewußtsein für die Notwendigkeit einer Umkehr heraus, für die Suche nach einer neuen Idee der Moderne, das heißt einem neuen Fortschrittsgedanken, einer neuen Art und Weise, Politik zu betreiben. In diesem Sinne seid ihr so etwas wie ein Resultat aus dem Grundgefühl der Unzufriedenheit und Suche, und auch der Beweis, daß die Dinge auf andere Art und Weise gemacht werden können. Das Problem ist: Wenn eure Bewegung eine strikt kulturelle gewesen wäre, nicht diesen agressiven Anstrich gehabt hätte, allein weil ihr Masken tragt und bewaffnet seid, dann hätte sie nach den Kriterien des Marktes und aus der ästhetischen Sicht der Konsumenten nicht annähernd die gleiche Anziehungskraft besessen. Wenn das, was ihr bewerkstelligt habt, nämlich die mexikanische Gesellschaft, die Gesellschaft und den Kapitalismus ethisch in Frage zu stellen, auf einem Kongreß junger Philosophen geschehen wäre, dann wäre das nur als eine kulturelle Anekdote mehr in die Geschichte eingegangen. Ihr jedoch seid als eine bewaffnete Bewegung, die auf einen bewaffneten Sieg verzichtet und vielmehr auf das Wort, die Diskussion, die Überzeugung und die Botschaft setzt, ein Beweis dafür, daß die Geschichte nicht stillgestanden hat. In diesem Sinne legitimiert ihr den einzigen progressiven Satz, den Octavio Paz in den letzten Jahren seines Lebens ausgesprochen hat. Als die Berliner Mauer fiel, sagte er: »Einige Antworten sind gescheitert, doch die Fragen bleiben.« Eure Bewegung besaß eine doppelte emblematische Kraft: Sie entwickelte einen kritischen Diskurs, der die notwendige Umkehr zu einer ethischen Politikausübung klarmachte, und sie besaß zweitens den Rückhalt einer symbolisch bewaffneten Herausforderung. Darum, glaube ich, hat sie diese starke Anziehungskraft, auch wenn ihr immer mehr an der Darstellung und Verbreitung eures Bildes in den Medien gehindert werdet. Zu Anfang, als ihr die Medien überrumpelt habt, war euer Bild allgegenwärtig. Jetzt gibt es sogar in kleineren Zeitungen ein Kräftemessen zwischen denen, die mit eurer Bewegung sympathisieren, und denen, die euch Knüppel in den Weg legen, weil ihr politisch nicht korrekt seid. Es kann passieren, daß ein Korrespondent objektiv über euch berichtet, dann aber die Zeitung oder der Abteilungschef den Inhalt durch eine Schlagzeile oder die Art, wie er die Seite gestaltet, verzerrt.

MARCOS: Ja, ein Schlagabtausch mit Schlagzeilen.

AUTOR: Überschriften, Strategien des Layouts, die Stelle, wo die Nachricht untergebracht ist. Es wird mehr und mehr so getan, als ob ihr gar nicht vorhanden seid. Man negiert euch. In etlichen europäischen Ländern kommt ihr in der audiovisuellen Information kaum noch vor. Ihr habt eine ausgezeichnete Arbeit zur Verbreitung eures Images, eurer Botschaft per Presse und Internet geleistet, aber ihr müßtet eure Texte etwas gefälliger für das Auge des europäischen Adressaten gestalten. Euer Informationsmaterial gibt sich sehr militant. Verglichen mit den Menschen hier seid ihr viel weiser, was jedoch die europäische Kulturindustrie angeht, braucht ihr eine neue Verpackung.

MARCOS: Wir werden wieder im *Corte Inglés* arbeiten müssen, wie in den guten alten Zeiten. Wenn es noch ein Thema gibt oder etwas zu besprechen, wir haben Zeit.

AUTOR: Ich bin gekommen, um dir zuzuhören, und nicht, um lange Reden zu halten.

MARCOS: Natürlich, aber einfach nur, um zu sprechen.

AUTOR: Ja, da wäre noch etwas. Wir hatten von der Geduld gesprochen, der Ausdauer in einer Situation, die ganz offensichtlich ein *impasse* darstellt. Wenn ihr aus dieser Sackgasse durch Verhandlungen herauskommen solltet, müssen alle das Gesicht wahren. Eure Herausforderung gilt nicht für fünf oder sechs Jahre, sie kommt von weit her und zielt weit darüber hinaus. Aber die Frage ist, ob die Zivilgesellschaft, diese geladene Komplizin, die gleiche Geduld aufbringen wird. Man kann sie beeinflussen, man kann sie spalten, denn sie existiert nicht als fest strukturiertes Subjekt. Es muß etwas geschehen, damit ihr einen organischen Vorschlag anbieten könnt. Nicht etwa die Gründung einer Partei mit ihren einzelnen Parteizellen in der Zivilgesellschaft, sondern soziale Bewegungen mit historischer Geduld, die die Verschleißerscheinungen in der Zivilgesellschaft ausgleichen können.

MARCOS: Unsere Strategie besteht darin, Bewegung in die Gesellschaft zu bringen, Mobilisierung. Eine plurale, weitgefächerte Bewegung nach allen Seiten hin und von oben nach unten, mit sehr konkreten Inhalten und Zielsetzungen: den Friedensprozeß voranbringen, die Erfüllung der Vereinbarungen von San Andrés, öffentliche Räume der Partizipation und öffentliche Räume der Anerkennung schaffen. Es handelt sich jetzt um einen doppelten Wettstreit, denken wir: Können wir so weitermachen, so wie es jetzt um uns steht? Da wir genau wissen, uns bleibt nicht mehr viel Zeit. Zweitens: Wie schaffen wir es, gegen die Ermüdungserscheinungen anzugehen? Die Regierung setzt auf Zermürbung, also müssen wir uns fragen, wie wir ihre Anstrengungen erschöpfen. Sie erschöpfen sich nach und nach, das ist evident, denn andere Probleme stehen an, und die Mittel werden immer begrenzter, nicht wahr? Wir haben einmal das Bild verwendet, daß der Staat im Neoliberalismus Striptease macht und schließlich splitternackt dasteht, allein mit seinem repressiven Apparat. So, denke ich, erschöpfen sich seine Mittel, denn auch die Repression in einer globalisierten Welt hat ihre Kosten.

AUTOR: Die Repression, das ist die Schlüsselfrage. Dazu haben neoliberale Politiker wie Rifkin, der Berater von Kennedy, Pardon, von Clinton, bereits selbstkritische Analysen vorgelegt. Vivianne Forestier befaßt sich in ihrem Buch *L'horreur économique* (Der ökonomische Schrecken) mit dem Problem, zu welchen Repressionsmechanismen das System greift, um seinen Bestand zu retten. Rifkin sagt ohne Umschweife: Wir schaffen eine so unerbittliche und harte Welt, mit so vielen sozialen Verlierern, daß man sie auf die Dauer nur zusammenhalten kann, wenn Privatgefängnisse und private Sicherheitsdienste in einem Umfang geschaffen werden, wie es sie nie zuvor gegeben hat. Diese Entwicklung hat längst eingesetzt. In den Vereinigten Staaten wendet man auf den sozialen Verlierer, der gleichzeitig ein politischer Verlierer ist, wild die Todesstrafe an, und er wird immer häufiger ins Gefängnis geworfen. Aber deswegen hat das System noch nicht sichtlich Schaden genommen, denn die Kraft des Establishments, des erstarkenden Sektors, reicht noch aus, um dem standzuhalten. Vor allem dann, wenn es die politische Aktion und das soziopolitische Spiel an eine Minderheit delegiert, wie es in den USA der Fall ist, wo nur ganz wenige wählen gehen. Dieses Spiel kann in vielen anderen Ländern mit der Komplizenschaft des Establishments weiterbetrieben werden. Ihm geht es gut, wie die Dinge jetzt laufen, und da muß alles niedergehalten oder zermalmt werden, was die Macht in Frage stellen könnte.

Im Extremfall wird die Regierungsmacht zerschlagen und die Repression entfesselt, auf repressive Praktiken zurückzugegriffen, die vielleicht nicht mehr ganz so brutal und blutrünstig sind, wie sie einst von Pinochet und Kumpanen angewendet wurden. Das System verteidigt sich mit allen Mitteln, es übt eine dem Anschein nach soziale, aber in ihrer Substanz politische Repression aus. In den fortgeschrittenen Ländern haben sie das erreicht, weil ihr sehr klare Integrationsfaktoren zur Verfügung stehen. Hier in Mexiko mag das sicher schwieriger sein, denn das vorhandene soziale Ökosystem kann viel schneller auseinanderfallen.

MARCOS: In den unterentwickelten Ländern stehen viel weniger Mittel zur Verfügung, meinst du?

AUTOR: Ja, sie haben weniger Mittel, um die Gesellschaft, die sie geschaffen haben, zusammenzuhalten, aber ebenso viele oder zahlreichere und ausgetüfteltere Mittel der Repression.

Wir verabschieden uns beim letzten Schein der letzten Kerzen. Maskierte Schatten, entfernen sich die Zapatisten durch einen Tunnel des Schweigens. Guiomar und ich reiten bergaufwärts, uns voran der Kapitän, der sehr gut der Katzenkapitän in einer nächsten Erzählung von Marcos sein könnte. Er sieht in der Dunkelheit und erreicht es, daß wir auch in der Dunkelheit zu sehen glauben. Das Ergebnis ist, daß ich nur einmal hinfalle. Und nicht allzu schlimm. Mit einer gewissen Würde.

Was ich für einen Eindruck von Marcos mitnehme? Er kommt mir wie ein Gefährte aus Universitätszeiten vor, der fast zwanzig Jahre jünger ist als ich, und auch zwanzig Jahre jünger als die übriggebliebene Linke, aus der ich herauszukommen versuche wie aus einem schwappenden Sumpf. Campbell stellt in seinem Artikel *La Montaña Trágica* (Das Tragische Gebirge) aus dem bereits zitierten Buch *La invención del poder* seine Spekulationen über die Tatsache an, daß Zapata, Sandino und Guevara 39 Jahre alt waren, als sie starben, und Marcos gerade 39, als Federico seinen Artikel schrieb. Mit 39 ist man noch jung, aber schon dabei, die »Schattenlinie« zu überschreiten, von der Joseph Conrad spricht. Von Pavese stammt der Satz: Jeder ab 40 ist für sein Gesicht selbst verantwortlich. Auch für seine Maske? Campbell erinnert sich an den Marcos, den er in einem Dokumentarfilm von Epigmenio Ibarra sah. Die einzige Erklärung für sein Verhalten findet er darin, daß es gewiß bei Marcos »eine Motivation christlicher Art (geben muß). Ansonsten wäre der Gedanke des Opfers und der vollkommenen Hingabe undenkbar. Mich bewegte sein innerer Friede. Seine Ausgeglichenheit. Er war nicht aufgeregt, noch täuschte er es vor. Es gab eine vollkommene Übereinstimmung zwischen seinem Denken und seinem Herzen. Er ist ein Mensch, der seit vielen Jahren, seit sehr vielen Jahren, an sich selbst und seiner Selbsterkenntnis arbeitet. Was mich am meisten beeindruckte, war seine Selbstsicherheit, abgesehen von seiner Sprache und seiner politischen Vision. Der Sieg, sagte er, wird den anderen gehören. Denen, die nach uns kommen. Ich hatte den Eindruck, daß er bald 39 wird oder es bereits war. Marcos ist älter als seine Maske. Jetzt wird er vielleicht 42 sein und die Maske 5. Marcos hat den Fluch der 39 überwunden, vielleicht, weil die gesteigerte Lebenserwartung jetzt dazu führt, daß wir erst ab 50 für unser Gesicht verantwortlich sind.« Ich möchte Campbell nur in einem Punkt widersprechen. Wo er eine christliche Motivation vermutet, würde ich eher auf die These der »bewußtseinsweckenden Tatsachen« zurückgreifen, mit der Che Guevara sich selbst und uns das Warum des politisch-sozialen Engagements über alle Klassenzugehörigkeit hinaus erklärt hat.

Die militärischen Kontrollen finden statt, wo sie immer durchgeführt werden, in Guadalupe Tepeyac, im Morgengrauen. Aber jetzt, auf dem Rückweg, erscheinen sie mir auf beiden Seiten ganz wie ein protokollarischer Akt: auf seiten der Soldaten und auf unserer Seite, die wir uns auf dem Laster befinden, der Chauffeur, Guiomar, ich und einige Bewohner aus La Realidad, die andere Ziele haben. Das Verhör richtet sich ausschließlich an Guiomar und mich. Die Soldaten kennen die Indios schon, oder sie erscheinen ihnen logisch in der Landschaft, doch schließlich entscheiden sie, daß wir auch logisch sind, berechenbare Revolutionstouristen oder einfach neugierige Europäer, die sich in einem Europa ohne Mariachis langweilen, einem Europa vor dem Krieg der NATO gegen Fliegen, und in dem die Masken bereits zur eigenen Haut geworden sind. Mein Rücken dankt die Wiederbegegnung mit dem Bett in der *Villa Mexicana* sehr. Mehr als dreißig Jahre trennen mich von einem Gefängnisbett, da ist der Körper schon allzusehr verwöhnt. An Schlaf ist nicht zu denken. In Gedanken baue ich die Syntax des Treffens zusammen. Ich versuche, die richtige Bedeutung für die Wörter zu finden, Bereiche über die hinaus auszukundschaften, die andere bereits ausgekundschaftet haben, oder einfach erst einmal eine Richtung zu finden, in die andere noch nicht gegangen sind. Es kommt ein Anruf aus Spanien, der Auftrag für eine Chronik im Programm *Protagonistas* von Luis del Olmo. Noch vor dem Morgengrauen stehe ich auf, als würde die biologische Uhr der undisziplinierten Hahnenschreie von La Realidad weiter in mir ticken. Ich widme mich wieder der Lektüre von Ivon le Bots *El sueño zapatista.* Ein ausgezeichnetes Buch des französischen Soziologen und Autors von *Violence de la modernité en Amérique Latine* (Gewalt der Modernität in Lateinamerika). So ertappt mich das milchige Licht des Tages im Halbschlaf auf dem gemachten Bett ausgestreckt, auf dem Bildschirm Millionen von verrückten Zeichen, gefangengehalten im Rechteck.

Jesús Ramírez, Guiomars Mann, kommt in Begleitung von Hermann Bellinghausen ins Hotel. Bellinghausen ist der Herausgeber der *Ojarasca*, so heißt die Beilage von *La Jornada*, wobei die unkorrekte Schreibweise auf die »Unkorrektheit« des Inhalts anspielen soll. Für die *Ojarasca* schreiben die radikalsten Federn Mexikos, beispielsweise Armando Bartra und Ivan Illich, zwei Namen, die ich in meiner geringen Kenntnis des *Who is who* der mexikanischen Gegenkultur sofort ausmache. Armando Bartra ist Sohn zweier illustrer katalanischer Emigranten, Agustí Bartra und Anna Murià, und Cousin des Anthropologen Roger Bartra. Die Veröffentlichung indianischer Gedichte geht einher mit Prosatexten, die auf einer übereinstimmenden Linie liegen. Ab und an ist auch die Stimme eines europäischen Indianers zu vernehmen, wie des spanisch-französischen Rockers Manu Chao. Manu Chao im Dienste des globalen Indianers. Den Text seines Songs *Clandestino* habe ich in der *Ojarasca* gelesen. Ich bin gar nicht überrascht von der menschlichen und physischen Landschaft, in der ich Manu Chao neben einem nicht im mindesten paternalistischen Artikel von Armando Bartra wiederfinde: »Die wirklich existierenden Indianer mögen tiefgründig sein, aber sie sind nicht unbefleckt. Sie sind nicht besser und nicht schlechter als andere. Sie verlangen keine Sonderrechte, nur das Recht, sich auf eigene Kosten und Gefahr zu emanzipieren und ihr eigenes Leben zu führen.« Die Zeitschrift endet mit einem Gedicht des Nigerianers Ben Okri: »Wir streiten in fremden Sprachen / Wellen der

Gewalt schwappen über auf den Kontinent / und dringen ein in unsere Himmel.«

Wenn *La Jornada* als die Zeitung der Linken gilt, so ergreift *Ojarasca* ausdrücklich Partei für eine solidarische Lektüre des Indigenismus, der als Forderung, nicht als Wohltätigkeit, verstanden wird. Hermann Bellinghausen engagierte sich von der ersten Stunde an in seinen Artikeln für den Zapatismus, und ihm verdanke ich ein aufschlußreiches Gespräch im Schatten der üppigen Vegetation dieses kuriosen mexikanischen, man könnte fast sagen, römischen Hotels. Im Hof stehen die ausladenden Statuen Zúñigas, die sich keinem Kanon unterwerfen. Jesús Ramírez, ein Schüler von Carlos Monsiváis, ist Reuter-Korrespondent an dieser Front eines zerbrochenen Kettenglieds der Globalisierung. Ich erfahre, daß Mexiko das Land mit der größten indianischen Bevölkerung auf dem Kontinent ist, aber in anderen lateinamerikanischen Ländern die Hälfte der Bevölkerung oder mehr Indios sind. In Guatemala beispielsweise. Die Länder mit dem höchsten indianischen Anteil sind Guatemala, Bolivien, Peru, Ecuador und Mexiko. Ungefähr fünfzig Millionen Indios haben in ganz Lateinamerika überlebt und davon mindestens zehn Millionen in einem »verborgenen Mexiko«, wie es im Titel von Guillermo Bonfils Werk heißt. Das zivilisatorische prähispanische Muster hat sich noch am Leben erhalten, das indianische Mexiko, das schlecht und recht mit dem imaginären Mexiko, das die Weißen gestaltet haben, zusammenlebt, muß seinen Stellenwert erhalten. In einem Land, in dem die *Mestizaje* quantitativ wie qualitativ eine große Rolle spielte, ist die indianische Lebensweise zu sehr ins Hintertreffen geraten. Aber wir befinden uns in einer Zeit der Umbewertung und Kehrtwende der Entwicklung, heute ist es fast Mode geworden, »das Indianische« faszinierend zu finden, wenn auch nur als Lippenbekenntnis in Kreisen mit dem raffiniertesten Geschmack.

Die indianische Würde, die die aufständischen Zapatisten in besonderer Weise ins Zentrum der Aufmerksamkeit gerückt haben, hat die Mexikaner am meisten beeindruckt. Sogar die Frauen aus der hauptstädtischen Bourgeoisie. Die Würde. Als ob man überrascht wäre: Schau nur, welche Würde sie haben! Sie lassen sich nicht mit Füßen treten. Das sagt sogar die Señora, die ihr indianisches Dienstmädchen herumkommandiert. Sie behandelt das Mädchen schlecht, aber mit Bewunderung, weil es sich mit Würde schlecht behandeln läßt.

AUTOR: Ich erinnere mich an die ersten neoperonistischen Massendemonstrationen, die Menem in Buenos Aires veranstaltete. Die Nachkommen von Evitas *descamisados*, der »Hemdlosen«, strömten in Scharen in die Hauptstadt, erfüllt von der Nostalgie nach dem paternalistischen Staat. Aber es kamen auch die aus Berufung neoliberalen Damen der Großbourgeoisie, eingehüllt in ihr Lieblingsparfum *must de Cartier.* Eine seltsame Mischung von Schweißgeruch und Duft nach *must de Cartier* vollzog sich hier, kommentierte anzüglich eine Zeitung.

BELLINGHAUSEN: Diesen Zustrom von Sympathiebekundungen können nicht einmal Krauze und sein Gefolge oder die Leute von *Nexos* bestreiten, ebensowenig der Staat. Es ist allen klargeworden, die Lösung des Chiapas-Problems steht an, und die elende Lebenssituation der Indios muß verändert werden.

AUTOR: Aber wenn sich die Regierenden bewußt werden, daß die Parier existieren und ein Recht auf ihr Territorium erheben, beginnen sie sich in höchste Alarmbereitschaft zu versetzen und so etwas wie ein Verstümmelungs- oder Kastrationssyndrom zu verspüren.

BELLINGHAUSEN: In diese Phase treten sie jetzt, nicht von ungefähr führen sie ihre Verleumdungskampagnen gegen die Zapatisten, insbesondere gegen ihre *Medien* wie den Bischof Samuel Ruiz oder Subcomandante Marcos.

AUTOR: Auch gegen Rigoberta Menchú.

BELLINGHAUSEN: Es vergeht kein Tag, an dem nicht an die Barbarei der prähispanischen Indios erinnert wird, was die weiße herrschende »Intelligenz« früher aus Schamgefühl niemals getan hatte.

AUTOR: Du hast von *Nexos* als einer konservativen Zeitschrift gesprochen. Ich hielt sie für eine fortschrittliche Zeitschrift.

BELLINGHAUSEN: Es gab eine lange Anfangsetappe, in der sie es war, auch wenn man ihr ein gewisses Schwanken innerhalb des breiten Spektrums der Linken nicht absprechen konnte. Also ein wenig wetterwendisch, aber interessant. In der Folge entwickelte sie eher Positionen einer aufgeklärten Rechten. Sie ist nach wie vor lesenswert, aber diese Entwicklung ist nicht zu übersehen. *Nexos* unterwarf sich ganz der Vormachtstellung von Octavio Paz und seinen Schülern. Zu einem bestimmten Zeitpunkt erfolgte sogar eine Annäherung an Salinas. Jetzt ähneln sich *Nexos* und *Letras Libres* sehr. Als die erste Nummer der *Letras Libres* erschien, hörte ich folgenden Kommentar: Sehr schön, fast wie eine Nummer von *Nexos.* Sie sind sehr konservativ geworden und verteidigen den Staat und das Unternehmertum. Die Sicherheit.

AUTOR: Die Theologie der Sicherheit.

BELLINGHAUSEN: Sie sind ganz verrückt danach, daß das Gesetz respektiert wird. Der Untergrund hat Schuld an allem. Das ist ein Argument, das immer zum Faschismus führt. Aber die Hetzkampagnen, um das Ansehen, das die Indios durch die zapatistische Bewegung erlangt haben, zu zerstören, kommen spät. Die Machthaber sind überrascht worden, und als sie wieder zu sich kamen, wurden sie sich erst einmal darüber klar, wobei man sie unvorbereitet erwischt hatte. Sie müssen versuchen, das Prestige der Indios und ihrer Fürsprecher abzubauen, denn das Wahljahr beginnt. Augenscheinlich stellen sie sich nicht gegen das Abkommen von San Andrés, beschuldigen vielmehr die Zapatisten, die Umsetzung der Vereinbarungen gar nicht zu wollen. Dabei ist es die Regierung, die alles verzögert und unterdessen militärische und paramilitärische Gewalt ausüben läßt. Sie haben die Chance, mit den aufständischen Zapatisten im Gespräch zu bleiben, verpatzt, darum versuchen sie jetzt, diese in Mißkredit zu bringen. Welche Argumente bringen sie gegen den Bischof Samuel Ruiz vor? Daß er Fundamentalist ist oder daß es ihnen an den Nerv geht, wie gut er das Ganze bewerkstelligt hat? Das Grundargument gegen die Zapatisten ist, wie überraschend gut ihr Auftritt war.

AUTOR: Weniger verständlich ist die Offensive gegen Rigoberta Menchú. Ich weiß nicht, wie weit sie hier verbreitet wurde, aber in Europa fand sie ein großes Echo.

BELLINGHAUSEN: Hier nicht so sehr. Dabei muß man bedenken, als Rigoberta den Nobelpreis erhielt, stand sie unter dem Schutz von Salinas, und der Preis wurde von einigen PRI-Vertretern auch zu einer Auszeichnung für Salinas umgemünzt. Rigoberta selbst hatte aus dem gleichen Grund eine etwas schwierige Beziehung zur mexikanischen indianischen Bewegung. Rigobertas Verhalten hatte bündnispolitische Gründe. Sie ist Guatemaltekin und war daran interessiert, daß die PRI der guatemaltekischen Bewegung half. Ihre Medaille liegt in Mexiko im Museum.

Wir unterhalten uns über die Intentionen, die hinter den Enthüllungen des Anthropologen Stoll zu vermuten sind. Meine Gesprächspartner zweifeln nicht an der Authentizität Rigobertas, auch wenn ihr vielleicht ihre sinnbildliche Vorstellungskraft oder der Schritt vom individuellen Subjekt zum kollektiven und vom individuellen Gedächtnis zum kollektiven einen schlechten Streich gespielt haben mag. Rigoberta war durch ihre Symbolkraft zu einer international anerkannten Vertreterin des Indigenismus geworden, und das konnten sie nicht tolerieren. Einer der besten lateinamerikanischen Dichter der Gegenwart ist ein guatemaltekischer Indio, Humberto Ak'abal. Seine Gedichte sind in viele Sprachen übersetzt, er lebt als professioneller Schriftsteller, pflegt seine *public relations*. Schon das irritiert. Eine indianische Dichtung, die tief im Dschungel eingeschlossen ist, würde eher dem Bild entsprechen. Wie der literarische Erfolg von Marcos, dessen Stil eng mit der indianischen Poesie verwoben ist, beunruhigt. Ich frage Hermann, was er von Marcos als Schriftsteller hält.

BELLINGHAUSEN: Ich finde ihn sehr gut. Marcos hat die Literatur erfrischt. Er hat eine neue Art und Weise gefunden, wie die Dinge gesagt werden können. Marcos besitzt ein gutes Ohr und hört genau hin, wie die Menschen hier sprechen. Seine sprachlichen Eingebungen regen die Phantasie der Leute an, das gelingt nur wenigen Schriftstellern.

Ich riskiere auch ein Urteil über Marcos als Schriftsteller.

AUTOR: Marcos ist ein Meister des postmodernen literarischen Spiels, in der Art, wie er Collagen bildet und die Intertextualität zwischen zwei literarischen Kulturen, der indianischen und der lateinamerikanischen, nutzt. Er weidet die indianischen Metaphern aus und auch die Metaphern aus *Alice im Wunderland*.

BELLINGHAUSEN: Das stört einige mexikanische Autoren sehr. Marcos hält seine Handschrift für alle Bezüge offen, er respektiert keine Schulen. Sein Erfolg als Schriftsteller und außerdem die Tatsache, daß er auch weiterhin nicht auf Pamphlete verzichtet, irritiert viele außerordentlich. Heute ist er der meistgeschätzte und meistgelesene linke Schriftsteller in Mexiko. Ihm schenkt man Glauben.

AUTOR: Unerträglich. Sehr interessant ist das Interview von Juan Gelman in *Proceso*, insbesondere wegen der Kritik, die Marcos sowohl an der Ästhetik der militanten Literatur als auch an einer sektiererischen Haltung beim Schreiben wie beim Lesen übt. Das klingt gut aus seinem Mund, aus dem Mund eines Guerilleros.

BELLINGHAUSEN: Mitten auf der Flucht kommt er auf die Idee, ein paar schöne Sätze aufzuschreiben und ein komplettes Shakespeare-Sonnett, auf englisch, hinzuzufügen.

AUTOR: Er übertreibt. Oder hat er vielleicht Shakespeares Sonette mit auf die Flucht genommen? Was genauso übertrieben wäre.

Der Zapatismus hat nicht nur Manu Chao oder Sabina zu Liedern angeregt; Carlos Santana nutzte den Moment, als seine Statue auf dem Hollywood Boulevard von Los Angeles enthüllt wurde, um sie Marcos und dem Volk von Chiapas zu widmen. Im lateinamerikanischen und nordamerikanischen Rock werden oft die indianischen Rebellionen verherrlicht. Augenfällig hat auch der Zapatismus immer mehr bei den die Chicanos an Bedeutung gewonnen. Die Chicanos, mögen sie Indianer sein oder nicht, bekennen sich langsam dazu, daß sie aus der Sicht des Sheriffs oder des Unternehmers eine Indianerexistenz führen. Dieses Identitätsmuster kommt in dem Maße deutlicher zum Ausdruck, in dem immer unverblümter versucht wird, sie unter Kontrolle zu halten und den Gebrauch der spanischen Sprache auf die Gebiete einzugrenzen, in denen größere spanischsprechende Gemeinschaften leben. Mir erscheint es kurios, daß sie auf das Spanische zurückgreifen müssen, um auf ihre Identität zu pochen, aber für Hermann ist das klar.

BELLINGHAUSEN: Die Chicanos haben es mit den radikalsten Gruppen der Rechten zu tun. Fast überall in den Vereinigten Staaten kann ein Schuster nicht mehr seine Dienste im Schaufenster auf spanisch anbieten, es muß auf englisch sein. Aber in Mexiko existiert nicht nur die zapatistischen Erhebung der Mayas von Chiapas, auch die Mixteken organisieren sich, um ihre Forderungen zum Ausdruck zu bringen. Die Mixteken besitzen eine reiche Wanderkultur seit vorspanischen Zeiten. Jetzt entdeckt man Spuren der mixtekischen Kultur an den verschiedensten Orten von Mexiko. Aus ihrem Wandertrieb erklärt sich die Tatsache, daß die meisten indianischen Emigranten in den Vereinigten Staaten Mixteken sind. Das ist ein Phänomen, das schon seit zwanzig Jahren ein neues Bewußtsein und neue Organisationsformen hervorgebracht hat. Die Mixteken bilden starke Gruppen, sie gewinnen sogar Wahlen in Oaxaca. Warum? Sie verfügen über Dollar, die ihnen die Mixteken zukommen lassen, die in den Vereinigten Staaten arbeiten. Es gibt mixtekische Gemeinschaften in Alaska, an der gesamten Pazifikküste, insgesamt vielleicht sechshunderttausend, aber genau weiß man es nicht. Worauf ich zu sprechen kommen will, ist folgendes: Vor einigen Jahren führten die mixtekischen Gemeinschaften in Kalifornien einen Kampf um den zweisprachigen Unterricht, es ging um den Unterricht auf englisch und mixtekisch. Sie wollten keinen Unterricht auf spanisch, das war nicht ihr Problem. Nein, sie wollen ihre Sprache bewahren und englisch sprechen, weil das die Sprache ist, in der sie arbeiten. Das irritiert die Intellektuellen in Staatsdiensten am meisten, daß ihnen die indianischen Forderungen die Ausdehnung ihres sprachlichen Einflußbereichs begrenzen. In Spanien ist das mit den Basken und den Katalanen vergleichbar.

RAMÍREZ: Es ist ein sprachlich besetztes Gebiet, und wenn sich die Situation ändert, wird nicht zugelassen, daß die Einheimischen ihr Sprachgebiet wieder für sich beanspruchen.

Ich frage meine Gesprächspartner, ob sie die Erfüllung der indianischen Forderungen mittelfristig für möglich halten und ob sich die Metapher des Indios als Referenz für den Globalisierten weiter festigen wird. In Chiapas wird der Widerstand aus einer radikalen alternativen Weltsicht geführt, die die europäischen Volksschichten, die Bauern beispielsweise, längst verloren haben, indem sie das Weltbild des kulturellen Kolonisators übernahmen.

AUTOR: Aber es gibt keine Indianer mehr, die vollkommen abseits des Imaginären, das die Moderne hervorgebracht hat, leben. Warum sollten sie auch? Wie verändert sich die Weltsicht der Indios, wenn sie eine Waschmaschine oder einen Fernseher zu ihrer Verfügung haben? Inwiefern können sie trotz der Einführung dieser technischen Geräte die traditionelle Weltanschauung bewahren?

BELLINGHAUSEN: Vor zwanzig oder fünfundzwanzig Jahren klangen die Prognosen von Fernando Benítez, dem angesehensten Historiker des mexikanischen Indigenismus, sehr pessimistisch. Nach seiner Auffassung würden diese anderen zivilisatorischen Muster in etwa fünfzig Jahren verschwunden sein. Die gegenwärtige Tendenz ist rückläufig. Die Indios können Waschmaschinen, Fernseher und Computer in ihre Welt aufnehmen, und diese Gerätschaften bestärken sie in dem, wie sie sind. Das ist der Fall bei den Mixteken, die in die USA auswandern. Interessant ist zum Beispiel, wie die Mixteken vor vielen Jahren – heute zieht das nicht mehr so sehr die Aufmerksamkeit auf sich – eine neue Form des Briefschreibens entwickelt haben. Da sie weder auf spanisch noch auf englisch noch auf mixtekisch schreiben, aber Videokameras kaufen konnten, filmten sie, was sie sahen, und schickten die Videos den Eltern oder anderen Familienangehörigen in die Heimatdörfer. Die Mama schickte ihnen Briefchen, die sicher der Pater geschrieben hatte, und sie antworteten mit ihren Videos. Die Elemente, die zu ihrer Integration in »die andere Zivilisation« hätten dienen können, bestärkten ihr Anderssein. Die linken zapatistischen Auffassungen haben sie bestärkt, in dem, was sie sind. In ihrer indianischen Identität. Ich bin sicher, daß sich die Indios in der Konfliktzone jetzt stärker fühlen als vor fünf Jahren. Darauf sind sie stolz. Darum können sie zum Beispiel auch toleranter gegenüber den Unterschieden sein, die sie bei den ausländischen Beobachtern wahrnehmen, den kulturellen Minderheiten, die Ohrringe tragen und deren Haut tätowiert ist.

AUTOR: Der Blick des anderen.

BELLINGHAUSEN: Die ersten Beobachter und freiwilligen Helfer, die tätowiert und mit Piercing hierherkamen, wurden scheel angesehen. Warum bemalen sie sich die Haut?, fragten sich die Indios. Im Zusammenleben sind die Vorurteile verschwunden.

Ich erzähle ihnen, daß ich gestern im Dorf mitangesehen habe, wie einer der jungen Helfer zwei Hühner schlachtete, die er den Indios abgekauft hatte. Er schnitt ihnen kurzerhand, um die Prozedur zu verkürzen, den Hals mit einer Machete durch. Das kritisierten die Dorfbewohner von La Realidad sehr. Hühner werden geschlachtet, indem man ihnen den Hals umdreht. Und wenn ich es nicht richtig mache und diesem armen Tier einmal und dann noch einmal den Hals umdrehen muß?, versuchte der ehrlich betrübte Hühnerkoch einzuwenden. Das zählte nicht. Der italienische Beobachter war halb belustigt und halb bedrückt: »Jetzt werden sie mich die nächsten Wochen lang als den Menschen betrachten, der zwei Hühner nicht so geschlachtet hat, wie es sich gehört.«

BELLINGHAUSEN: Ein Tier opfern, ist ein Ritual. Die Tatsache, daß die Indios das Spielzeug der Moderne angenommen haben, heißt nicht, daß sie ihre Identität verloren hätten.

AUTOR: Da die Fortschrittsidee, die auf einem kontinuierlichen Wachstum basierte, erschöpft ist, müßte man eine neue Idee von Fortschritt entwickeln, die eine Synthese der verschiedenen kulturellen Beiträge bildet, und sich gleichzeitig um die Programmierung der unmenschlichen Grenzen kümmern, an die das Wachstum stoßen kann.

BELLINGHAUSEN: Die Geschichte der indianischen Ethnien in Mexiko ist eine Geschichte des Widerstands. Unglaublich, welche Widerstandskraft die Zapatisten aufgebracht haben. Sie ist das Zeugnis einer Lebensform, die bereits über fünfhundert Jahre andauert, und hat ihnen eine Härte verliehen, die sonst nur besondere Hölzer und Metalle besitzen. Die Zapatisten können sich auf eine lange Tradition berufen und dadurch Krisen, die für andere Sektoren unüberwindbar scheinen, überwinden.

AUTOR: Denk auch an die Menschen, die in den Elendsvierteln rund um Mexiko-Stadt ihr Dasein fristen.

BELLINGHAUSEN: Das ist ein Teil Mexikos, den man vom Auto aus nicht sieht. Indianische Gemeinwesen. Ganze Dorfgemeinschaften, die in die Stadt abgewandert sind und hier ein dörfliches Leben führen.

AUTOR: Diese vom Establishment verschleierte Wirklichkeit kommt jetzt zum Vorschein und bestärkt das Gefühl eines Belagerungszustandes, in dem das System gefangen zu sein scheint. Der Zerrspiegel der Wirklichkeit, den die Allianz zwischen dem Machtapparat und den erstarkenden Sektoren geschaffen hat, ist durch den zapatistischen Aufstand zerbrochen. Vielleicht bleibt für die Regierung und ihre Gefolgsleute keine andere Lösung als die militärische Gewalt. Es scheint schwierig, einen reformistischen Lösungsvorschlag in die Realität umzusetzen, denn er müßte den unterdrückten Sektoren die Identität und die Möglichkeit zur demokratischen Beteiligung geben. Sie werden es erreichen, fürchte ich, diesen Sprößling eines neuen Widerstands verkümmern zu lassen.

BELLINGHAUSEN: Ich halte es für sehr schwierig, daß sie eine Rechtfertigung finden für einen militärischen Schlag gegen die aufständischen Zapatisten. Es ist ein neues Bewußtsein über die indianische Lebenssituation und die Armut von vierzig Millionen Mexikanern geweckt worden. Vorher kamen demagogische Reden vielleicht noch an. Heute nicht mehr. Kritische Positionen sind gefragt. Kritischen Positionen schenkt man heute mehr Glauben. Es wäre kriminell, das alles zu zerstören, und die Gesellschaft würde dieses Spiel auch nicht mitspielen. Darum hat die Regierung es nicht vermocht, die zapatistische Bewegung mit Waffengewalt zu zerschlagen. Das wäre ein Sieg, den niemand mit ihnen mitfeiern würde.

AUTOR: Aber die Strategen der Macht können ihren Kampf gegen die Wirkung führen, die der Zapatismus in den verschiedenen sozialen Sektoren hervorgerufen hat. Die Verleumdungskampagnen laufen in diese Richtung. Die Regierung hat das Abkommen von San Andrés auf Eis gelegt, und die Sympathisanten des Zapatismus wollen auch von den aufständischen Zapatisten Resultate sehen. Außerdem kann die Regierung Argumente entkräften, wenn sie die Hilfsangebote für die Gemeinschaften verstärkt.

BELLINGHAUSEN: Sie hat das bereits alles versucht und nichts erreichen können. Die PRI setzt auf den Kräfteverschleiß, das ist deutlich. Man sieht jedoch förmlich, wie die PRI an Terrain verliert. Sie verliert ihre eigenen Anhänger, die mit der Partei unzufrieden sind, und verliert Terrain an die PRD und die PAN. Das sind bereits drei Fronten, die ihr das politische Monopol streitig gemacht haben, aber sie hat weiter das Monopol über die repressiven Kräfte, das Gesetz, den Staatsapparat.

AUTOR: Sie kontrolliert auch die Medien, aber in diesem Bereich haben sich alternative Informationskanäle aufgebaut. Da sind die mit dem Zapatismus sympathisierenden freiwilligen Helfer, die aus Mexiko selbst oder der ganzen Welt kommen, und da ist das Internet als neues Instrument der Kommunikation. Die Beobachter und Helfer sind Informationsträger und verwandeln sich in Multiplikatoren. Ich dachte, das gehörte schon der Geschichte als ein Traum der siebziger Jahre an, als Enzensberger vom kommunikativen »Foquismus« als der einzigen Informationspolitik der Linken sprach.

BELLINGHAUSEN: Selbst die Medienblockade ist nicht total. *Televisa* hat ein einstündiges Interview mit Marcos gesendet, ohne eine einzige Werbeunterbrechung. Der Subcomandante sagte, was er sagen wollte. Natürlich, sein Gesprächspartner war Ricardo Rocha, der das Chiapas-Problem und die Ereignisse um Acteal aus nächster Nähe verfolgt hat. Aber Marcos in *Televisa*, das ist ein beachtlicher Schritt, und außerdem war das Interview sehr gut, didaktisch und außerordentlich gut moderiert.

AUTOR: Welche Möglichkeiten der Gegeninformation haben die Journalisten, die sich nicht der Desinformationspolitik anschließen wollen?

BELLINGHAUSEN: Viele Medienschaffende sind gegen das System, aber nur eine Zeitung, *La Jornada*, hat offen für Chiapas und die aufständischen Zapatisten Partei ergriffen. Es gibt auch immer wieder Versuche einer alternativen Information, sie sind nur sehr kurzlebig, mit nur sehr geringen finanziellen Mitteln, aber sehr militant. Wenn wir ein demokratischeres System hätten, müßten alle Zeitungen wenigstens objektive Informationen veröffentlichen und nicht die Tatsachen verfälschen, wie es heute oft geschieht.

AUTOR: Du erwähnst *La Jornada*, auch die Wochenzeitschrift *Proceso* hat eine ausgesprochen prozapatistische Haltung.

BELLINGHAUSEN: Das stimmt. Die Regierung greift auf gut bewährte Mechanismen zurück, um die Kontrolle über die Journalisten auszuüben. Die Pressebüros der Regierung und der Staatssekretariate werden alle von der *Secretaría de Gobernación*, dem Innenministerium, koordiniert. Oft beginnt jedoch die Zensur bereits im Kopf des Journalisten selbst.

AUTOR: Ja, der Virus der *political correctness*. Die Selbstzensur in postmoderner Version.

BELLINGHAUSEN: Doch die reaktionärsten Positionen sind in den Fernsehstationen zu beobachten. Hier nistet der schlechte Geschmack, das autoritäre Gehabe, der antidemokratische Geist.

AUTOR: Das heißt, die Schüler von Paz sind auf der Höhe ihrer Chefs?

BELLINGHAUSEN: Octavio Paz ist gewiß das Produkt eines Mexikos, das seinem Ende zugeht. Er war ein Alleinherrscher und umgab sich mit einem Hofstaat, besaß aber auch einen korporativen Geist und sorgte für diejenigen, die wie er und unter ihm dachten. Kurioserweise war sein Vater Zapatist, nur von ihm sprach er sehr selten. Sein Großvater, der General in der Armee des Porfirio Díaz war, schrieb Romane. Auf den Großvater beruft er sich, aber nicht auf seinen Vater.

Ich komme wieder einmal auf die faszinierende Lektüre des Essays *Das Labyrinth der Einsamkeit* zurück, in dem Paz seine ganze methodologische Verführungskraft entfaltet. Er stützt sich auf eine Fülle von kulturellen Bezügen und gelangt zu Schlußfolgerungen, die bereits in den Bereich der Sozialwissenschaften hineingreifen. Paz baut seine Theorie der Mestizaje auf der Synthese zwischen der Philosophie des vorhispanischen Indios und dem Katholizismus auf, der auf einer Idee des Todes, der neues Leben ist, basiert. »Ob man nun die Konquista aus der Perspektive der Eingeborenen oder aus der der Spanier betrachtet, in jedem Falle ist sie der Ausdruck eines nach Einheit strebenden Willens. Trotz ihrer inneren Widersprüche ist die Konquista eine geschichtliche Tatsache, deren Ziel es war, aus der kulturellen und politischen Vielfalt der präcortesianischen Welt eine Einheit zu schaffen. Angesichts der verschiedenartigen Rassen, Sprachen, Staatsformen und Tendenzen der vorspanischen Welt forderte Spanien eine einzige Sprache, einen einzigen Glauben, einen einzigen Gott. Behauptet man, Mexiko sei erst im 16. Jahrhundert entstanden, muß man auch zugeben, daß es das Kind einer zweifachen Vergewaltigung ist, einer imperialen und einer unitarischen, der aztekischen und der spanischen.« Die kulturelle Gewalt, die sich in der Taufe des Eingeborenen ausdrückte, betrachtet Paz von der positiven Seite, denn die Taufe habe diesem geholfen, Bestandteil einer Ordnung, einer Kirche zu werden. Das stellte ihm zufolge ein kleineres Übel dar, weil der Indio verwaist war, seine Götter waren geflohen, seine Führer tot. Paz rechtfertigt nicht die koloniale Gesellschaft, räumt aber ein, daß die Geschichte die schreckliche Wirklichkeit eines Albtraums besitze und »die Größe des Menschen darin besteht, aus der realen Substanz dieses Albtraums große und dauernde Werke zu schaffen oder, anders ausgedrückt, den Albtraum in eine Vision zu verwandeln, um uns wenigstens für einen Augenblick der häßlichen Wirklichkeit durch die schöpferische Tat zu entledigen«. Die Demokratisierung nach Erlangung der Unabhängigkeit entsprach jedoch nicht den gegebenen sozialen Strukturen. Es fehlte grundsätzlich ein Bürgertum, das die Möglichkeiten oder den Willen zur hegemonialen Machtausübung besessen hätte. So diente in Hispanoamerika die Unabhängigkeit nur dazu, das Überleben des Kolonialsystems in die Tracht der Moderne zu kleiden. »Die politische Lüge installierte sich fast verfassungsmäßig bei unseren Völkern.« Die mexikanische Revolution hingegen verstand sich anfangs »als ein Bedürfnis nach Wahrheit und Lauterkeit in den Methoden der Demokratie, wie man aus dem Plan von San Luis vom 5. Oktober 1910 ersehen kann. Langsam erst, mitten im Kampf oder gar erst bei der Machtübernahme, fand und definierte die Bewegung sich selbst. Aber gerade das Fehlen eines vorläufigen Programms verschaffte ihr beim Volk Beliebtheit und Echtheit. Darin liegt ihre Größe und ihre Schwäche.« Der historische Zapatismus stellt für Paz eine Rückkehr zu den Quellen, zu den ältesten mexikanischen Traditionen dar. Im Gegensatz dazu stehe jedoch »die Haltung der Intellektuellen jener Zeit, die sich nicht nur als unfähig erwiesen, den Sinn der Revolutionsbewegung zu erkennen, sondern sogar die Spekulation mit Ideen fortsetzten, die nur noch die Funktion von Masken hatten«. Dank der Revolution hätte sich der Mexikaner mit seinen Ursprüngen und seiner Geschichte versöhnen können. Als die Revolution siegte, rief sie die Mitwirkung einer neuen Generation von Intellektuellen auf den Plan. Paz bewertet dies positiv, aber aus der heutigen Sicht muß sie eher negativ eingeschätzt werden. Die Intellektuellen »wirkten als geheime oder öffentliche Berater eines analphabetischen Generals, eines Landarbeiter- oder Gewerkschaftsführers, eines Caudillo, der gerade an der Macht war. Die Aufgabe war unermeßlich, und alles mußte improvisiert werden! Die Dichter studierten Nationalökonomie, die Juristen Soziologie, die Romanciers internationales Recht, Pädagogik und Landwirtschaft. Den Malern, die man möglichst verschonte, überließ man die Wände öffentlicher Gebäude. Die übrige ›Intelligenz‹ verwendete man zu konkreten und unmittelbar notwendigen Aufgaben. Sie formulierten Gesetzesanträge, Regierungspläne, übernahmen vertrauliche Missionen, Erziehungsaufgaben, Gründungen von Schulen und landwirtschaftlichen Investitionsbanken.« Die Revolution brachte sogar eine nationale Bourgeoisie hervor: »Ohne die Revolution und ihre Regierungen hätten wir nicht einmal mexikanische Kapitalisten«, sagt Paz. Aber in seinem Essay *Reflexiones sobre el presente* (Reflexionen über die Gegenwart), dreißig Jahre nach dem Erscheinen des *Labyrinths der Einsamkeit*, vermochte Paz auch eindrücklich zu beschreiben, wie der Bogen dieses Interessenbündnisses im Jahre 1968 zerbrach. Die realistische Reaktion darauf war wieder einmal die »Modernisierung«, die Paz mit Blick auf Deng Xiaoping in China, Gorbatschow in der Sowjetunion, Felipe González in Spanien und François Mitterrand in Frankreich auch in Mexiko für unausweichlich hielt. Paz identifiziert diese neoliberalisierende Moderne mit Demokratie, weil sie die Initiative an die Gesellschaft zurückgebe. Damit aber übersieht er die Agonie des Patriomonialismus und der Vetternwirtschaft der Regierungspartei, die sich als einzigen legitimen Erben der Revolution ausgab.

Paz und seine synkretistische Lektüre Mexikos ist so voller einleuchtender und überraschender kultureller Querverbindungen, sie ist so frisch und nachvollziehbar, daß man gar nicht anders kann, als Bezug auf sie zu nehmen. Aber später verwandelte sich Paz in ein unantastbares Monument und entwickelte eine gewisse Blindheit gegenüber seiner Unfehlbarkeit. Auf dem Treffen der Intellektuellen 1987 in Valencia, das im Gedenken an die Zusammenkunft von 1937 am gleichen Ort stattfand, als sich mitten im Spanischen Bürgerkrieg namhafte Intellektuelle zu einem Bündnis der Kulturschaffenden gegen den Faschismus zusammenschlossen, sagte Paz apodiktisch, daß der König und die Demokratie schließlich den Spanischen Bürgerkrieg gewonnen hätten. Ich konnte nicht an mich halten und entgegnete, meine sechsunddreißigjährigen Erfahrungen im Franco-Staat ließen mich eher zu dem Schluß kommen, kein anderer als Franco habe den Bürgerkrieg gewonnen. Paz erhob sich, wie sich die Götter erheben, wenn die Pagen des Olymps es wagen, ihnen zu widersprechen: »Ich weiß, wovon ich spreche. Es ist die Wahrheit.« Später, schon ruhigeren Gemüts, saßen wir zusammen und unterhielten uns kurz vor einem Fernsehauftritt mit Juan Goytisolo, Fernando Savater, Jorge Semprún und Mario Vargas Llosa. Da lernte ich einen gesprächigen und vor allem sitzenden Paz schätzen.

BELLINGHAUSEN: Das Wort von Paz galt, selbst bei denen, die er mit Verachtung strafte oder offen verurteilte. Alle lebten in der Hoffnung, er würde sie eines Tages mit seinem Segen oder seinem Fluch bedenken. Wenn er dich zitiert hat, existierst du, dann stehst du im bibliographischen Verzeichnis seiner Gesammelten Werke. Die Macht, vor allem die kulturelle Macht, verfügt über die Meßlatte, die man ihr in die Hand gibt. Paz hatte alle Macht und verteilte Einfluß, Geld, Stipendien.

AUTOR: Er war eine Autorität.

BELLINGHAUSEN: Er war ein Kazike. Aber trotz allem, Paz war ein außerordentlicher Schriftsteller, ein großer Dichter, mit einer universalen Bildung, Autor eines wahren Meisterwerkes.

AUTOR: Als Dichter war er tot, bevor er starb, aber als Essayist war er unvergleichlich, denn er gründete sein Schreiben auf einem reichen kulturellem Substrat und verfügte über das Talent eines großen Schriftstellers.

BELLINGHAUSEN: Er stritt bis zuletzt, es gefiel ihm zu streiten und wie ein eigenwilliger Tyrann aufzutreten. Er war ein Dichterfürst. Und wie jeder Herrscher wurde er von seinem Hofstaat gehaßt.

Ich komme auf den Brief zurück, den Paz am 16. August 1991 an Krauze geschrieben hatte und der als die Gründungsurkunde der *Letras Libres* betrachten werden kann: »Schon öfter haben wir über die Zukunft von *Vuelta* gesprochen, und, wie es natürlich ist, auch über meine Nachfolge. Vor einigen Jahren, als Präsident Salinas erst wenige Tage im Amt war, bot er mir als erstes die Botschaft von Frankreich und bei einer späteren Gelegenheit die Botschaft von Spanien an. Beide Angebote lehnte ich ab, aber in unseren Gesprächen über diese Angelegenheit berührten wir auch das Thema meiner Nachfolge. Ich brachte ihm gegenüber zum Ausdruck, mir erscheine legitim und gerecht (noch immer bin ich dieser Meinung), daß Sie die Leitung übernehmen ... Sie sind in der Reife Ihres Schaffens, im vollen Besitz Ihrer kreativen und geistigen Energien. Sie besitzen außerdem die Gabe zum Unternehmer und Leiter ... Wir haben vor fünfzehn Jahren (in Wirklichkeit vor zwanzig, denn alles begann mit *Plural*) mit einer dreifachen Zielsetzung angefangen. Die erste: eine Zeitschrift für Literatur und kritisches Denken herauszugeben, die der Ausdruck der lebendigen Kultur unserer Epoche war. Sie sollte allen offen stehen, vor allem aber den Schriftstellern unserer Sprache, den mexikanischen wie den spanischen und lateinamerikanischen, den älteren wie den jungen. Zweites Anliegen war die Entscheidung, an der großen intellektuellen, philosophischen wie politischen Polemik der Jahrhundertwende teilzunehmen: Kritik am totalitären Sozialismus und Verteidigung der Demokratie. Dritte Zielsetzung war die Kritik an der politischen und gesellschaftlichen Realität Mexikos, am Einparteiensystem, an den Übeln des Präsidialsystems und die Verteidigung der Demokratie und der Grundfreiheiten.«

Paz bedauert, wie wenig die Beiträge von *Plural* und *Vuelta* über den Zusammenbruch der totalitären sozialistischen Länder gewürdigt worden seien: »Leider haben unsere Feinde, die sich nicht scheuen, unsere Ideen als die ihren auszugeben, die entscheidende Rolle unserer Zeitschrift bei der Umgestaltung der mexikanischen Kultur niemals richtig gewürdigt, noch werden sie sie je würdigen. Wieder einmal waren wir zu gutmütig. Seit langem schon hätten wir den Punkt aufs i setzen und die Schwindler entlarven sollen.« Gewiß haben *Plural* oder *Vuelta* wenig erreicht, um die politischen Spielregeln in Mexiko zu verändern, aber auf jeden Fall haben sie es geschafft, daß Salinas sich für die politische Zukunft von Paz und die intellektuelle Zukunft seiner Publikationen einsetzte. Salinas war ein willkommener Pate im Jahre 1991, aber 1998 nicht mehr. Warum also einen Brief veröffentlichen, der nicht nur den guten Draht, den Paz zu Salinas hatte, aufzeigt, sondern darüber hinaus offenlegt, wie entschieden der Meister die Richtung der zukünftigen Zeitschrift, angefangen von ihrer politischen Linie bis hin zu ihren konkreten Mitarbeitern, vorgab? »Die Mitglieder des Redaktionskomitees, mehr als fünf sollten es nicht sein, sollten unter den heutigen Mitgliedern unserer Gruppe ausgewählt werden. Ich denke vor allem an Adolfo Castellón, Aurelio Asiaín und Fernando García Ramírez.« Ich steckte meine Tischnachbarn mit meiner Verblüffung über die Tatsache an, daß dieser Brief 1998 veröffentlicht wurde.

BELLINGHAUSEN: Es entzieht sich meiner Kenntnis, warum Krauze diesen Brief jetzt veröffentlicht hat, denn aus ihm geht klar hervor, daß er nicht zu den geistigen Haupterben des Meisters gehört. Salinas als den Paten der *Letras Libres* in Erinnerung zu bringen, wozu soll das gut sein? Was ist heute schon ein solcher Pate wert? Paz hatte etwas von einem Kaziken und einem Caudillo, er hatte politische und organisatorische Fähigkeiten, da braucht man sich nur seine *public relations* vor und nach der Nobelpreisverleihung anzusehen. Er schaffte es, seine eigene Biographie zu schreiben, ohne daß sie wie eine Autobiographie aussah. Sein ganzes Leben widmete er der Errichtung seines eigenen Denkmals. Ich weiß nur nicht, wie lange es stehen wird.

AUTOR: 1984 war ich ziemlich lange in Mexiko-Stadt, und in diese Zeit fiel auch der Geburtstag von Paz. Televisa widmete ihm zwei Wochen lang ein tägliches Programm, eine Gesprächsrunde vor laufender

Kamera. In der Art einer sokratischen Runde stellten ihm seine Schüler mäeutische Fragen, und er beantwortete sie. Kein anderes Fernsehen der Welt hat einem Intellektuellen je so viel Zeit und Raum gewidmet.

BELLINGHAUSEN: Paz überzeugte den Eigentümer von Televisa, in ein Prestigeprogramm zu investieren, und wer hatte mehr Prestige als Paz?

AUTOR: Man muß nur daran denken, welch eine gute Partie Paz damit machte, daß er Revolutionstourismus im Spanien des Bürgerkriegs betrieben hatte und kurze Zeit Trotzkist war. Das erlaubte ihm zu sagen: Ich, der ich gegen den Faschismus gekämpft habe, ich, der ich Kommunist gewesen bin ... Jammerschade, daß er es nicht geschafft hat, auch den Friedensnobelpreis zu bekommen.

BELLINGHAUSEN: Den hätte er allein wegen seines Namens verdient: Paz, Frieden. Nein. Er war kein Mann des Friedens.

AUTOR: Dauert die Vetternwirtschaft zwischen PRI und mexikanischen Intellektuellen an, obwohl sie nicht die Solvenz von Paz haben?

BELLINGHAUSEN: Sie dauert an, aber auf einer anderen Ebene, auch wenn die Regierung diesem oder jenem sechshundert Millionen Pesos geben kann, damit er dieses oder jenes Projekt betreibe.

Wir sprechen von Adolfo Sánchez Vázquez, der noch immer eine Referenz für eine offene marxistische Kritik ist. Ich habe ihn in den letzten Jahren immer wieder gelesen, als ich an meinen Büchern *El escriba sentado* (Der sitzende Schriftgelehrte) und *La literatura en la construcción de la ciudad democrática* (Die Literatur beim Aufbau der demokratischen Stadt) schrieb. Sánchez Vázquez verstand es, den Kampf mit Würde zu führen, vor allem, als es an der Universität schwierig wurde, marxistische ästhetische Auffassungen zu vertreten.

Hermann ist der Meinung, jetzt seien die Kulturkritiker an der Reihe: Roger Bartra, Monsiváis, der Dichter José Emilio Pacheco, Luis Hernández. Wir sprechen über die Presse, über die Rolle, die sie mehr in der Meinungsmache als in der Meinungsbildung spielt, und deutlich werden wieder einmal die engen Bindungen der Intellektuellen an die Macht. Ich muß an Expräsident de la Madrid denken, mein nicht ganz freiwilliger Reisegefährte im Jahre 1984, als er eine Rundreise durch Lateinamerika unternahm, die mit meiner Reise zeitlich zusammenfiel, so daß wir uns stets in den frühen Morgenstunden in den Hotelhallen trafen. Auf dem Zimmer begegnete ich dem Gefährten der Hotelhallen auch auf dem Bildschirm wieder und schaute ihm dabei zu, wie er seine obligatorische Rede hielt, ich sage wohlgemerkt, seine Rede. Sie war fast in jeder Hauptstadt dieselbe, nur der Name des lokalen Gurus änderte sich: In Venezuela war es Rómulo Gallegos, in Kolumbien Gabriel García Márquez, in Argentinien Jorge Luis Borges.

Wir wechseln die Rollen. Hermann und Jesús stellen jetzt die Fragen. Sie wollen meine Eindrücke und meine Meinungen zu einer gewissen Enthaltsamkeit der Intellektuellen gegenüber dem Zapatismus und Chiapas hören. Gleich im voraus weise ich sie darauf hin, daß wir Intellektuellen bereits unter einem Komplex leiden, weil wir uns schon so oft in der Geschichte lächerlich gemacht haben, wenn wir künstlerisch oder ethisch Partei ergriffen haben. Andere, die als Marxisten ein Sendungsbewußtsein entwickelt hatten, pflegen es jetzt, da sie Neoliberale sind, eifrig weiter. Sie sind so überzeugt von ihrer Bedeutung vorher und auch jetzt, daß sie durch die Welt reisen und um Verzeihung bitten, weil sie soviel Verwirrung gestiftet haben. Sie halten sich für verantwortlich, daß das Projekt der Moderne durch den Marxismus korrumpiert wurden und predigen jetzt die wahre Moderne.

AUTOR: Uns haben sie die Angst übertragen, eine Rebellion wie die von Chiapas zu unterstützen, vor allem uns Europäern, weil wir aus der bequemen Position von Europäern die Revolutionen vom Parkett her betrachten, unsere Urteile abgeben, unsere Unterstützung zusagen oder verweigern. In Lateinamerika gibt es noch Erdbeben und Wirbelstürme, als ob sich die Geologie und die Meteorologie erst noch normalisieren müßten. Das gilt auch für die Politik oder die Gesellschaft. In Europa war ein Erdbeben oder ein Wirbelsturm ein seltenes Ereignis, bis es mit Jugoslawien losging. Manchmal zeigen wir das Syndrom des Ehepaares, dem Gott keine Kinder geschenkt hat und das darum nach Kolumbien reist, um dort Kinder zu adoptieren. Die Geschichte hat uns keine Revolution geschenkt, darum fahren wir nach Kuba, nach Nicaragua oder nach Chiapas, um sie zu adoptieren. Man muß sowohl gegen diese Feststellung als auch gegen die Vorsorge angehen, daß diese Furcht uns daran hindert, mit einer gerechten Sache wie der von Chiapas solidarisch zu sein. Von Anfang an zog Chiapas meine ganze Aufmerksamkeit auf sich, das kann man in den Zeitungen nachlesen. Der Ausbruch des Chiapas-Aufstandes am gleichen Tag, an dem in Mexiko der Freihandelsvertrag in Kraft trat, war eine Grundsatzerklärung, die mit dem übereinstimmte, was mich in jener Zeit beschäftigte: Man muß vom Dach des zerfallenden Hauses der Linken heruntersteigen und beginnen, es von Grund auf wieder aufzubauen. Zwischen dem »Alles oder nichts«. Außerdem muß die Anprangerung der Unordnung vom Unmittelbarsten und Konkreten ausgehen. Es handelt sich bereits nicht mehr um den Kampf zwischen Kapitalismus und Sozialismus, sondern es geht darum, festzustellen: Was ist übriggeblieben? Ausgehend von der realen Unordnung forschen wir nach den Ursachen und suchen nach einer Lösung. Der Chiapas-Konflikt war Ausdruck einer realen Unordnung. Die Lebensbedingungen der Indios sind elend und darum ein Beweis für das Scheitern des Systems. Chiapas bedeutete die Umkehr der traditionellen Verhaltensweisen der rein rhetorischen Linken in den letzten dreißig oder vierzig Jahren. Um welche linke Partei es sich auch immer handeln mag, sie weiß weniger als irgendein multinationaler Konzern. Die Linke hatte einen sprachlichen Code beibehalten, der rein rhetorisch geworden war und nur dazu diente, Situationen der industriellen Revolution oder antifaschistischer Kämpfe der dreißiger und vierziger Jahren zu beschreiben. Sie besaß kein Instrumentarium, um die neue Situation zu verstehen. Chiapas ist, als Symptom, eine neue Moderne. Eine neue kritische und strategische Moderne der Linken. Die erste exemplarische, im doppelten Sinne des Wortes, Kritik der Globalisierung.

BELLINGHAUSEN: Hat die zapatistische Revolution Ansätze einer wirklich neuen und anregenden Sprache für die Linke hervorgebracht?

AUTOR: Ganz offensichtlich. Dafür brauchst du nur die Erklärungen von Marcos zu lesen, aber nicht nur seine. Wir haben es deutlich mit einem kritischen Diskurs zu tun, der von unten her entsteht, der sich aus der Notwendigkeit ergibt, eine konkrete Unordnung und davon ausgehend die globale Unordnung zu beschreiben. Wenn ich es recht verstehe, ist die Sprache, die sich hier herausgebildet hat, ein interaktives Resultat, Ergebnis des Aufeinandertreffens der traditionellen Sprache der Linken mit einem rebellischen neuen Gesprächspartner, der aus einer anderen Tradition kommt. Es hat sich ein Feedback eingestellt, die Antwort auf die Botschaft und der Beginn einer Interaktion. Den Zapatismus kann man nicht als postmarxistische Nostalgie abstempeln: Er ist die erste politische Formulierung des 21. Jahrhunderts. Der europäische Prozapatismus sollte ihn auf diese Weise verstehen und nicht als ein romantisches, bewegendes Ereignis, das man beschützen kann.

BELLINGHAUSEN: Der europäische Zapatismus ist also protektionistisch?

AUTOR: Er könnte es sein, und das wäre ein großer Irrtum. Aber ich glaube schon, daß sich ein anderes Subjekt des Zapatismus angenommen hat. Nicht die herrschende intellektuelle Kaste noch traditionelle linke politische Organisationen, sondern der europäische Verlierer. Die Solidarischen und die Verlierer stehen zur Metapher des Indianers als der Metapher des globalisierten Verlierers. Die Sympathisanten des Neozapatismus sind überall sehr ähnlich. Sie organisieren sich an Orten der Gegenkultur wie *El Lukal* in Barcelona, mitten in Raval, nur ein paar Meter von dem Ort entfernt, wo ich geboren bin. Dieses Antilokal wird von dem unermüdlichen Aktivisten Iñaki geführt, der sich nicht an die Klischees des vorschriftsmäßigen Aktivismus hält. Darum ärgert er so das Establishment und seine Klientel, aber auch einen Gutteil der institutionalisierten Linken, denn sie brauchen die Theologie der Sicherheit, die der Zapatismus in Frage stellt. Sie brauchen es, die Wahlen zu gewinnen, indem sie das Produkt verkaufen, das der Markt verlangt. Hier liegt das Problem: Inwiefern die europäische Linke in der Lage ist, mit einer doppelten Haltung zu leben – den Markt zu erobern und um den ethischen Wandel zu kämpfen. Wenn das schon in Mexiko schwierig ist, in einem Land, das so große Pluralitäten aufweist und wo die Erste mit der Vierten Welt zusammenlebt, ist das in Europa noch viel schwieriger.

Der interviewte Interviewer schluckt gerade die letzte ihm verbleibende physische und mentale Spucke herunter, aber Jesús und Hermann wagen es, mich noch über die politische Wirkung des Zapatismus in Mexiko zu befragen. Die Margaritas und die Tequilas haben uns in eine sokratische Runde verwandelt. Die politische Wirkung des Zapatismus in Mexiko und die Lebenssituation der Indios? Die Menschenrechte? Alle diese Fragen sind in Mexiko an der Tagesordnung, was vor dem Aufstand nicht der Fall war. Für Mexiko war es ein Glück, meine ich, daß der Zapatismus dazu beigetragen hat, die festgefahrene

Situation aufzubrechen. Er hat gezeigt, daß die Stunde der Wahrheit angebrochen ist, nach der Erschöpfung des PRI-Simulacrums, als sich Salinas de Gortari den Spiegel der neoliberalen Moderne aus dem Ärmel geschüttelt hatte. Chiapas war das Resultat der Begegnung einer abgebauten Linken und einer im Aufbau befindlichen Indianischen Befreiungstheologie, aller Schiffbrüche der nach Gleichheit strebenden emanzipatorischen Philosophien und des erweiterten Personalismus christlicher Prägung. Ich erinnere mich, daß Sicilia in seiner Antwort an Krauze auch Mounier zitiert, einen der philosophischen Begründer der Befreiungstheologie und des linken Katholizismus.

BELLINGHAUSEN: Soweit der radikale katholische Beitrag. Aber die mexikanische Linke war immer antiklerikal.

AUTOR: Wie es sich gehört, und wie Gott will.

BELLINGHAUSEN: Wie siehst du den Zapatismus? Als letztes Aufflackern der Nostalgie oder als Initialzündung von etwas Neuem?

AUTOR: Ich sehe ihn als Samenkorn der Zukunft. Sein Name wirkt zu seinen Gunsten und zu seinem Nachteil. Manch einem erscheint der Zapatismus wie der zweite Teil eines Films von Elia Kazan. Der erste endete, als Zapata im Kugelhagel der Soldaten tot zusammenbrach, in den Bergen sein flüchtender Schimmel auftauchte und ein Landarbeiter versicherte, Zapata sei nicht tot und werde eines Tages wiederkehren. Er ist wiedergekommen, und jetzt entbrennt ein Konflikt zwischen dem zynischen Pragmatismus und der ethischen Revolution. Es gibt einen gewissen Zweifel, ob der Zapatismus als politische Bewegung Gewicht hat oder ob diese Funktion einer politischen Partei wie der PRD von Cárdenas übertragen werden sollte. Könnte die PRD diese ethische Politik betreiben, die Marcos fordert, oder würde sie erstickt und durch die sogenannte pragmatische Vernunft verfälscht werden, gefangen im Spinnennetz der gegebenen Interessen? Der Zapatismus ist umzingelt und belagert, aber er belagert auch, korrigiert mich, wenn ich mich irre, die mexikanische Rechte und Linke, er zwingt sie, sich in dem Spiegel zu betrachten, den der Subcomandante ihnen vorhält. Als ich mit Marcos im Urwald sprach, erinnerte er mich manchmal an Chaplin in der Szene, als dieser allein die deutsche Armee gefangengenommen hatte. Wie er das geschafft habe, wird Charlot gefragt, und er antwortet: Ich habe sie eingekesselt. Wenn die Metapher des Indianers als der Globalisierte im Angesicht des Globalisierenden in der Welt verbreitet werden würde, dann würde der Zapatismus die erste politische Referenz des 21. Jahrhunderts darstellen.

Ich rufe mir noch einmal eine der drei Zielsetzungen des politischen und kulturellen Kreuzzuges, den Octavio Paz führte, vor Augen: »Die Kritik am totalitären Sozialismus und die Verteidigung der Demokratie.« Man müßte ihn verbessern: die Kritik am Neoliberalismus und am Diktat der Ökonomie, und natürlich die Verteidigung der Demokratie. In diesem Hof mit der hell-dunkel changierenden Vegetation, je nach dem Wechsel von Licht und Schatten, war es leicht, Mexiko und die Welt in Ordnung zu bringen, ohne daß sich vielleicht weder Mexiko noch die Welt angesprochen fühlten.

AUTOR: Sehr gut finde ich, daß der Zapatismus die Kultur des Todes nicht auf seine Fahne geschrieben hat.

Hermann lächelt melancholisch.

BELLINGHAUSEN: Man hat die Zapatisten nicht rechtzeitig getötet und sie haben gemerkt, daß sie gerne leben.

Wir gehen durch die Straßen von San Cristóbal, und ich nehme ihre koloniale Harmonie wahr. Es ist eine kanonische Stadt der kolonialen Unwirklichkeit, vergleichbar mit Trinidad auf Kuba oder Cartagena de las Indias in Kolumbien. Sie ähneln dieser im Januar 1994 von den Zapatisten belagerten Stadt, einer Mestizenstadt für Touristen und maskierte Revolutionäre.

Ich muß nach Mexiko-Stadt zurück, um mein Buch *Y Dios entró en La Habana* vor einem kleinen Kreis von Journalisten vorzustellen, die sich überrascht zeigen, daß ich heimlich nach Chiapas gefahren bin und der Vorstellung meines Buches kaum ein paar Stunden widme. Die Pressekonferenz, die Laura Lara in Vertretung von Santillana für mich anberaumt hat, bietet Anlaß zu konkreten Fragen über ein mögliches Treffen mit Marcos und mehrdeutigen Antworten. Ich veranlasse, daß mein Treffen mit Marcos und die Fotografien erst nach meiner Abreise aus Mexiko publik gemacht werden.

Das Aleph, die Lichter und die Schatten

Während ich auf das Mittagessen mit Monsiváis, Sánchez Vázquez und Josetxo Zaldúa, dem stellvertretenden Herausgeber von *La Jornada* warte, kaufe ich die zweite Nummer der *Letras Libres.* Sie nimmt sich genau wie die erste Ausgabe den Zapatismus zur Zielscheibe. Maite Rico interviewt einen Abtrünnigen der Zapatistischen Armee, den früheren Subcomandante Morales Garibay, der sich von der zapatistischen Guerilla vor dem Aufstand von 1994 abgesetzt hatte. Obwohl der Abstand zum erstarkenden Zapatismus groß ist, wird er als Belastungszeuge gegen Marcos in den Zeugenstand gerufen, während Marcos eingeladen wird, die Behauptungen seines Widersachers zu einem späteren Zeitpunkt zu widerlegen. Je länger ich in dem Interview lese, desto deutlicher erscheint mir, daß Marcos dieser sogenannten »tiefen Kehle« des staatlichen Geheimdienstes nur wenig antworten muß. Morales Garibay weiß ganz offensichtlich nicht sehr viel über die letzten entscheidenden fünf Jahre, und seine Behauptungen werden Marcos nicht allzusehr schaden. Das sind die Punkte: Marcos sei bereits als Assistenzprofessor namens Guillén ein *showman* gewesen, seiner Überzeugung nach ein »Sekretär Gottes«; er habe noch nie in einer Hängematte geschlafen, bevor er zur Guerilla kam; er hörte im Urwald Radio Habana, die sandinistischen Radiostationen oder die Sendungen der salvadorianischen Guerillabewegung Farabundo Martí. Schließlich kommt die Interviewerin zu dem Schluß, Marcos beeinflusse die Indios, er sei ein Genie der Medienwerbung und überrasche alle Welt damit, wie gut er das harte Leben im Urwald durchstand, obwohl er ein Bürgerlicher war. Ich frage mich ernsthaft, wie *Letras Libres* einem solchen Interview acht Seiten einräumen konnte. Es waren reine Banalitäten, die Maite Rico einer so wenig tiefen Kehle hatte entlocken können. Und das Schlimmste, was einer tiefen Kehle wohl passieren kann, ist, daß sie leer ist. Wenn der Artikel von Krauze in der ersten Nummer noch auf der Höhe seines anerkannten strategischen Talents war, abgesehen davon, daß er auch nur Schall und Rauch von sich gab, um Bischof Ruiz anzuschwärzen, ist das Interview von Rico geschmacklos, geruch- und farblos. Ein anderer, besonders kämpferischer Artikel gegen Marcos, den José de la Colina in der gleichen Nummer publiziert, ergeht sich in phantasiereichen Verleumdungen und gipfelt in der unwiderlegbaren Behauptung, daß im Falle von Marcos »die Maske die Botschaft« sei. Wohl nur eine logische Konsequenz, wenn die Maske das Medium und das Medium die Botschaft ist. Obwohl ich mich erinnere, daß Hans Magnus Enzensberger in den sechziger Jahren diese These von Marshall McLuhan mit den Worten zurückwies: »Wenn die Bourgeoisie sagt, das Mittel sei die Botschaft, dann deswegen, weil sie nichts zu sagen hat.«

Laura Lara hat uns einen Tisch in der Casa Vasca reserviert. Roger Bartra konnte sie in der kurzen Zeit nicht erreichen, doch Sánchez Vázquez wiederzutreffen, ist ein großes Vergnügen, und beide bedauern wir meine Abwesenheit auf dem Treffen der Intellektuellen in La Habana anläßlich des 40. Jahrestages der Revolution. Ich hatte die Einladung des Kulturministers Abel Prieto nicht annehmen können. Man lud mich zu einem Treffen ein, auf dem ich sagen sollte, was ich über die Revolution oder vielmehr ihre Überreste zu sagen hatte, aber andererseits erlaubte man nicht den Vertrieb meines Buches *Y Dios entró en la Habana* auf Kuba. Nicht einmal die sechzig Exemplare, die ich dem Kreis der Personen gewidmet hatte, die am Zustandekommen des Buches beteiligt waren, Fidel Castro eingeschlossen, passierten den Zoll.

Monsiváis übertrifft sich selbst: Er trägt die Maske Monsiváis'. Intelligent und ironisch, korrigiert er das Bild vom pessimistischen Intellektuellen und dem Optimismus des Willens. Monsiváis beläßt es beim Pessimismus des Intellektuellen, der sich, wenn es um eine Frage der Ethik und des Mitgefühls geht, eines Besseren belehren läßt. Besonders scharfsinnig sind seine Kommentare über den Besuch des Papstes, der nach Mexiko gereist war, ohne daß ein Fidel Castro ihn ernst nahm, und der in den USA wie ein gealterter Verwandter auftauchte. In Mexiko versuchte der rechte Flügel der Katholischen Kirche, der sehr darauf erpicht ist, daß die Trennung zwischen Staat und Kirche wieder aufgehoben wird und die Theokratie die Theologie der Sicherheit ergänzt, den Papst ganz für sich in Beschlag zu nehmen. Wir kommentieren mein Treffen mit Marcos, seiner Frau und den anderen Zapatistenführern und stimmen überein, daß die Vorwürfe, die gegen Marcos erhoben werden, seine beste Visitenkarte sind. Seine Gegner werfen ihm vor, daß er von einem an Althusser und Mao orientierten Diskurs zu einer Politik des Möglichen übergegangen sei und niemand anderem als der Zivilgesellschaft die Rolle des historischen Subjekts zuweist, ohne zu präzisieren, was er unter Zivilgesellschaft versteht. Ob er sie wie ein Liberaler auffaßt, der die Regulierung durch den Staat ablehnt, oder wie Gramsci als soziales Engagement einer nicht formal organisierten politisierten Mehrheit für die Veränderung der Regeln und Strukturen der Macht. Marcos entwickelt einen ethischen, auf demokratische Reformen ausgerichteten Diskurs und die Abgrenzung von der traditionellen linken Haltung, einschließlich der paternalistischen Positionen, die sie gegenüber der indianischen Problematik eingenommen hatte.

Die Frage steht im Raum, ob das zukünftige politische Flußbett des mehrfach aufständischen Mexikos bei Cárdenas und seiner linken Partei der Demokratischen Revolution (PRD) liegen wird. Meine Tischgefährten bejahen das nicht ausdrücklich, stellen es aber auch nicht in Abrede. Jetzt kommen die befreundeten spanischen Journalisten Ibarz, Elisabeth Sabartès, Aznárez, Korrespondentin von EFE. Ich berichte ihnen von meinen Erlebnissen im Lakandonischen Urwald, bereits mit einem Fuß in dem Taxi, das mich zum Flughafen bringen wird.

Auf dem Rückflug läßt mich das Gefühl nicht los, daß ich in wenigen Tagen ein anderes Leben gelebt habe. Ich erinnere mich an einen amüsanten amerikanischen Film mit dem Schauspieler Dan Dailey: Ein junger Mann verläßt aufgrund einer Verkettung von Zufällen seine Kleinstadt, ohne daß es jemand merkt, er nimmt am Zweiten Weltkrieg teil, gewinnt ihn fast allein und ohne viel Aufhebens, und kehrt in sein Land, seine Kleinstadt, sein Haus zurück, wenige Stunden, nachdem er weggegangen war. Einige wenige Tage lang traf ich mich mit dem vorletzten Guerillero unter den Augen der Aufklärungsflugzeuge der mexikanischen Armee, und jetzt kehre ich nach Hause und zu den Arbeitstagen zurück, die nach Jaime Gil de Biedma immer die gleichen sind und immer recht haben.

Eine Revolution nach der Revolution. Die demokratische Revolution. Der Vorschlag, die formale Demokratie in eine reale umzuwandeln, und zwar unter Verwendung aller bereits vorhandener Architekturen. Muñoz Rubio brachte es in *La trascendencia de la lucha zapatista* (Die Transzendenz des zapatistischen Kampfes; Viejo Topo, Juni 1998) folgendermaßen zum Ausdruck: »In den Debatten, die in Mexiko über die Verträge von San Andrés geführt werden, ist über das Anekdotische und die rabulistischen Verfahrensweisen hinaus die Gegenüberstellung von zwei Weltauffassungen am wichtigsten: die Konfrontation zwischen dem entfremdenden Neoliberalismus und dem zapatistischen Humanismus.« Der Autor schließt mit der Feststellung, daß das zapatistische Gedankengut, das die Pluralität, die Multikulturalität, die Vielfalt und die radikale Demokratie verteidigt, eine frontale Herausforderung für den Neoliberalismus bedeutet, jedoch nur mit dem sozialen Engagement, das ihn als Massenbewegung stützt, verwirklicht werden kann. Das könnte den Zapatismus zur »Alternative der Revolution« machen, auf die ich mich mit Hilfe von Hobsbawm und García de León am Anfang meiner Reise bezogen habe.

Was trennt den Begriff der »Alternative der Revolution« vom üblichen Reformismus? In der Einleitung zur spanischen Ausgabe von *La utopía desarmada* (Die entwaffnete Utopie) weist Jorge G. Castañeda auf das Neue am zapatistischen Aufstand von 1994 hin und fragt sich, ob seine Grundthese über die Unmöglichkeit, Utopien auf dem Wege des bewaffneten Kampfes durchzusetzten, durch den Zapatismus widerlegt sei. Dabei kommt er zu dem Schluß: »Anstatt die Argumente meines Buches in Abrede zu stellen, bestätigt der Chiapas-Aufstand nur noch die drei Grundthesen meines Buches. Die erste, am heftigsten diskutierte, nimmt die alte Debatte der lateinamerikanischen Linken wieder auf, daß die Strategie des Kampfes nicht über seinen revolutionären oder reformistischen Charakter entscheidet ... Der Che sagte bereits 1959: ›Dort, wo der Eindruck vorherrscht, daß andere Wege zum Ausdruck der Unzufriedenheit und der Forderungen und Zielsetzungen vorhanden sind, ist der bewaffnete Kampf praktisch unmöglich.‹ Auch die zweite These wird tendenziell bestätigt: Die große Opferbereitschaft und Selbstlosigkeit, die die Guerillaaktivität verlangt, gehen wohl schwerlich aus einem reformistischen Gedankengut hervor. Man gibt nicht sein Leben für die Erhöhung der Bildungsausgaben.« Castañeda unterstreicht den reformistischen Charakter der Zapatistischen Armee und den taktischen Charakter ihres Rückgriffs auf die Waffen und beglückwünscht sich, in dieser Form seine These bestärkt zu finden, derzufolge heute in Lateinamerika die gesamte Linke notwendigerweise reformistisch ist. »Die Rechtfertigung der zapatistischen Bewegung ist in den Grundmerkmalen zu suchen, die Mexiko kennzeichnen, d.h. in der Fortdauer seines autoritären politischen Systems. Dadurch kann die soziale Unzufriedenheit nicht auf dem Wege der Wahlen ausgedrückt werden, weil diese völlig bedeutungslos geworden sind. Marcos setzt sich zum Ziel, die Beweggründe seiner Existenz zu beseitigen, daher das imperative, nicht zu übersehende Band zwischen dem bewaffneten Aufstand, der Situation des Landes und dem Zeitpunkt, an dem der Aufstand ausbricht.«

Weil die Regierungspartei PRI »autoritär« die Macht ausübt, die Wahlergebnisse nach ihrem Gutdünken fälscht oder frisiert, fordern Marcos und der Zapatismus nichts anderes als Wahlen ohne Korruption, ohne Wahlversprechungen und »Aufteilung des Kuchens«. Das ist eine taktische oder strategische Forderung, die unter den gegebenen Umständen offensichtlich subversiver ist als ein an Althusser orientiertes Programm. »Die dritte These, die vom zapatistischen Aufstand bekräftigt wird, bezieht sich auf die Resonanz, die Chiapas im politischen Leben und in der ideologischen Diskussion in Mexiko ausgelöst hat… Der Chiapas-Aufstand bescherte für eine kurze Zeitspanne – bis zu der live im Fernsehen ausgestrahlten Gegenüberstellung der drei Kandidaten Mitte Mai 1994 – der Kandidatur von Cuauhtémoc Cárdenas, der im politischen Spektrum in der linken Mitte anzusiedeln ist, einen neuen Auftrieb. Der Aufstand legitimierte ein reformorientiertes Programm, indem er unmißverständlich zeigte, daß der schrankenlose Neoliberalismus, den das Salinas-System in Mexiko eingeführt hatte, das Land in den Abgrund riß.«

Nach Castañedas Verständnis stellen die zapatistische Bewegung und ihre reformorientierten Forderungen der Partei Cárdenas eine subversive Armee an die Seite, um die Reformen in die Wirklichkeit umzusetzen. Ich habe bei zwei Abendessen in Barcelona mit Cuauhtémoc Cárdenas gesprochen, einmal an einem Tisch mit Vertretern der katalanischen Linken und einmal unter vier Augen. Beim ersten Gespräch drehten sich die Fragen um den Neozapatismus, und Cárdenas erkannte die Forderungen der Zapatisten als gerechtfertigt an, obwohl er ihr Vorgehen nicht ausdrücklich billigte. Jetzt waren seine Worte schon vorsichtiger als beim Ausbruch des Aufstands gewählt, als Cárdenas zwar die Beweggründe für richtig hielt, aber das Vorgehen verurteilte. Ich sprach mit ihm auch über die Frage, inwieweit die objektive Unterstützung, die er von der indianischen Bewegung durch die Tatsache erhielt, daß sie dem Monstrum, in das sich das politische System verwandelt hatte, den Spiegel der Wirklichkeit vorhielt, zu einem Problem für die PRD werden kann, falls sie an die Macht kommt und den »Reformismus« der Zapatisten einbeziehen muß.

Die Verfassung zugunsten der vierzig Millionen Armen beim Wort zu nehmen und die demokratische Partizipation der Verlierer der Globalisierung in eine historische Energie des Wandels zu kanalisieren, heißt heutzutage, die Politik des Möglichen für die Linken oder die progressiven Kräfte in ihrer Gesamtheit zum Scheitern zu verurteilen, wenn nicht eine tragfähige historische Übereinstimmung mit der bestimmenden Mehrheit der zivilen Gesellschaft erreicht wird. Nichts anderes im Grunde als eine neue Lektüre des »historischen Kompromisses« von Berlinguer. Und selbst dann. Der Keynesianismus erleichterte eine über alle Klassenzugehörigkeit angesiedelte linke Politik dank der Erfindung des Sozialstaats, aber im heutigen globalen Dschungel kann der neozapatistische *Reformismus* den Widerstand deutlich machen, den die Herren der Welt gegenüber Veränderungen an den Tag legen.

Die konventionelle Linke fühlt sich angesichts des Zapatismus unwohl in ihrer Haut. Er erwischt sie auf dem falschen Fuß. Den rechten Fuß zieht sie gerade aus dem Sumpf des kalten Krieges heraus, und beim linken Fuß weiß sie nicht recht, ob sie ihn auf das Terrain der unbequemen Verpflichtungen gegenüber der neuen internationalen Unordnung setzen soll oder nicht. Die beschämende Bürgschaft sozialistischer Regierungen bei der Intervention der NATO in Jugoslawien hat das mehr als deutlich unter Beweis gestellt. Cuauhtémoc Cárdenas erscheint als der geeignetste indirekte Erbe des Reformwillens der zivilen Gesellschaft: Er verbindet in seinem Vornamen den Namen eines poetischen Verlieres, des letzten Aztekenkaisers Cuauhtémoc, mit dem Nachnamen des revolutionären Generals, Cárdenas, der eine Schlüsselrolle bei der Gestaltung des nachrevolutionären Mexikos gespielt hat. Paz, wieder einmal Paz, erinnert in *Das Labyrinth der Einsamkeit* daran, daß der von Cortés ermordete junge Kaiser Cuauhtémoc auf spanisch »fallender Adler« heißt und beschreibt ihn als ein Kind, das bewußt dem Tod entgegengeht, als er sich zum Treffen mit dem Konquistador anschickt, jedoch in der Gewißheit, sein Ende werde ein Anfang sein. Cuauhtémoc gestaltet sich in der aztekischen Mythologie zum »jungen Greis«, zum Ursprung des künftigen Mexikos: »Das Grab dieses Helden wurde zur Wiege des Volkes.« Aber den genauen Ort seines Grabes kennt niemand, so Paz: »Das Geheimnis um diesen Ort ist eine unserer Obsessionen, die uns heimsuchen. Ihn finden hieße nicht weniger als zu unserem Ursprung zurückzufinden, den Faden unserer Herkunft knüpfen, unsere Einsamkeit sprengen, wiederauferstehen.« Einen solchen Vornamen und einen solchen Nachnamen zu tragen, ist kein geringes Gewicht. Cuauhtémoc Cárdenas brach mit der PRI, und jetzt hat er die Aufgabe, den Bruch des Spiegels mit zu verantworten und neue Lösungsvorschläge anzubieten.

Der Zapatismus bleibt weiterhin der Spiegel für die sozialistischen Vizekönige des Imperiums. In Marcos Händen vervielfältigen sich die Spiegel und die Splitter der zerbrochenen Utopie des neoliberalen Paradieses und des sozialliberalen Projekts. Sie dienen nur dazu, das soziale Zusammenleben in den reichsten Ländern, die über die größte Akkumulationskraft verfügen, zu gewährleisten, um den Rahmen des Sozialstaates aufrechtzuerhalten. Chiapas befindet sich nicht nur in Chiapas. Armando Bartra erinnert in der vierten Nummer der Zeitschrift *Chiapas*: »Die ersten Schüsse ertönten nicht im Lakandonischen Urwald, sondern an der Küste und in den Bergen des Bundesstaates Guerrero, in den Bergen der Mixteken, an der Küste der Oaxaquenen, in den weiten Gebieten von Veracruz, Hidalgo und Potosin, im Land der Tarahumaras, überall, wo Indios und Mestizen leben, wo es von Soldaten nur so wimmelt. Ein erbärmliches Schlachtfeld des schmutzigen Krieges am Ende des Jahrhunderts … Die politischen Gefangenen der Jahrtausendwende bevölkern die Gefängnisse. Sie gehen bereits in die Hunderte, und die alten und neuen Folterer vergreifen sich jeden Tag an ihnen. Den Verhafteten wird – fast immer zu unrecht – vorgeworfen, sie würden mit der Revolutionären Volksarmee EPR sympathisieren.«

Wenn die Medienpräsenz den Zapatisten ein gewisses Schutzschild gegen die Repression gewährleistete, so bekommen die anderen aufständischen Bewegungen die Repression der Regierung mit aller Wucht zu spüren, ohne daß eine Kamera sie filmte. Chiapas ist mehr als eine verzweifelte Rebellion im vergessenen Südosten. Armando Bartra sieht in Chiapas eine »Metapher der Schande und das Emblem des Widerstands«.

Obwohl es andere Guerillabewegungen gibt, beunruhigt die Chiapas-Bewegung die etablierte Macht am stärksten, und sie wendet alle Mittel auf, um sie aufzureiben. Wenn ich mir ansehe, wie die Medien, von einigen bekannten Ausnahmen abgesehen, den Aufruf zur Volksbefragung vom 21. März und ihre für die Zapatisten außerordentlichen Ergebnisse behandelten, erscheinen mir die Schlußfolgerungen, zu denen Isabel Arvide in *La guerra de los espejos* gelangt, unerklärlich. Die Befragung erhielt die Unterstützung des Erzbischofs von Mexico, Monseñor Norberto Rivera, während andere Prälaten sich mit dem Argument in Zurückhaltung übten, die Indios seien politisch instrumentalisiert. In einigen Bundesstaaten konnten die zapatistischen Emissäre ihre Arbeit ungehindert verrichten, doch in anderen wurden sie angefeindet oder sogar tätlich angegriffen. Die Regierung blieb ihnen immer dicht auf dem Fuß, wollte aber den Skandal einer direkten Hetzjagd vermeiden. Die Intellektuellen reagierten mit Schweigen oder gaben die erwartete Unterstützung: Carlos Fuentes, Monsiváis und González Casanova führten mit dem Gewicht ihres Namens die Liste der Befürworter an. Monsiváis erklärte: »Die Tatsache, daß die Zapatistische Armee fünftausend Delegierte im Land herumschicken konnte, ist eine Form, das kulturelle Gefängnis aufzubrechen, das für die Chiapanequen erbaut worden war.«

Die gegebenen Antworten verknüpfen sich allgemein mit der Notwendigkeit eines Wandels, einer demokratischen Erneuerung Mexikos. Selbst PRI-Anhänger wie Camacho Solís, der zu Anfang die Verhandlungen im Auftrag der Regierung mit den Zapatisten geführt hatte und sich später durch die Haltung der Regierungspartei verraten fühlte, forderten zum Ja auf und bedauerten die täglichen Schwierigkeiten, die die Regierung den fünftausend Delegierten der EZLN bei ihrer Arbeit in den Weg legte. Neuntausend Sammelstellen warteten auf die Handzettel. Sie wurden von einundzwanzigtausend Freiwilligen betreut, eine nie dagewesene Mobilisierung der Bevölkerung.

Adolfo Gilly schrieb in *La Jornada* eine ausführliche Chronik der Ereignisse seit dem Ausbruch des Aufstandes im Januar 1994 und verteidigte die Vereinbarungen von San Andrés. Gilly zitiert einen Gedanken von Walter Benjamin, der sich in seiner Vorstellung mit dem goldenen Bild der *Virgen de Guadalupe* in der Kapelle des *Palacio de Minería* vermischt, über die Sozialdemokratie. Sie »gefiel sich darin, der Arbeiterklasse die Rolle einer Erlöserin *künftiger* Generationen zuzuspielen. Sie durchschnitt ihr damit die Sehne der besten Kraft. Die Klasse verlernte in dieser Schule gleich sehr den Haß wie den Opferwillen. Denn beide nähren sich an dem Bild der geknechteten Vorfahren, nicht am Ideal der befreiten Enkel.« Die Unterstützung, die die Zapatisten in ihrer Befragung vom 21. März 1999 erhielten, drückte sich im glücklichen Gesicht Rosario Ibarras, der Integrationsfigur der Bürgerrechtsbewegung, aus, als sie die Nachricht von den fast drei Millionen abgegebenen Stimmen verkündete. Und nun? Wie konnte man solch eine enorme Welle der Solidarität, eine so immense Fähigkeit der Mobilisierung und Kommunikation über alle Stolpersteine und Provokationen der Regierung hinaus in eine historische Energie der sozialen und politischen Veränderungen kanalisieren?

Die Provokationen von seiten der Regierung hörten nicht auf. Die Presse, konkret *Proceso*, machte auf die Gefahren der zunehmenden Militarisierung der Chiapas-Region und auf die Gründung militärischer Banden aufmerksam. Immer mehr Menschen werden aus der Region vertrieben und die Operationsbasen und Versammlungsorte der EZLN zerstört. Gleichzeitig erklärte *Proceso*, es gebe durch Vermittlung der COCOPA Kontakte zwischen Marcos und dem Präsidenten Zedillo. Aber Emilio Chuayffet, ehemaliger Staatssekretär, sabotierte den parallelen Weg des Dialogs, ein Beweis mehr für die Widersprüche, die in der PRI nisten. Guillermo Correa weist in *Proceso* vom 4. Januar 1998 nach, in welchem Maße der Krieg niedriger Intensität, den die Regierung in Chiapas führt, wirtschaftliche Projekte, psychologische Druckausübung und Massenmanipulationen umfaßt, alles in Vorbereitung auf den schmutzigen Krieg, den die Machthaber wohl zu führen bereit sind, wenn die Situation es erfordert. Auf Rat der Sicherheitstheologen des CIA habe die mexikanische Armee bereits schnelle Einsatztruppen gebildet und spezielle Aufklärungsflugzeuge eingesetzt.

Andererseits wurden Sozialhilfeprogramme für die indianischen Gemeinschaften eingeleitet, die von den Militärs durchgeführt werden sollten, um den Aufständischen Antworten auf ihre emanzipatorischen Forderungen vorwegzunehmen. Trotz dieses enormen Aufwands war das Umfrageergebnis nicht gerade beruhigend für die Regierung ausgefallen, und nach der Feststellung, daß die sozialpolitischen Aktionen in den Händen der Militärs in den indianischen Gemeinschaften nicht den gewünschten Erfolg zeigten, kehrte die PRI zu ihrer Taktik zurück, mehr Sand als Kalk in den Mörtel zu geben und neue Rituale der Verwirrung zu inszenieren. Kaum war die Befragung erfolgreich abgeschlossen, veröffentlichten die Medien ein Foto, auf dem eine große Anzahl desertierter Zapatisten zu sehen war. Zahlreiche ausländische Medien verbreiteten die Nachricht, weil sie eher bereit sind, den offiziellen Kreisen zu glauben als die Wahrhaftigkeit der Nachrichten zu überprüfen. Wenige Tage später sandte uns die Revolution per »Papier und Internet« das Dementi in unsere elektronische Post:

Protestbrief des Municipio San Manuel einige Tage vor der Inszenierung:

An das CDH Fray Bartolomé de las Casas
An alle Mexikaner
An die nationale und internationale Presse

Autonomes Municipio San Manuel. Chiapas

Wir möchten mit unserem Brief über die folgenden Ereignisse informieren:

Ejido La Trinidad: Mehrere Lastwagen der Bundespolizei und Angehörige der Sicherheitspolizei und der Verkehrspolizei kamen auf der Suche nach zwei gestohlenen Lieferwagen zu Vicente Pérez Castellanos, dem Anführer einer Bande, die Raubüberfälle im ganzen Bundesstaat Chiapas durchführt und im Ejido La Trinidad lebt. Nachdem die Polizei die beiden Lieferwagen beschlagnahmt hat, ohne Don Vicente zu verhaften, ließ dieser sich etwas einfallen, um das »Verlorene« wieder zu holen. Er behauptet jetzt, daß er ein Anführer der Zapatisten ist, und fuhr nach Tuxtla Gutiérrez, der Hauptstadt des Bundesstaates, um mit dem Gouverneur Albores Guillén zu sprechen. Ihm präsentierte er sich als ein Zapatistenführer, der »sich ergibt«, und verlangte einen Autobus, einen Traktor und vierzig Schweizer Kühe im Ausgleich für das, was er verloren habe.

Der Gouverneur Albores versprach, ihm und seinen Leuten das Verlangte zu geben, denn er würde das Albores-Gesetz auf sie anwenden, das vom Kongreß noch gar nicht verabschiedet war, wenn sie ihm ihre Waffen, Uniformen und Masken übergeben. Diese Räuberbande kaufte also Waffen, Uniformen und Masken, um sie gegen den Autobus, den Traktor und die vierzig Kühe einzutauschen. Die Anführer der Bande sind außer Vicente Pérez Castellanos noch Manuel Méndez Ruiz und José Alfredo Jiménez, der zudem als paramilitärischer Führer der Revolutionären Indianischen Antizapatistischen Bewegung (MIRA) auftritt. Die anderen, die sich als Zapatisten ausgeben, sind: Domitilio Hernández Paniagua, Francisco Alvarez Méndez, Pablo José Alvarez, José Pérez Castellano, Alejandro del Carmen Alvarez López, Jesús Alvarez López, Jacinto Pérez Castellano, Francisco Alvarez López, José Herández Paniagua und Miguel Pérez Mendoza. Alle aus La Trinidad. Zusammen mit Antonio Ruiz Hernández (einem Mittelsmann aus La Unión, der gegen den allgemeinen Willen ernannt wurde) hält der MIRA-Führer José Alfredo Jiménez seine Versammlungen überall in den Cañadas ab und organisiert paramilitärische Trupps. Sie halten jeden Tag um 16 Uhr in der Koppel von Don Vicente militärische Übungen ab. Die Abmachung mit der Regierung besteht darin, daß sie mit Waffen, in die Uniformen der Zapatisten gekleidet und maskiert in den Gouverneurspalast gehen und dort vom Kommandeur der VII. Militärregion und dem Gouverneur Albores empfangen werden. Sie würden militärisch salutieren und die Waffen, Uniformen und Masken übergeben. Im Austausch dafür erhielten sie vom Gouverneur den Autobus, den Traktor und die vierzig Kühe.

Das Autonome Municipio von San Manuel erklärt: Diese Personen sind keine Zapatisten, sie sind eine Bande von Dieben, die von der Regionalregierung protegiert und von Paramilitärs trainiert werden. Der Gouverneur weiß das, nutzt jedoch die Umstände zum eigenen Vorteil im Rahmen des Krieges niedriger Intensität, den die Regierung führt. Die Regierung weiß, daß diese Leute Diebe und PRI-Leute sind, denn sie schickte ihre Ordnungshüter ins Haus des Anführers und holte sich das Gestohlene, ohne ihn zu verhaften.

Nach unserer Meinung handelt es sich hier um einen ganz ähnlichen Fall wie in Maravilla Tenejapa. Dort haben auch angebliche Zapatisten ihre Waffen abgeliefert. Wir geben Ihnen diese Tatsachen zur

Kenntnis, um die Lüge der Regierung und die in Chiapas existierende Straflosigkeit zu demaskieren.

Danke, das ist alles.

Municipio San Manuel, 21. März 1999

Brief des Municipio San Manuel vom Sonntag über die gleichen Vorfälle:

Sonntag, 28. März 1999

Am Sonntag, dem 28. März 1999, verließen die genannten Männer am Nachmittag das Ejido Trinidad mit unbekanntem Ziel. Sie waren wie Zapatisten gekleidet und bewaffnet. Am nächsten Tag, am Montag, dem 29. März, versammelten sie sich in der Nähe des Flusses Jatate mit dem Gouverneur Albores und einigen Mitgliedern der Verwaltung. Die Gruppe übergab die Waffen, Uniformen, Rucksäcke und Masken dem Kommandeur der VII. Militärregion. Es waren auch Fernsehreporter von Televisa herbeigebeten, um den Betrug und die Lüge der Regierung im Bild festzuhalten. Heute, am Dienstag, dem 30. März, wurden dieser Verbrecherbande der Traktor, der Autobus und die 40 Kühe ausgehändigt. Angesichts dieser Ereignisse, die im Radio, Fernsehen und in der Presse veröffentlicht wurden, erklärt das Autonome Municipio von San Manuel folgendes: Außer den Personen, die im vorangegangenen Brief erwähnt wurden, gehören noch Selcio Córdoba Toledo, Héctor Toledo Pérez, Ricardo Toledo Pérez aus Las Tazas dazu. Sie haben sich Waffen des Kalibers 22 ausgeliehen, um sie dann dem Gouverneur auszuhändigen. Das Municipio von San Miguel streitet rundweg ab, daß die genannten Personen Zapatisten sind, so wie der angebliche Leutnant Manuel, der Domitilo Hernández Paniagua heißt, niemals Zapatist war noch ist. Wir machen diese Meldung, um die Machenschaften der Regionalregierung Albores zu entlarven, die Autodiebe, Räuber, Viehdiebe und Waffendiebe schützt. Sie garantiert Straffreiheit und macht gleichzeitig Propaganda für das Albores-Gesetz, wobei sie lügt, wenn sie diese Bande von Verbrechern als Zapatisten hinstellt. Das ist eine reine Lüge.

Wir wollen ebenso klarstellen, daß es der Gouverneur Albores als auch die Kommandantur der VII. Militärregion waren, die dieses ganze Lügennetz geplant haben, denn sie kennen genau die Vor- und Zunamen der genannten Personen. Sie wissen, daß sie Diebe und schlechte Menschen sind und niemals Zapatisten waren, sondern gute Kontakte zum Gouverneur und dem Militärchef der VII. Region unterhalten, denn sie sind Angehörige der Antizapatistischen Indianischen Revolutionären Bewegung MIRA.

Wir befürchten Repressalien von seiten der Paramilitärs und des Gouverneurs Albores Guillén und bitten die nationale und internationale Zivilgesellschaft, die Tatsachen an die Öffentlichkeit zu bringen. Wir bitten sie, hierherzukommen und die Gemeinschaften des Autonomen Municipio von San Manuel zu begleiten.

Hochachtungsvoll
der Repräsentant des Autonomen Municipio San Manuel
Manuel Pérez Hernández

Am 10. Mai veröffentlichen die Zapatisten ihre Kommuniqués über die Ergebnisse der Befragung und den Aufruf zum II. Treffen mit der Zivilgesellschaft, der den Titel *La manzana de Newton* (Newtons Apfel) trägt und den Müttern der Vermißten gewidmet ist. Es zeigt sich einmal mehr, wie gut Marcos mit der Intertextualität umzugehen versteht. Federico García Lorcas Gedicht *Newton* kommt und geht als metaphorische Referenz: »Die Schlange / zerbrach den Spiegel / in tausend Stücke / der Apfel / war der Stein … / Berge gibt es / aus Wasser / wollen sie sein / und erfinden sich Sterne / über ihren Scheiteln / Und Berge gibt es / die Flügel / haben wollen / sie erfinden sich / weiße Wolken.« Wohin führt soviel Metaphorik? Geduld. Das Kommuniqué wertet qualitativ und quantitativ den Erfolg der politischen Mobilisierung aus: 2358 Brigaden waren unterwegs, 27850 Brigadisten, die Befragung wurde in 29 Ländern verbreitet, und 265 dieser Brigaden fuhren auch durch diese Länder, 4996 zapatistische Delegierte bereisten ganz Mexiko und sprachen 64 Millionen Landsleute und mehr als 1000 politische und gesellschaftliche Organisationen an, 120000 Personen waren mit der Organisation und Durchführung der Befragung beschäftigt, mehr als 15000 Foren und Versammlungen wurden einberufen. 2854000 Mexikaner stimmten mit »Ja«, 58378 Stimmen gingen aus anderen Ländern ein. Die Fragen, die die Zapatisten stellten, beinhalteten in ihrer Formulierung bereits die Antwort:

Was bedeutet es, wenn eine umzingelte, verfolgte, angefeindete und sowohl mit militärischen als auch mit politischen und ideologischen Mitteln belagerte Bewegung 5000 ihrer Mitglieder vorbereiten konnte, um die Umzingelung zu durchbrechen und alle 32 Bundesstaaten der mexikanischen Föderation zu erfassen? Welche politische, soziale und zivile Kraft braucht es, um diese 5000 Gesetzesbrecher in den Bergen im Südosten Mexikos abzuholen und sie an alle Ecken und Enden des Landes zu bringen? Wie war es möglich, den bisher größten Dialog, den es in der Geschichte des Landes gab, durchzuführen?

García Lorca wird wieder herbeizitiert, um den Stier bei den Hörnern zu packen:

»Adam aß den Apfel / der Jungfrau Eva / Newton war ein zweiter Adam / der Wissenschaft / Der erste begegnete / der Schönheit / Der zweite einem Pegasus / beladen mit Ketten / Sie waren nicht schuldig / Die beiden Äpfel waren / rotbackig / und ganz / aber mit bitterer Legende / Die beiden abgeschnittenen Brüste / des Mädchens namens Unschuld!«

Marcos fährt in seinen Überlegungen fort. Er verwendet das Gedicht von García Lorca mit der gleichen Freiheit, mit der er Éluards Gedicht zitiert hatte, denn dafür sind die Dichter da. Um den vom Baum gefallenen Apfel Newtons herum stehen Wissenschaftler, Politologen, Leader der öffentlichen Meinung und Oberhäupter großer und kleinerer politischer Sekten gebeugt, und sie alle analysieren, argumentieren, pflichten bei. Stunden, Tage, Wochen, Monate, ganze Jahre brauchen sie. Schließlich kommen sie zu dem unwiderlegbaren Schluß: Der Apfel ist heruntergefallen, weil das Gesetz der Schwerkraft es so befiehlt. Doch während die Wissenschaftler komplizierte Berechnungen über Geschwindigkeit, Wegstrecke, Masse, Beschleunigung, Windwiderstand, Aufprall und so weiter anstellen, während die Politiker Machiavelli neu schreiben und ihren Preis mit den neuen Prinzen aushandeln, nähert sich der Zapatist dem Apfel, schaut ihn an, riecht an ihm, berührt ihn, horcht an ihm und versteht, was er ihm ins Ohr flüstert … Daß das Schicksal ihm nicht befiehlt, auf den Boden zu fallen. Und weil ihm ein

Gesetzesbrecher zuhört, versteht er, daß es darum geht, das Gesetz der Schwerkraft zu durchbrechen. Während der Zapatist lernt, die umgekehrte Flugbahn des Newtonschen Apfels zu begreifen, schaut er sich den Apfel wieder an, riecht an ihm, fühlt seine Glätte und beißt, ohne lange zu zögern, sanft in ihn hinein. Der Zapatist stellt weiter seine Rechnungen an. »Nach oben zu fallen ist das Geheimnis, das zu lösen er sich vorgenommen hat.« Mit dem Beistand von Newton und García Lorca versucht Marcos, zu erklären, warum eine belagerte und umzingelte Armee es geschafft hat, den Spiegel in tausend Stücke zu zerbrechen. Der Apfel war der Stein.

Die Wahlniederlage der PRI am 2. Juli 2000 hat die Stunde der Wahrheit für die zapatistische Frage näher gerückt. Alles schien angehalten im Raum und in der Zeit: Wer wird die Wahlen gewinnen? Die PRI hat ihre Niederlage selbst verursacht. Es gibt Revolutionen, die ihrer selbst überdrüssig werden, und das ist bei der mexikanischen der Fall. Einundsiebzig Jahre nach der Revolution hielt die Regierungspartei der Institutionalisierten Revolution die revolutionäre Macht mit umstrittenen demokratischen Mitteln aufrecht. »Perfekte Diktatur« nannte Vargas Llosa ein System, das sich des Urnengangs bedient, um die soziale, politische, ökonomische und strukturelle Hegemonie der Partei und der durch sie repräsentierten Oligarchien formal zu ratifizieren. So perfekt dem Anschein nach, daß sie sich auch diesen oder jenen Schwindel bei der Stimmenauszählung erlaubte, um anderen Alternativen den Wahlsieg zu verbauen. Das ist seinerzeit dem Kandidaten der Linken, Cuauhtémoc Cárdenas, passiert, als sein fast sicher scheinender Sieg unter den nicht ausgezählten oder gefälschten Stimmzetteln in den Urnen begraben blieb. Diesmal ist die PRI nicht durch die Linken besiegt worden, sondern durch die Rechten. Trotzdem bleibt sie eine starke politische Kraft durch das Wahlergebnis, das sie erzielt hat, und durch ihre feste Verankerung im Macht- und Wirtschaftsgefüge des Landes. Dadurch wird die siegreiche Oppositionspartei PAN nach dem Wechsel einen schweren Stand haben. Und sie wird es auch nicht leicht haben mit den Guerillabewegungen, insbesondere in den Bundesstaaten Guerrero und Chiapas, denn diese warteten nur das Wahlresultat ab, um über ihr weiteres Vorgehen zu entscheiden.

In meinen Gesprächen mit Subcomandante Marcos äußerte sich

deutlich seine strategische Abwartehaltung. Wie weit geht die Krise der PRI? Wird sie die Schlacht um die Moderne am Tag nach den Wahlen wieder aufnehmen oder das Banner der Moderne in andere Hände übergeben? Sie hat es übergeben und nicht gerade in die Hände des Kandidaten, der einer einvernehmlichen Lösung des Konflikts mit den aufständischen Bewegungen besonders nahe stünde. Andererseits wirft die Herausforderung der Moderne überall dunkle Schatten. Moderne und zehn Millionen Indios, Moderne und Machtmißbrauch, Moderne und Migranten, die nachts durch den Rio Grande schwimmen, um in die USA zu gelangen, Moderne und Millionendeals sind Wörter, die mit M beginnen und eine bestimmte Art und Weise, Politik zu betreiben, benennen.

Die Moderne in Mexiko: Das Erdöl und ein finanzkräftiges, dynamisches Unternehmertum haben im Bündnis mit der US-amerikanischen und kanadischen Wirtschaftsmacht den Aufbruch der Moderne in Mexiko in die Wege geleitet. Die PRI beschränkte sich darauf, ihnen den nötigen Handlungsspielraum zu gewähren. Präsident Salinas de Gortari hat später den neoliberalen Diskurs übernommen, ohne die alten politischen und ökonomischen Umgangsformen zu verändern, die augenscheinlich dem PRI-System substantiell zu eigen sind. Jetzt wird sich zeigen, ob die Korruption ein Instrument der PRI-Alleinherrschaft war oder dem System selbst innewohnt und ob der zukünftige Präsident Fox es schaffen wird, ohne Korruption zu regieren oder aber die Korruption der PRI durch die seiner Partei ersetzt. Cuauhtémoc Cárdenas, Sohn eines historischen Präsidentengenerals, der den spanischen Republikanern 1939 in Mexiko Zuflucht gewährte, hat auch diesmal seine Chance nicht ergreifen können. Cárdenas ist seit seiner Zeit als Bürgermeister von Mexiko-Stadt politisch gebrandmarkt, denn diesen Moloch von Stadt-Staat zu regieren, ist ein unmögliches Unterfangen, wenn man nicht gleichzeitig die Zentralregierung kontrolliert. Während die PRI die wenig aussichtsreichen Wahlkampfanstrengungen von Cárdenas beobachtete, erschien die christdemokratische PAN mit Fox an der Spitze immer mehr Mexikanern als eine Alternative. Sie wurde schließlich von mehr oder minder prominenten Persönlichkeiten unterstützt, die früher auf Seiten des linken Cárdenas gestanden hätten. In den anderen Bundesstaaten traten die Rechten um Fox mit noch größerer Sicherheit auf und verfügten über mehr Geld als die Linken um Cárdenas. Wer früher auf Nummer Sicher gehen wollte, wählte die PRI, jetzt aber bot sich die PAN als eine korrekte Alternative an. Die Unterschiede zwischen PAN und PRI weisen der Linken jedoch eine interessante Schiedsrichterfunktion zu, wenn sich die Logik des parlamentarischen Alltags erst einmal eingestellt hat. Sowohl Fox als auch Cárdenas hatten bereits die Möglichkeit in Betracht gezogen, ein Bündnis einzugehen, um die PRI zu besiegen und das demokratische Leben in Mexiko zu normalisieren.

Die PRI abzuwählen und der einundsiebzig Jahre währenden »perfekten Diktatur« ein Ende zu setzen, war den Intellektuellen das Wichtigste, die von Cárdenas zur PAN wechselten. Einige Wochen vor den Wahlen meldete sich Marcos polemisch gegen den Verrat der Intellektuellen zu Wort. Als er mir seinen Oxymoron-Text schickte, ließ er mich auch in dieser typischen Mischung aus Ernst und Humor, die die Beziehungen des Subcomandante zur Geschichte kennzeichnen, von seinem charismatischen Käfer Durito grüßen. Der Wahlsieg der Rechten und das Kräftemessen mit der PRI rückt die zapatistische Frage wieder an die erste Stelle der Tagesordnung. Fox selbst erklärte einige Stunden nach seinem Triumph, er sei zum Dialog mit Marcos bereit. Dafür kann es keinen anderen Ausgangspunkt geben, als auf die Vereinbarungen von San Andrés zurückzukommen. Die Frage ist, inwieweit die neoliberale Logik des neuen Präsidenten und seines Programms es zuläßt, *die Differenz* der Indios anzuerkennen und eine grundlegende Selbstkritik der neoliberalen Strategie vorzunehmen. Von der perfekten Diktatur zur gehandikapten, durch die faktische Macht der PRI belasteten Demokratie. Das wird auch den Tod des Dinosauriers schwermachen. Ich muß wieder einmal an den russischen Witz denken, der in den Jahren der Perestroika zirkulierte und den man mir in Moskau erzählte. Wissen Sie, warum die Dinosaurier ausstarben? Weil sie Dinosaurier waren.

Chiapas ist der Stolperstein der wilden Globalisierung, die Achillesferse der »liberalen Wirtschaftsumstellung«. Ich kehre zu Armando Bartra zurück, der mit der unfreiwilligen und überraschenden Hilfe von Borges eine beunruhigende globale Metapher geschaffen hat:

Chiapas ist das Aleph, der Punkt, an dem die Lichter und die Schatten der heutigen Welt zusammentreffen.

Chronik der Ereignisse

1983

17. 11.: Eine Guerillagruppe aus sechs Personen gründet sich als »Urzelle« der EZLN im Lakandonischen Urwald.

1994

1. 1.: Die EZLN besetzt San Cristóbal de las Casas und drei weitere Bezirksstädte im chiapanekischen Hochland. Inkrafttreten des Freihandelsabkommens (NAFTA) mit den USA und Kanada.

2. 1.: Marcos verliest die *Erste Erklärung aus dem Lakandonischen Urwald* in der Kathedrale von San Cristóbal: »Heute sagen wir: Es reicht!«; die Zapatisten begründen mit 13 Forderungen ihren Kampf: Arbeit, Land, Wohnung, Nahrung, Gesundheit, Bildung, Unabhängigkeit, Freiheit, Demokratie, Gerechtigkeit, Frieden, Information und Kultur; die EZLN nimmt den früheren Gouverneur von Chiapas, Absalón Castellanos, fest und macht ihm den Prozeß als »einem der gewalttätigsten Gouverneure in der Geschichte von Chiapas«; sie läßt ihn wieder frei mit der Strafe, »bis zum Ende des Lebens mit der Schande leben zu müssen«.

5. 1.: Bombardierung indianischer Ansiedlungen durch die Regierungstruppen. Gewaltakte, Massenerschießungen und Vertreibungen durch Bundesarmee und Paramilitärs; weltweite Proteste und Sympathiebekundungen für die Sache der Zapatisten.

12. 1.: Hunderttausend Personen demonstrieren in Mexiko-Stadt gegen den Krieg in Chiapas; Präsident Salinas de Gortari ruft einen einseitigen Waffenstillstand aus und macht ein Amnestieangebot; der PRI-Liberale Manuel Camacho Solís wird zum Friedensemissär der Regierung ernannt.

18. 1.: Offener Brief von Marcos auf das Amnestieangebot: »Wofür müssen wir um Verzeihung bitten? Was werdet ihr uns verzeihen?«

21. 2.–2. 3.: Friedensgespräche in der Kathedrale von San Cristóbal; Bischof Samuel Ruiz fungiert als Vermittler, Manuel Camacho Solís als Vertreter der Regierung, vierzehn Zapatisten mit Subcomandante Marcos an der Spitze sprechen im Namen der EZLN; die Regierung schlägt eine 34-Punkte-Vereinbarung vor, über die die EZLN in den Gemeinden abstimmen läßt.

23. 3.: Der Präsidentschaftskandidat der PRI, Luis Donaldo Colosio, wird bei einer Wahlkampfveranstaltung in Tijuana erschossen.

12. 6.: Die Zweite Erklärung aus dem Lakandonischen Urwald wird veröffentlicht: »Heute sagen wir: Wir werden uns nicht ergeben!«; Aufruf an die Zivilbevölkerung zum Nationalen Demokratischen Konvent im August mit Blick auf die im August stattfindenden Präsidentschaftswahlen.

13. 6.: Der Solidaritätskonvoi *Karawane der Karawanen* dringt mit Lebensmitteln, Medikamenten und Büchern in die indianischen Gemeinden im abgeriegelten Chiapas-Gebiet vor.

6. 8–9. 8.: Erstes Treffen des Nationalen Demokratischen Konvents (CND) der Zapatisten mit der Zivilbevölkerung im eigens dafür erbauten Aguascalientes (es gab sogar eine Bibliothek) bei Guadalupe Tepayec; mehr als sechstausend Teilnehmer kommen hier zusammen.

21. 8.: Präsidentschaftswahlen, Wahlen zum Abgeordnetenhaus, zum Senat und Gouverneurswahlen im Bundesstaat Chiapas; PRI-Kandidat Ernesto Zedillo wird neuer Präsident und übernimmt sein Amt am 1. 12., neuer Gouverneur von Chiapas wird Eduardo Robledo Rincón, aus Protest gegen Wahlfälschung wird der Oppositionskandidat Amado Avendaño in San Cristóbal als »Gouverneur in Rebellion« ernannt.

10. 10.: Die EZLN bricht die Gespräche mit der Regierung ab.

9. 12. – 19. 12.: Zweite militärische Offensive der EZLN; sie durchbricht die militärische Umzingelung, vermeidet aber jeden bewaffneten Zusammenstoß mit Regierungstruppen, besetzt 38 Ortschaften und erklärt sie zu »autonomen, aufständischen Gemeinden«. Gleichzeitig tritt Bischof Ruiz in Hungerstreik, um die Kriegsparteien zu Verhandlungen zu zwingen und die Anerkennung seiner Vermittlungskommission CONAI durchzusetzen.

Dezember: Eine der schwersten Finanz- und Wirtschaftskrisen erschüttert das Land: Freigabe des Wechselkurses, Einbruch des Pesokurses um bis zu 40 %, massive Kapitalflucht.

1995

1. 1.: Dritte Erklärung aus dem Lakandonischen Urwald.

15. 1.: Friedensgespräche zwischen dem neuen Innenminister Moctezuma und der EZLN unter der Vermittlung der CONAI bei Guadalupe Tepeyac.

9. 2.: In einer Fernsehansprache enthüllt Präsident Zedillo »die bürgerliche Identität des Subcomandante Marcos als Rafael Guillén aus Tampico«; Haftbefehl gegen Marcos und andere Führer der EZLN. Die EZLN zieht sich tiefer in den Lakandonischen Urwald zurück.

11. 2.: Protestmarsch in Mexiko-Stadt; hunderttausend Personen skandieren »Wir sind alle Marcos«.

13. 2.: Militäroffensive der Regierungstruppen im Chiapas-Gebiet, Dörfer werden zerstört, z. B. das Aguascalientes bei Guadalupe Tepeyac; hier wird ein Militärstützpunkt errichtet; Massenflucht der Kleinbauern mit ihren Familien.

11.3.: Die Abgeordnetenkammer stimmt für das *Ley para el Diálogo, la Concordia y la Pacificación en Chiapas* (Gesetz zum Dialog und Frieden in Chiapas), das den legalen Rahmen für die erste Verhandlungsrunde über »Indigene Rechte und Kultur« in San Andrés ab April bildet.

24.3.–2.4.: Eine internationale Solidaritätsaktion *Für alle alles* bringt 180 Tonnen Hilfsgüter nach Chiapas.

1.5.: Auf der weltweit größten Mai-Kundgebung in Mexiko-Stadt demonstrieren mehrere hunderttausend Menschen gegen die Politik der Regierung und für den Friedensprozeß.

28.6.: In Aguas Blancas (Bundesstaat Guerrero) werden 17 Kleinbauern von Sicherheitskräften in einen Hinterhalt gelockt und getötet.

August: Consulta Nacional por la Paz y la Democracia (Nationale Umfrage für den Frieden und die Demokratie), bei der sich eine knappe Mehrheit der 1,2 Millionen Teilnehmer für die Umwandlung der EZLN in ein landesweites, unabhängiges politisches Forum ausspricht; Aufruf zu neuen Aguascalientes im Bemühen um eine Friedenslösung.

1996

1.1.: Vierte Erklärung aus dem Lakandonischen Urwald.

16.2.: Nach zahlreichen Verhandlungsrunden über »Indigene Rechte und Kultur« wird das Abkommen von San Andrés durch Präsident Zedillo unterzeichnet; die Umsetzung der Vereinbarungen in Gesetzesvorlagen, insbesondere die *Propuesta de Ley Indígena* (Indígena-Gesetz) wird der COCOPA übergeben. Es sieht die Autonomie und mehr Rechte für die Indios im Chiapas vor.

4.5.: Die Zapatisten Javier Elorriaga, und Sebastian Entzin werden zu dreizehn bzw. sechs Jahren Haft verurteilt. Daraufhin bricht die

EZLN alle Verhandlungen ab. Die verurteilten Zaptisten werden nach heftigen Protesten im Juni wieder freigelassen.

28.6.: Zum Jahrestag des Massakers von Aguas Blancas tritt erstmals das *Ejército Popular Revolucionario* (Revolutionäre Volksarmee) an die Öffentlichkeit; die EPR setzt im Gegensatz zur EZLN ganz auf den bewaffneten Kampf, ruft zum Sturz der Regierung auf und erklärt provokativ: »Mit Dichtung kann man keine Revolution machen.«

29.7.–3.8.: Internationales Treffen für Humanität und gegen den Neoliberalismus, auch *Intergalaktisches Treffen* genannt, gleichzeitig in fünf Aguascalientes im Lakandonischen Urwald; u.a. in La Realidad; mehr als 3000 Teilnehmer aus 54 Ländern.

Oktober: 1. Nationales Indigenes Forum in Mexiko-Stadt, Comandante Ramona nimmt als Deligierte der FZLN daran teil.

November–Dezember: Die Parlamentskommission COCOPA legt in San Cristóbal einen Gesetzesentwurf zum Punkt »Indigene Rechte und Kultur« vor, dem die EZLN unter der Bedingung zustimmt, daß keine Änderungen vorgenommen werden; Präsident Zedillo unterbreitet zwei Wochen später einen insbesondere zum Punkt »Autonomie« geänderten Vorschlag.

1997

16.1.: Die Zapatisten lehnen den Regierungsvorschlag ab. Die Friedensverhandlungen sind unterbrochen.

9.9.: Marsch von 1111 vermummten Zapatisten nach Mexiko-Stadt, um die Umsetzung der Vereinbarungen von San Andrés zu fordern.

August–Dezember: Die Gewaltakte in Chiapas, die Übergriffe der Paramiliärs mehren sich, gewaltsame Landbesetzungen; Hunderte von

Familien werden vertrieben; die bewaffneten Auseinandersetzungen zwischen den indianischen Gemeinden nehmen zu.

22.12.: Massaker in Acteal im Bezirk Chenalhó; 45 Menschen, in der Mehrheit Frauen und Kinder, werden erschossen oder niedergemetzelt; die Regierung veröffentlicht ein Jahr später als Ergebnis ihrer Ermittlungen das sogenannte »Weißbuch«; bis heute sind die Verantwortlichen, in erster Linie die Paramilitärs, nicht strafrechtlich verfolgt; Bischof Samuel Ruiz, der die Totenmesse las, nannte das Blutbad »ein Verbrechen gegen die Menschheit«.

1998

5.1.: Unter internationalem Druck tritt Innenminister Chuayffet zurück; sein Nachfolger, Ochoa, kündigt Ermittlungen gegen die paramilitärischen Trupps an.

Januar–Juli: Verstärkte Einfälle der Regierungstruppen in die autonomen Gemeinden, die Bundesarmee errichtet einen »sanitären Sperrgürtel« um die autonomen zapatistischen Gemeinden. Elitetruppen durchkämmen das Gebiet auf der Suche nach der Führung der EZLN. Ein »Krieg niedriger Intensität« wird geführt.

19.7.: Die *Fünfte Erklärung aus dem Lakandonischen Urwald* bricht das monatelange Schweigen der EZLN; Aufruf zur *Consulta Nacional contra la Guerra de Exterminio* (Nationale Befragung gegen den Ausrottungsfeldzug) im März 1999.

1999

21.3.: Nationale Befragung mit mehr als 2 Millionen abgegebenen Stimmen für die nationale politische Legitimität der indianischen Forderungen und Rechte: »Es wird keinen Übergang zur Demokratie geben noch eine wirkliche Lösung der Probleme ohne die Respektierung der indianischen Völker.«

2000

2.7.: Die PRI wird bei den Präsidentschaftswahlen nach 71 Jahren Einparteiensystem durch den Kandidaten der konservativen PAN, Vicente Fox, besiegt.

20. 8.: Bei der Gouverneurswahl in Chiapas besiegt der Oppositionskandidat Pablo Salazar (Bündnis für Chiapas) den PRI-Kandidaten Sami David. Alazar war bis zu seinem Austritt aus der PRI im vergangenen Jahr Senator gewesen. Er sei kein Freund der Aufständischen, sagte er kürzlich in einem Interview. »Mit mir haben sie aber einen großen Vorteil: Ich bin Antizapatist.«

Glossar

Aguascalientes: Versammlungsorte der Zapatisten, nach dem »Konvent aller revolutionären Kräfte« im Oktober 1914 in Aguascalientes benannt, den Emiliano Zapata und Pancho Villa zur Gründung einer revolutionären Regierung einberiefen; das erste Aguascalientes der Zapatisten, von Marcos »Arche Noah« genannt, entstand bei Guadalupe Tepeyac; im Februar 1995 zerstörte es die Bundesarmee und errichtete dort ein Militärlager.

Artikel 27: Errungenschaft der mexikanischen Revolution (1911–1917), legte die kollektive Ejido-Bewirtschaftung und das Recht auf Gemeindeland fest; 1992 durch die Regierung Salinas als Vorbedingung für den Eintritt Mexikos in die NAFTA verändert, läßt jetzt Aufteilung und Verkauf des Ejido- und Gemeindelandes zu; eine zentrale Forderung der EZLN ist die Wiederherstellung des Artikels 27.

Ceiba: Heiliger Baum der Maya, dessen Blüten die Königswürde symbolisieren; er verkörpert die Weltachse und ist das Vorbild für den Weltenbaum.

Caudillo: Politischer und militärischer Machthaber, Diktator; Caudillismus ist die für Lateinamerika typische Form der (Militärdiktatur).

CCRI-CG: Comité Clandestino Revolucionario Indígena – Comandancia General del EZLN / Geheimes Revolutionäres Indigenes Komitee – Generalkommandantur der EZLN; oberstes Gremium der EZLN; besteht ausschließlich aus Indios.

CDH: Centro de Derechos Humanos Frei Bartolomé de las Casas / Menschenrechtszentrum in San Cristobál; 1989 gegründet, untersteht der Diözese.

CELAM: Conferencia Episcopal Latinoamericana / Lateinamerikanische Bischofskonferenz.

Chicanos: in den USA lebende Mexikaner

Chilam Balam: Name eines Propheten, der unmittelbar vor der spanischen Konquista in Yucatan lebte; zahlreiche Sammelhandschriften / Stammeschroniken in Maya-Sprache, aber in lateinischer Schrift, sind nach ihm benannt.

CND: Convención Nacional Democrática / Nationaler Demokratischer Konvent; Vollversammlung der Zapatisten mit der Zivilbevölkerung; erstes CND fand in Agnascalientes im August 94 statt, das dritte in Querétaro.

COCOPA: Comisión de Concordia y Pazificacion / Nationale Kommission für Eintracht und Friedensstiftung, parlamentarisches Vermittlungsgremium aus Regierungsmitgliedern aller Parteien.

CONAI: Comisión Nacional de Intermediación / Nationale Vermittlungskommision; neutrale Vermittlungsinstanz beim Dialog, 1995 von Bischof Samuel Ruiz ins Leben gerufen und 1998 aufgelöst.

CONPAZ: Kurzform für die Koordination der nichtstaatlichen Organisationen, die sich für den Friedn in der Chiapas-Region einsetzen.

Dialog: allgemeine Bezeichnung für die Friedenssgespräche zwischen Regierung und EZLN.

Dinosaurier: nennt man die alte Politikergarde der PRI, im Gegensatz zu den Technokraten, zu denen Präsident Zedillo gerechnet wird.

Ejido: Unveräußerliches Land im Staatsbesitz, das als Errungenschaft der mexikanischen Revolution den Gemeinden (den Ejidos) zur kollektiven oder individuellen Bewirtschaftung mit unbefristetem Nutzungsrecht übertragen wurde; durch Verfassungsänderung 1992 soll es jetzt privatisiert werden können.

EPR: Ejército Popular Revolucionario / Revolutionäre Volksarmee; erklärt ihre Bewegung »als Antwort auf einen nicht erklärten Krieg der

Oligarchie«; führt im Bundesstaat Guerrero als traditionelle Guerilla einen Kampf um die Machtübernahme durch Waffengewalt.

Frei Bartolomé de las Casas: Dominikanermönch; 1539 erster Bischof von Ciudad Real (heute San Cristóbal de las Casas); verurteilte die Ausrottung und Versklavung der Ureinwohner in seinem *Kurzen Bericht über die Zerstörung der indianischen Länder* (1541/42).

FZLN: Frente Zapatista de Liberación Nacional / Nationale zapatisische Befreiungsfront; politischer Arm der EZLN.

Indígena: Moderner Begriff für die indianischen Bevölkerungsgruppen. Eigentlich soll er den Begriff *Indio* ersetzen. Allerdings gibt es viele Gruppen, die sich selbst als *Indios* bezeichnen.

Indigenismus: kontroverser Begriff; ideologische Strömung in der Nachfolge der mexikanischen Revolution: paternalistische Staatspolitik unter Präsident Lázaro Cárdenas (1934–1940); 1848 Gründung des Instituto Nacional Indigenista INI / Nationales Indigenista-Institut, mit dem Ziel der Integration der Indios in das nationale Leben. Rückbesinnung auf die reichen indianischen Traditionen und ihrer Rolle in Literatur und Kunst; hier: indianische Bewegung zur Einforderung ihrer Rechte.

Insurgente: aufständisch, Aufständischer / Rebell

Kartell von Los Pinos: ironische Anspielung auf das elegante Stadtviertel von Mexiko Stadt, in dem die Präsidenten wohnen.

Kazike: ursprünglich indianischer Ausdruck für Häuptling, heute lokaler Machthaber in den indianischen Gebieten; steht für Machtmißbrauch.

La Realidad (Die Wirklichkeit): Dorf der Tojolabalen im Lakandonischen Urwald, hier fanden nach Zerstörung des ersten Aguascalientes mehrere Treffen der Zapatisten mit der Zivilbevölkerung statt.
Mandarins: Bezug auf *Die Mandarins von Paris* (1955), Schlüsselroman

von Simone de Beauvoir über die französische linksbürgerliche Intellektuellen-Szene.

Mercosur: Mercado Commun Sur / Gemeinsamer Markt des Südens; von den Regierungen Argentiniens, Brasiliens, Uruguays und Paraguays (Chile kam später hinzu) auf den Weg gebrachtes wirtschaftliches Integrationsprojekt.

Mestize/Mestizin: Mischling, Nachkomme eines weißen und eines indianischen Elternteils; fühlt sich vorrangig der spanischen Kultur verpflichtet. *Mestizaje* ist der Prozeß der rassischen Vermischung von Weißen und Indios nach der Konquista.

NAFTA: North American Free Trade Agreement / Nordamerikanisches Freihandelsabkommen zwischen Mexiko, den USA und Kananda, trat am 1. 1. 1994 in Kraft.

PAN: Partido de Acción Nacional / Partei der Nationalen Aktion, konservative christdemokratische Partei.

Paramilitärs: auch *Guardias Blancas* (Weiße Garden) genannt; von der Regierung als die »Unkontrollierbaren« bezeichnet, obwohl die Komplizenschaft zwischen Paramilitärs, Sicherheitskräften und Kaziken nachgewiesen ist; die Namen einiger paramilitärischer Gruppierungen sind: *Paz y Justicia* (Freiheit und Gerechtigkeit), *Máscara Roja* (Rote Maske) und *MIRA* (Revolutionäre Antizapatistische Bewegung).

Porfiriato: Regierungszeit des Diktators Porfirio Diaz (1886–1911).

PRD: Partido de la Revolución Democrática / Partei der Demokratischen Revolution; Bündnis verschiedener oppositioneller Gruppen;, löste sich 1976 als Splitterpartei von der PRI; ihr Parteichef Cuauhtémoc Cárdenas war erster gewählter Bürgermeister von Mexiko-Stadt.

PRI: Partido Revolucionario Institucional / Partei der Institutionellen Revolution, 1929 von einer Gruppe revolutionärer Caudillos gegründet, um zu verhindern, daß sie sich weiter im Kampf um die Macht und ihre Pfründe gegenseitig umbringen; stellte über ein halbes Jahrhundert Mexikos Regierung und wurde am 2.7.2000 abgelöst.

PSOL: Partido Socialista Obrero Español / Sozialistische Arbeiterpartei Spaniens.

Russel-Tribunal: Ein Gericht ohne Richter. Es geht zurück auf die Initiative mehrerer Intelektueller, die sich während des Vietnamkrieges in Stockholm trafen, um über die vorherrschenden Menschenrechtsverletzungen zu diskutieren.

Subcomandante oder Sub: »Unterkommandant«, oberster Befehlshaber der EZLN in einer ironischen Umkehrung der militärischen Rangordnung; als Sup ist er der Schildknappe Don Duritos.

Tlatelolco-Platz Plaza de las Tres Culturas / Platz der drei Kulturen in Mexiko-Stadt: am Abend des 2. Oktober 1968 richtet das Militär ein Blutbad unter den demonstrierenden Studenten und Studentinnen an; über tausend Personen werden festgenommen, die Zahl der Toten geht in die Hunderte.

UNAM: Universidad Autonma de México , die Universität von Mexiko-Stadt

Literaturangaben

Die Aktion. Zeitschrift für Politik, Literatur, Kunst. Sondernummern: »Land und Freiheit. Erklärungen der Zapatisten nebst Briefen vom Subcomandante Marcos«, Heft 137/144, Hamburg, Oktober 1995. »Chiapas-Dossier 1 und 2«, Heft 133/136, Juni 1995 und Heft 157/160, September 1996.

Arvide, Isabel: »La guerra de los espejos«, Mexiko-Stadt 1994.

Aub, Max: »Jusep Torres Campalans«, aus dem Spanischen von Eugen Helmlé und Albrecht Buschmann, München 1999.

Bartra, Roger: »La jaula de la melancolía. Identidad y metamorfosis del mexicano«, Mexiko-Stadt 1987.

Bonfil Batalla, Guillermo: »México Profundo. Una civilización negada«, Mexiko-Stadt 1989; ders.: »Pensar nuestra cultura. Ensayos«, Mexiko-Stadt 1991.

le Bot, Ivon: »El sueño zapatista«, Mexiko-Stadt 1997.

Campbell, Federico: »Infame turba«, Barcelona 1994; ders. »La invención del poder«, Mexiko-Stadt 1997.

Castañeda, Jorge G.: »La utopía desarmada. Intrigas, dilemas y promesas de la izguierda en América Latina«, Madrid 1995.

Castellanos, Rosario: »Das dunkle Lächeln der Catalina Díaz«, aus dem Spanischen von Petra Strien-Bourmer, München 1996.

Durán de Huerta, Marta: »Yo, Marcos«, Mexiko-Stadt 1994, dt. »Viva Zapata! Gespräche mit Subcomandante Marcos in Chiapas«, Die Aktion 129/132, Hamburg 1995.

»EZLN, documentos y comunicados«, Band 1 und 2, mit einem Vorwort von Antonio García de León, Chroniken von Carlos Monsivais und Elena Poniatowska, Mexiko-Stadt 1994/1995.

Florescano, Enrique: »El nuevo Pasado mexicano«, Mexiko-Stadt 1992.
Ders.: »Etnia, Estadi, Nación«, Mexiko-Stadt 1997.

Fukuyama, Francis: »Das Ende der Geschichte. Wo stehen wir?«, München 1992.

Galeano, Eduardo: »Die offenen Adern Lateinamerikas«, aus dem Spanischen von Leonardo Holpern und Anneliese Schwarzer de Ruiz, Wuppertal 1991.

García de Leon, Antonio: »Resistencia y Utopia. Memorial de agravios y crónica de revueltas y profecías de Chiapas durante los últimos quinientos años de su historia«, Band 1 und 2, Mexiko-Stadt 1994.

Huffschmid, Anne (Hrsg.): »Subcomandante Marcos. Ein maskierter Mythos«, Berlin 1995.

Machado, Antonio: »Juan de Mairena«, aus dem Spanischen von Georg Rudolf Lind, Frankfurt a. M. 1956.

Méndez Asensio, Luis/Cano Gimeno, Antonio: »La guerra contra el tiempo. Viaje a la selva alzada«, mit einem Vorwort von Roger Bartra, México 1996.

Mittelstädt, Hanna: »Reise in die Wirklichkeit des mexikanischen Südostens«, Hamburg 1996.

Mittelstädt, Hanna/Schulenburg, Lutz (Hrsg.): »Der Wind der Veränderung. Die Zapatisten und die soziale Bewegung in den Metropolen«, Hamburg 1997.

Menchú, Rigoberta: »Enkelin der Maya. Autobiographie«, aus dem Spanischen von Werner Horch, Göttingen 1999.

Paz, Octavio: »Der sprachgelehrte Affe«, aus dem Spanischen von Anselm Maler und Maria Antonia Alonso-Maler, Frankfurt a. M. 1990.

Paz, Octavio: »Das Labyrinth der Einsamkeit«, aus dem Spanischen von Carl Heupel, Frankfurt a. M. 1990.

Ramonet, Ignacio: »La planète des désordres – Géopolitiques du Chaos«, Paris 1997, dt.: »Die neuen Herren der Welt. Internationale Politik an der Jahrtausendwende«, aus dem Französischen von Gabriela Zehnder, Zürich 1998.

REDdaktion (Hg.): »Chiapas und die Internationale der Hoffnung«, Köln 1997.

Rico, Maite/de la Grange, Bertrand: »Sous-Commandant Marcos: la géniale imposture«, Paris 1998, spanische Ausgabe Madrid 1998.

Rovira, Guiomar: »Zapata Vive! La rebelión indígena de Chiapas contada por sus protagonistas«, Barcelona 1994.

Schmidt, Gerold: »Der Indianeraufstand in Chiapas. Versuch einer demokratischen Revolution«, München 1996.

Simmen, Andreas (Hg.): »Mexico. Aufstand in Chiapas«, Berlin-Amsterdam 1994.

Sloterdijk, Peter: »Im selben Boot. Versuch über die Hyperpolitik«, Frankfurt a. M. 1993.

Subcomandante Marcos: »Botschaften aus dem Lakandonischen Urwald«, aus dem Spanischen von Horst Rosenberger, Hamburg 1996.

Subcomandante Marcos: » Don Durito de la Lacandona«, mit einem Vorwort von José Saramago, San Cristóbal 1999.

Tello Diaz, Carlos: »La rebelión de las Cañadas«, Mexiko-Stadt 1996.

Traven, B.: »Land des Frühlings«, Zürich 1950, erstmals 1928 erschienen.

Vázquez Montalbán, Manuel: »Mord im Zentralkomitee«, aus dem Spanischen von Bernhard Straub, Reinbek 1986.

Vázquez Montalbán, Manuel: »Panfleto desde el planeta de los simios«, Barcelona 1995.

Vázquez Montalbán, Manuel: »Y Dios entró en La Habana«, Madrid 1998.

Photo: Isolde Ohlbaum

MANUEL VÁZQUEZ MONTALBÁN, geboren 1939 in Barcelona, ist Lyriker, Romanautor, Essayist, Kolumnist, Gourmet und Erfinder des Privatdetektivs Carvalho in so berühmten Kriminalromanen wie *Die Vögel von Bangkok* und *Die Rose von Alexandria*. Zuletzt erschien der Roman *Kaiser oder nichts* bei Wagenbach.

Lesen Sie weiter…

Die Originalausgabe erschien 1999 unter dem Titel
Marcos: El señor de los espejos bei Aguilar in Madrid, gleichzeitig auch in Mexiko, Argentinien und Kolumbien.

Die Übersetzung wurde aus den Mitteln der Dirección General del Libro, Archivos y Bibliotecas des Spanischen Kulturministeriums, Madrid, gefördert.

Die spanische Originalausgabe wurde nach den Wahlen in Mexiko im Juli 2000 für die deutsche Ausgabe vom Autor erweitert und aktualisiert.

Verlag Klaus Wagenbach, Emser Straße 40/41, 10719 Berlin
Umschlaggestaltung von Groothuis & Consorten unter Verwendung eines Bildes von Diego Rivera
Gesetzt aus der Arena New Book von der Offizin Götz Gorissen, Berlin
Gedruckt auf chlor- und säurefreiem Papier und gebunden durch Clausen & Bosse, Leck
Printed in Germany.
ISBN 3 8031 3606 7